LÉXICO TABACALERO CUBANO

COLECCIÓN DICCIONARIOS

EDICIONES UNIVERSAL, Miami, Florida, 1998

José E. Perdomo

LÉXICO TABACALERO CUBANO

Copyright © 1998 by Herederos de José E. Perdomo

Primera edición: La Habana, Cuba, 1940

Segunda edición, 1998

EDICIONES UNIVERSAL
P.O. Box 450353 (Shenandoah Station)
Miami, FL 33245-0353. USA
Tel: (305) 642-3234 Fax: (305) 642-7978
e-mail: ediciones@kampung.net

Library of Congress Catalog Card No.: 97-80042
I.S.B.N.: 0-89729-846-2

Todos los derechos
son reservados. Ninguna parte de
este libro puede ser reproducida o transmitida
en ninguna forma o por ningún medio electrónico o mecánico,
incluyendo fotocopiadoras, grabadoras o sistemas computarizados,
sin el permiso por escrito del autor, excepto en el caso de
breves citas incorporadas en artículos críticos o en
revistas. Para obtener información diríjase a
Ediciones Universal.

ÍNDICE

Prólogo, Napoleón S. Padilla . . . . G

Leyenda cubana del tabaco
    Tabaquina I

Edición facsímil del Léxico Tabacalero Cubano . . . . I-XII / 1-163

Dictionary of the Cuban Tobacco Industry 165
    (Vocabulario Español-Inglés / Spanish English Vocabulary)

About the Author 241

Sobre el autor 243

Grabado que representa el asombro de los descubridores españoles ante la costumbre de fumar tabaco de los aborígenes de Cuba.

PRÓLOGO

> *Al cumplir los setenta años me he impuesto la siguiente regla de vida: No fumar mientras duermo, no dejar de fumar mientras estoy despierto, y no fumar más de un solo "habano" a la vez.*
>
> MARK TWAIN

El destino lo señaló.

El gran cubano José Enrique Perdomo Rivadeneira nació con el siglo (1901) en Remedios, Provincia de Las Villas, la zona tabacalera del centro de la Isla. Después de estudiar Contabilidad, dedicó su primera juventud a financiar plantaciones de tabaco en Cabaigüán (1919-1926).

Cuando el presidente Gerardo Machado ordenó la creación de la "Comisión Nacional de Propaganda y Defensa del Tabaco Habano", organismo adjunto al Ministerio de Agricultura, Perdomo fue seleccionado para ocupar el cargo de Director Técnico en abril de 1927.

Casado y con una hija, José Enrique decidió estudiar su doctorado en Leyes y en Ciencias Políticas, Sociales y Económicas. Pero realmente, la vocación de Perdomo era el periodismo. Por eso fundó la revista "Habano" con Ricardo Casado y Jorge J. Posse. Esta valiosa publicación se editó hasta la llegada del "fidelismo" en 1959.

Conocí a José Enrique Perdomo en 1945. Yo aspiraba al cargo de Químico de la Estación Experimental del Tabaco que mantenía la Comisión en San Juan y Martínez. La posición de Químico estaba vacante por la sentida muerte del Ing. Aguirre que la ocupaba desde hacía años. Me presenté a las oposiciones en enero de 1945. Al mes siguiente me llamó el Dr. Perdomo:

—Ingeniero, le llamé para darle la noticia que usted ha sido seleccionado para el cargo de la Estación, pero abrigo el temor que uno de los candidatos está fuertemente recomendado por el Ministerio de Estado...

Perdomo interrumpió su conversación al observar que yo sonreía.

—Me da la impresión que usted no está preocupado— me dijo.

—Por supuesto que no, señor Perdomo— le contesté. Yo soy ahijado del Dr. Gustavo Cuervo Rubio con el que hablé la semana pasada. Cuervo Rubio solo solicitó de Agricultura que se designara al que obtuviera las mejores calificaciones en las oposiciones, cualquiera que fuera el resultado. Si he sido yo, estaré muy complacido.

—Esta noticia me llena de satisfacción. Le deseo buena suerte en sus nuevas actividades profesionales.

En esa década José Enrique desarrollo y obtuvo sus mejores logros. Estudió Leyes, Derecho Diplomático y periodismo, pero su mejor trabajo fue lograr la publicación del "Léxico Tabacalero Cubano" que abrió el camino al conocimiento de la compleja nomenclatura del tabaco cubano. Este esfuerzo de Perdomo se reconoce y engrandece con la difusión de sus ideas plasmadas en esta nueva edición de su valioso "*Léxico Tabacalero*" que permite entender los secretos de la industria tabacalera.

Su amor por la pureza del tabaco "habano" indujo a José Enrique Perdomo a poseer la mayor colección de anillos de puros del mundo que los aficionados llaman "*vitolfilia*", derivado de la palabra "vitola" que califica el grueso y el largo de un puro. Su colección contaba con más de 25,000 anillos de infinidad de marcas. Desgraciadamente, nadie sabe donde se encuentra esta inapreciable colección cuya pérdida sería un golpe terrible al patrimonio de la cultura y la industria de Cuba.

Muchas veces visité a José Enrique. Su apasionada defensa del "*habano*" lo llevó a diferir de mis ideas sobre la necesidad de desarrollar el tabaco "rubio", pero siempre el amigo Perdomo respetó los criterios de todos. Por eso salió de Cuba en 1962 y murió el 29 de mayo de 1983 sin claudicar de los principios éticos y morales de los buenos cubanos.

Ing. Napoleón S. Padilla
Especialista Tabacalero
Miami, julio de 1997

LEYENDA CUBANA DEL TABACO

TABAQUINA

Muchos siglos antes del descubrimiento del continente americano, los campos de la Isla de Cuba estaban habitados por indígenas, que los españoles llamaron —erróneamente— *indios*, por creer que habían llegado a la India en el sur de Asia.

Cristóbal Colón tocó la costa norte de la Isla el 27 de octubre de 1492. Al bordear las playas de la parte oriental, envió a tierra a dos marineros: Rodrigo de Jerez (Xerez) y Luis de Torres. Narrando las observaciones de estos españoles, el Padre Bartolomé de Las Casas cuenta que "estos cristianos encontraron mucha gente, tanto mujeres como hombres, caminando hacia sus casas. Todos los hombres llevaban brasas encendidas en las manos y unas yerbas secas metidas en cierta hoja seca, como los mosquetes de papel que los niños hacen en las festividades del Espíritu Santo. Después de encenderlo por una punta, chupaban o inhalaban el humo con la respiración. Esto ponía la carne a dormir y casi los intoxicaba, pero parecían no sentirse cansados. Estos mosquetes, como nosotros les decimos, ellos los llamaban *tabacos*".

Sabemos con certeza que Torres y Jeréz descubrieron el tabaco pero, con los años, las historias y los cuentos fueron transportados hasta nuestros días. La más bella— y quizá la única— leyenda genuinamente cubana, nos narra que varios siglos antes de la conquista española, la parte occidental de la Isla de Cuba estaba habitada por indígenas llamados *siboneyes* que, como los *taínos*, vivían organizados en *clanes*. Eran sencillos, confiados y pusilánimes. Bajo la autoridad del *cacique*, carecían de sentido colectivo y confiaban ciegamente en el jefe. La justicia que aceptaban era solo la ley natural. No tenían ordenanzas, ni libros, ni jueces. El mayor delito era el hurto, que se castigaba con gran rigor. Si eran engañados, se tornaban de una crueldad salvaje. Al que se condenara a sacarle los ojos o clavarlo vivo con estacas, su alma se perdía para siempre.

Los *siboneyes* eran poetas, músicos, alfareros y escultores. Poseían gobiernos libres. Sus campos eran los más ricos y mejor cultivados de la Antillas. Comían boniato, ají, maíz y yuca, de la que hacían pan, llamado *casabe* o *cazabí*. Bebían vinos y siropes, extraídos de diversas frutas. De la cabuya y el henequén tejían fuertes telas de hilo fino. Del *bijao* y el *maguey* hacían cestos; de la güira, tasas y vasijas; de la piedra construían hachas y martillos. De la caza y la pesca obtenían sus mejores manjares. Si el conquistador español no los hubiera esclavizado y asesinado hasta el exterminio, estos hacendosos indígenas hubieran progresado con facilidad.

Los *siboneyes* andaban enteramente desnudos, con excepción de las mujeres, que se cubrían del busto a las rodillas. Sencillos, limpios y aseados, vivían en gran unión en *caneyes* y *barbacoas* en pueblos de doscientos y trescientos *bohíos* con amplias zonas llamadas *bateyes*. Eran de mediana estatura, rostro aceitunado, facciones angulares, ojos negros y pelo lacio. Los *caciques* se adornaban con plumas y se pintaban de colores chillones con pastas que hacían del zumo de la *jagüa* y el rojo extraído de la *bija*. Poseían armas hechas de caña seca y maderos que llamaban *macanas*, pero como eran pacíficos y sencillos desconocían el arte de la guerra.

En el centro de la parte occidental de la Isla, convivían muchas tribus indígenas. La más respetada era la del *Ariguanabo*, al margen de una hermosa laguna. Su *cacique* era el influyente y poderoso *Catay*. Otra tribu era la de *Alquizey*, situada a poca distancia hacia el sur. El jefe *Catay* tenía cuatro hijas. La mayor de ellas era la princesa *Tabaquina*, de porte esbelto y exótica belleza. Su dulce mirada y su trato delicado inspiraba enorme simpatía entre todos los que la conocían.

Por costumbres entre tribus, el cacique *Catay* había comprometido en matrimonio a su primogénita con el principe de *Alquizey*, llamado *Tacuno*. Las relaciones sociales y comerciales entre ambas tribus eran excelentes, pero *Tabaquina* no amaba al príncipe *Tacuno*. Hacía tiempo que sostenía relaciones amorosas con un indio plebeyo de su propia tribu llamado *Cajio*. Después de una alegre fiesta o *areito*, donde ambos caciques formalizaron el acuerdo matrimonial, los "fogosos enamorados" decidieron fugarse "una noche de luna llena". Llegado el día acordado, ambos jóvenes fugitivos emprendieron una veloz carrera hacia el sur.

Enterados los jefes de ambos *clanes*, decidieron dar caza a los atrevidos "que habían osado quebrantar las sagradas leyes y tradiciones de sus respectivos pueblos". Perseguidos de cerca y acosados en una playa de la costa, los jóvenes trataron de penetrar en sus oscuras aguas, pero viendo la imposibilidad de escapar, se entregaron a sus perseguidores.

Cajío fue ajusticiado a palos en la misma playa, que hoy lleva su nombre. *Tabaquina* fue condenada a morir quemada en una hoguera preparada en el *batey* de su propia tribu en medio de una triste ceremonia. A los pocos días, de las cenizas de *Tabaquina* nació una planta cuyas hojas secas exhalaban al quemar, un "*quejido de amor y recordación al ser amado*".

¡Era la *primera planta de tabaco* del mundo!

Napoleón S. Padilla

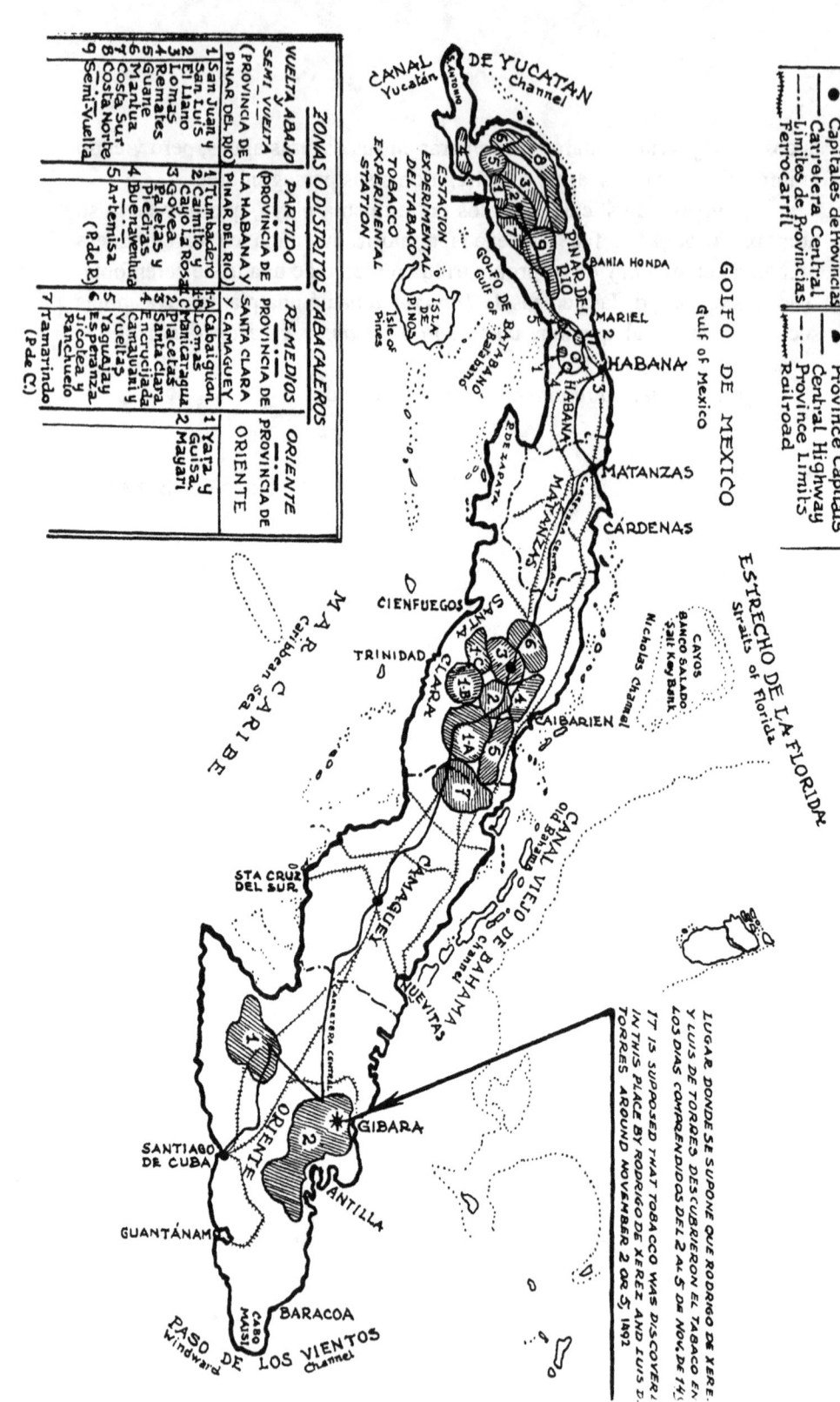

Léxico Tabacalero Cubano

José E. Perdomo

Director-Jefe de Despacho de la Comisión Nacional de Propaganda
y Defensa del Tabaco Habano. Jefe de Redacción de la
Revista Tabacalera "Habano".

Primera Edición

La Habana, Cuba
1940

Es propiedad del autor.
Derechos reservados.
Copyright 1940.

Al recuerdo de:

> *Don Justo Ledesma Machado,*
> *Don Joaquín Melgarejo Lesmes,*
> *Don Desiderio Jiménez Díaz,*
> *Dr. Antonio González Curquejo,*
> *Doña Benicia Perdomo Vda. de Valdés,*

mis buenos amigos y mentores.

INDICE

	PÁGS.
Advertencia	VII
Prólogo	XI
A	1
B	8
C	13
Ch	31
D	34
E	38
F	43
G	48
H	54
I	69
J	70
K	70
L	71
Ll	80
M	81
N	85
Ñ	85
O	86
P	88
Q	114
R	115
S	122
T	132
U	141
V	142
W	147
X	147
Y	147
Z	147
Apéndice. (Relación de las fábricas de tabacos y de cigarrillos y marcas de los mismos que aparecen en este libro)	149
Bibliografía	163

Advertencia

Al dar a publicidad el presente libro no pretendemos aportar a la bibliografía tabacalera una obra completa sobre la materia. El autor ha procurado solamente iniciar un trabajo que, si sus propósitos no resultan fallidos, espera completar, o perfeccionar, más adelante.

Como es sabido, en los distintos aspectos de los negocios tabacaleros, tanto en la parte agrícola, comercial, como industrial, se usan palabras y frases que, o bien tienen otro significado en el idioma castellano, o han sido creadas por los que, de alguna manera, intervienen en esos negocios, y el uso las ha hecho tan corrientes como propias de nuestro idioma.

Las repetidas consultas que se han formulado al autor, en su carácter de Director - Jefe de Despacho de la Comisión Nacional de Propaganda y Defensa del Tabaco Habano, sobre el significado de palabras y frases usuales en el giro del tabaco que no aparecen en los diccionarios de la lengua, nos han movido a llevar a cabo este trabajo. En múltiples ocasiones han sido miembros del Servicio Diplomático y Consular acreditados en Cuba, empleados de Compañías de Seguros y de Bancos, y hasta Funcionarios del Poder Judicial de nuestro País, los que han solicitado de la Comisión Nacional de Propaganda y Defensa del Tabaco Habano la explicación del significado de un término o frase relativo a cuestiones tabacaleras, que no habían podido ellos desentrañar. Contribuir a resolver este problema es el objetivo que persigue este libro.

La primera edición habrá de resultar, como hemos dicho, incompleta y con muchas deficiencias y omisiones, pero nos proponemos perseverar en el empeño hasta dar a publicidad una obra lo más completa posible sobre el asunto que nos interesa.

Para facilitar el conocimiento de las principales marcas cubanas de tabacos y cigarros que se exportan de Cuba, hemos intercalado los nombres de las que, al publicarse este libro, se encontraban inscriptas en la Comisión Nacional de Propaganda y Defensa del Tabaco Habano.

No son las consignadas en este libro las únicas marcas cubanas de tabacos y cigarros. Existen otras muchas, que no son conocidas en el mercado mundial, pero que, en alguna oportunidad, pueden serlo, y otras que, teniendo mercado extranjero, no figuran en este libro por no haber sido posible obtener la relación completa de las marcas que amparan productos tabacaleros, registradas en el Ministerio de Comercio, marcas que ascienden a varios miles. Cuando exista alguna duda sobre la identidad de una marca cubana, tanto de tabacos como de cigarros, lo más conveniente es consultar el caso a la citada Comisión Nacional de Propaganda y Defensa del Tabaco Habano, organismo oficial de la República de Cuba, que ejerce la alta tutela de los negocios tabacaleros en el País. Es muy importante tener presente que todo envase de tabaco torcido, cigarrillos o picadura que se exporta de Cuba lleva fijado el sello o precinta de garantía, que indistintamente para cada uno de estos productos estableció la Ley de 16 de julio de 1912 y cuyos facsímiles aparecen en la página 124 de este libro.

Para la descripción de los insectos que atacan al tabaco, hemos utilizado el Informe de los Dres. F. C. Bruner y L. C. Scaramuzza, recogido en la Circular No. 80 de la Estación Experimental Agronómica de Santiago de las Vegas, que lleva por título "Reseña de los Insectos del Tabaco en Cuba". Las enfermedades que afectan a la planta del tabaco han sido descritas por el Ingeniero Agrónomo Sr. Román Pérez y Pérez, Director de la Estación Experimental del Tabaco en San Juan y Martínez.

La clasificación del tabaco es distinta según la zona o subzona donde se practica, y, hasta dentro de una localidad, existen firmas escogedoras que difieren unas de otras en la clasificación del tabaco. A este respecto dice Ricardo A. Casado en su libro "Nuestro Tabaco":

> Los almacenistas son también, por regla general, los que se encargan de escoger, clasificar o seleccionar el tabaco. Esta labor no es cosa que se pueda describir con demasiada exactitud ni hay que buscar mucha uniformidad en sus resultados. Ellos varían notablemente según el esmero o pulcritud con que se realice la escogida—o según las necesidades a cubrir en cada caso—, y así tenemos que entre dos tabacos de la misma clase, marcados de igual modo, puede uno alcanzar precio bastante mayor que el otro, porque la escogida fué mucho más limpia, más escrupulosa. Esto quiere decir, en vía de ejemplo, que lo que una firma escogedora estima o aprecia como Rgo. 8a. S. (rezago de octava, seco: una clase de tabaco de Partido), otra la considera como Rgo. 10 ó, a lo sumo, como Rgo. 9. No es dable, ya lo advertíamos, buscar uniformidad en esto; y asombra recordar que personas con algún conocimiento de tales materias hayan podido simpatizar en ocasiones con propósitos legislativos para someter a reglas generales las escogidas de tabaco. Lo "standard", lo igual para todos, lo que desindividualiza y nivela no caracterizó jamás el cultivo y manipulación del tabaco habano.

Nosotros hemos tomado la clasificación y descripción de cada clase que hace el Ingeniero Agrónomo Sr. Román Pérez, Director de la Estación Experimental del Tabaco en San Juan y Martínez, para las Zonas de Vuelta Abajo y Semi-Vuelta. La clasificación de la Zona de Partido corresponde a las escogidas que efectúan los señores Junco y Cía., cosecheros en la citada Zona. En cuanto a la Zona de Remedios, donde la clasificación está más standardizada, hemos tomado la que se practica en las escogidas que hace el señor Don Lisandro Pérez. Los datos de Oriente nos han sido suministrados por el Sr. Gabriel Piedra, de la firma Constantino González & Co., y por el Sr. Antero González, de Sobrinos de Antero González.

La Cartilla Agrícola, redactada por los Sres. Don Jacinto Argudín y Don Lisandro Pérez, nos ha servido para expresar muchas de las operaciones que se realizan en la fase agrícola del tabaco. En relación aparte, citamos la bibliografía de que nos hemos auxiliado en la preparación de este trabajo.

Antes de terminar estas líneas explicativas, queremos dejar constancia de nuestra gratitud al Dr. Luis Grau Agüero, Secretario de la Comisión Nacional de Propaganda y Defensa del Tabaco Habano, que tanto se ha interesado siempre por las cuestiones tabacaleras, distinguiéndose en la búsqueda de soluciones a los problemas que confrontan estos negocios en Cuba, y que, en esta oportunidad, nos ha brindado el estímulo necesario para llevar a un libro las notas que habíamos recopilado con el solo objeto de facilitarnos el trabajo que tenemos a nuestro cargo en la antes mencionada Comisión Nacional de Propaganda y Defensa del Tabaco Habano.

J. E. P.

La Habana, Cuba, diciembre de 1940.

Prólogo

Esta obra llega en muy buena hora a las prensas. Es la época de los vocabularios tecnológicos. El progreso científico general obliga a precisar más y más el sentido de los vocablos y, por otra parte, el análisis y la complejidad crecientes en las técnicas lleva a reconocer entidad propia y característica a cosas y acciones que solían pasar como indiferenciadas para el vulgo, que en esto de los lenguajes tecnológicos suele comprender la casi totalidad de las gentes fuera de las iniciadas en la especialidad.

La técnica tabacalera cubana necesitaba un catálogo de sus voces. Ante todo, porque en Cuba nacieron y de aquí pasaron al lenguaje universal numerosas palabras. En Cuba se *inventó el tabaco* por los compañeros de Cristóbal Colón; de aquí son voces hoy tan corridas entre los fumadores como *vitola, maduro, panetelas, brevas, regalías,* etc., y de indiscutible cuna cubana procede la palabra *habano,* que los tabaqueros del país han hecho universalmente sinónima de "el mejor cigarro del mundo".

En Cuba misma el vocabulario tabacalero es menos conocido de lo que pudiera creerse, debido a su difícil complejidad y a la inverosímil variedad de palabras para significar conceptos similares según sean las regiones tabacaleras del país. Vea el lector cuán diferentes son las clasificaciones de las escogidas en Vueltabajo y en las zonas de Vueltarriba, sin salirnos de nuestro país. Además, las manipulaciones del tabaco desde que aún él es sólo simiente hasta que, ya elaborado, llega a la boca del fumador son tantas, más de un centenar, y algunas tan sutiles y minuciosas que se escapan a la atención de las gentes. De las dos producciones básicas de la economía cubana, el azúcar y el tabaco, la primera es la más comúnmente conocida; no sólo por ser más importante y extensa en el contacto con la población sino por ser su técnica mucho más simple y, sobre todo, más uniforme y sometida a "standards" métricos, legítimos, consuetudinarios y hasta internacionales, lo que no ocurre con la tabacalería en general, que es característicamente personal e individualista.

Por estas razones es oportunísima la impresión de este *Léxico Tabacalero Cubano,* formado con tanto amor por el señor José E. Perdomo, competente Director-Jefe de Despacho de la Comisión Nacional de Propaganda y Defensa del Tabaco Habano. Aseguro sin reservas que si yo hubiese contado con su auxilio al estar escribiendo mi último y reciente libro, *Contrapunteo Cubano del Tabaco y el Azúcar*, me habría evitado muchas horas de vacilaciones y pesquisas, y digo que al preparar una segunda edición habrá de serme indispensable hacer algunas añadiduras y consignar ciertas consideraciones nuevas, surgidas a la lectura de este vocabulario de Perdomo, que merece todo encomio.

Por mi parte, séame permitido también augurarle a este *Léxico* sucesivas ediciones y, para esa oportunidad, consignar mi voto para que el autor extienda la estructura del vocabulario a ciertos términos históricos y folklóricos del vernáculo lenguaje tabaquero, los cuales aumentarán el valor de la obra y el mejor aprecio universal de las virtudes del tabaco cubano y del puro habano, *"the best tobacco in the world". Oh, yes, indeed.*

FERNANDO ORTIZ.

La Habana, 8 de diciembre de 1940.

A

Abertura.—En las escogidas de Partido y Vuelta Abajo, se le llama abertura a la operación de abrir las hojas de tabaco colocándolas en pilas uniformes, separando, en una primera selección, las hojas pequeñas o defectuosas que no sirven para capas, de las sanas y grandes que para su clasificación se remiten a los departamentos de escogida o razagado.

Abonos.—Si año tras año sembramos en la misma tierra, no reponiendo los elementos absorbidos por las plantas, momento llegará que se niegue a producir. Con el empleo de abono apropiado deben reponerse todos los años los elementos que la planta reclama imperiosamente para su perfecto desenvolvimiento; pero no basta conservar la constante fertilidad de la tierra, es necesario, si fuera posible, aumentarla gradualmente para que la producción sea cada vez mayor y cada vez mejor.

Los estiércoles, la semilla de algodón, los abonos verdes o vegetales, las cenizas, las tierras de zanjas o barrancos, o de todos los otros lugares enriquecidos por los arrastres de las aguas, son abonos que pueden estar al alcance de todos los vegueros.

La deficiencia de determinados elementos en algunos de ellos se subsana con el empleo de los llamados abonos químicos. Al adquirir éstos, debe el veguero fijar preferentemente su atención, más que en el precio, en la riqueza de los elementos que escaseen en su tierra de cultivo, y que escaseen en los abonos naturales que tenga a su disposición.

Las tierras deben ser analizadas periódicamente para comprobar su mayor o menor riqueza, determinando los mejores abonos a emplearse; comprobándose también su acidez, y si se encuentran en tal estado, remediarlo aplicándoles carbonato de cal. La cal es necesaria en los terrenos para la transformación de los abonos; es decir, para ponerlos en condiciones que las plantas asimilen las materias vitales que contienen. El necesario y constante empleo de abonos y también del riego, acaban por consumir la cal natural en el terreno y por esto se ponen ácidos.

No es posible dar regla general en cuanto a la cantidad de abono que debe emplearse, como tampoco del uso de la cal cuando es necesaria, porque es imprescindible conocer el estado o condición de cada terreno.

Cuando sea pequeña la cantidad de abono disponible, no debe nunca abonarse grandes extensiones de terreno. Produce más una besana con el abono necesario, que dos besanas escasas de abono.

Los abonos verdes, o los estiércoles, deben regarse con bastante anticipación al momento de la siembra. Es conveniente hacerlo después del primer hierro, pues así se pudrirán y se incorporarán bien al terreno en los sucesivos hierros o pases de arado.

Atendiendo a su origen, los abonos se clasifican en: *orgánicos e inorgánicos*. Los primeros se subdividen en *animales, vegetales y mixtos*, y los segundos en *minerales naturales y artificiales o químicos*.

Por su composición se dividen en *nitrogenados, fosfatados, potásicos, calcáreos y estimulantes*.

Abonos animales.—(Véase abonos orgánicos.)
Abonos calcáreos.—(Véase abonos inorgánicos.)
Abonos de establo.—(Véase abonos orgánicos.)
Abonos fosfatados.—(Véase abonos inorgánicos.)
Abonos inorgánicos.—Son los que proceden del reino mineral, se subdividen en *minerales naturales* y *minerales artificiales* o *químicos.*
Los más usuales para tabaco en Cuba son los siguientes:

Abonos nitrogenados

Nitrato de sosa o nitro de Chile.—Es una sal blanca o blanco grisácea, que se encuentra en inmensos yacimientos en Chile, Perú y Bolivia. Se usa poco en nuestras vegas.

Nitrato de potasa.—Llamado también *nitro* o *salitre* es una sal blanca, muy soluble en agua y doblemente fertilizante por el nitrógeno (13%) y la potasa (44%) que contiene.

Sulfato de amoníaco.—Es el abono amoniacal más económico y más comúnmente empleado. Se obtiene como producto accesorio en la manufactura del gas del alumbrado y tiene por lo general, color blanco o ligeramente azulado, pero algunas veces presenta un color moreno rojizo, debido a la presencia de un cuerpo extraño llamado *rhodanammonium*, que es un veneno para los vegetales, por cuyo motivo debe rechazarse cuando se encuentre en esas condiciones.

Urea.—Es un abono de color blanco, soluble, obtenido con los elementos de la atmósfera. Es el fertilizante nitrogenado más concentrado que existe, con un contenido de 46% de nitrógeno.

Abonos fosfatados

Superfosfatos.—Son abonos en los que el anhídrido fosfórico procedente de los fosfatos naturales ha pasado al estado soluble mediante un tratamiento especial. El *Superfosfato simple* contiene del 13 al 16% de anhídrido fosfórico y el *doble* del 40 al 45% de anhídrido fosfórico soluble en agua.

Fosfato de amoníaco.—Es una sal blanca, obtenida por combinación del nitrógeno del aire con el ácido fosfórico.

Abonos potásicos

Sulfato de potasa.—El comercial se extrae principalmente de las sales de Stassfurt, en Alemania. Contiene el 50% de potasa soluble. Es el abono potásico más usado y se presta para todos los cultivos.

Abonos calcáreos

Cal.—La *cal viva* es la substancia que más se emplea para modificar la tenacidad de las tierras, aunque no es muy usual en las de tabaco. No es conveniente usarla, sin previa investigación en los terrenos que se dedican al cultivo del tabaco.

Abonos mixtos.—(Véase abonos orgánicos.)
Abonos nitrogenados.—(Véase abonos inorgánicos.)
Abonos orgánicos.—Proceden de los reinos animal y vegetal. En el primer caso reciben el nombre de *abonos animales,* en el segundo de *abonos vegetales.* Cuando el abono es producto de la combinación de los dos anteriores, se llama *mixto.*

A continuación citamos los más importantes:

Abonos animales

Guano del Perú.—Es un abono pulverulento, con color amarillo claro, amarillo rojizo u obscuro y de olor penetrante, procede de la acumulación durante largo tiempo de las deyecciones y restos de ciertas aves marinas, formando bancos de espesor considerable en varias islas del Perú. La dificultad de importar este producto ha desterrado su uso en Cuba.

Guano de murciélago.—El guano de murciélago que se encuentra en algunas cuevas está constituído principalmente por los restos y excretas de estos animales, mezclados con substancias procedentes de las rocas calizas, tierra, restos de insectos, etc.

Harina de huesos.—Los huesos molidos constituyen un buen abono fosfatado. La harina de huesos se prepara sometiendo éstos a la acción del vapor en depósitos cerrados donde privados de la grasa y gelatina se vuelven porosos y quebradizos.

Abonos vegetales

Harina de semillas de algodón.—Queda como residuo en las fábricas de aceite de semilla de algodón.

Harina de semillas de girasol.—Queda como residuo en las fábricas de aceite de girasol.

Harina de maní.—Queda como residuo en las fábricas de aceite de maní.

Cachaza.—Residuo procedente de la defecación de los jugos en los ingenios azucareros.

Resto de cosechas.—Las raíces, tallos, hojas, pajas y demás desechos de los vegetales que no tienen valor alimenticio ni industrial, pueden servir de abono, bien enterrándolos directamente o bien incorporándolos al estiércol.

Los tallos, hojas y paja del maíz, las hojas y cogollo de la caña de azúcar, los tallos y "palitos" de tabaco y, en fin, todo resto de vegetal devuelto a las tierras de donde procede, restablece gran parte de los elementos sustraídos por las cosechas y las proveen de materia orgánica.

Abonos verdes.—Por *abono verde* se entiende las plantas que han sido cultivadas y enterradas después, al llegar a la época de la floración, con el fin de proveer al suelo de materia orgánica, tan necesaria para la vida vegetal.

De los *abonos verdes* depende la fertilidad de nuestras tierras de cultivo, ya que el estiércol (que es la fuente de materia orgánica más importante) no es posible producirlo en la cantidad necesaria, debido principalmente a la mala costumbre que tienen nuestros campesinos de no estabular su ganado, y a la sustitución de los animales por las máquinas en el campo y las ciudades.

Las mejores plantas para *abonos verdes* son las leguminosas, recomendándose especialmente el *Cow-Pea* o *Chícharo de Vaca* y el *Velvet-bean* o *Fríjol de Terciopelo*.

En la Estación Experimental del Tabaco, en San Juan y Martínez, se han venido ensayando diversas especies de *Crotalarias,* así como también el *Fríjol Soya*.

Abono mixto

Estiércol.—El *estiércol* o *abono de establo* (abono vegetal o criollo como le llaman los agricultores cubanos), está formado por la mezcla de las deyecciones de los animales domésticos con las materias que les sirven de cama. A veces se les incorpora la ceniza de los hogares, y los restos de cosechas.

Su valor fertilizante depende de la alimentación y edad del ganado, de la naturaleza de las deyecciones, de los materiales que se empleen de cama y de la manera de prepararlo. La composición media del estiércol es:

Nitrógeno	0.5 a 0.6%
Anhídrido fosfórico	0.3 a 0.4%
Potasa	0.4 a 0.5%

Abonos potásicos.—(Véase abonos inorgánicos.)

Abonos químicos.—(Véase abonos inorgánicos.)

Abonos vegetales.—(Véase abonos orgánicos.)

Abonos verdes.—(Véase abonos orgánicos.)

Abridor-a.—Obrero que, en las escogidas de Partido y Vuelta Abajo, realiza la operación de abrir las hojas de tabaco, haciendo una previa selección de las mismas.

A. de Villar y Villar.—Marca para distinguir cigarrillos, registrada a nombre de la Tabacalera Cubana, S. A., de Princesa No. 202, Luyanó, Habana, Cuba.

A. de Villar y Villar.—Marca para distinguir tabacos torcidos, registrada a nombre de la Tabacalera Cubana, S. A., de Agramonte No. 106, Habana, Cuba.

Ahuevado.—Cuando la forma del tabaco no es simétrica o pareja, es decir que presenta un abultamiento hacia la boquilla o tiene forma de un huso, se le llama a esta vitola ahuevada o figurada.

Aguilitas.—Marca para distinguir cigarrillos, registrada a nombre de la Tabacalera Cubana, S. A., de Princesa No. 202, Luyanó, Habana, Cuba.

Alas de Oro.—Marca para distinguir cigarrillos, registrada a nombre de los Sres. Yarza, San Miguel y Cía., de Belascoaín No. 968, Habana, Cuba.

Al barrer.—Cuando los compradores de tabaco no señalan un precio para cada uno de los tipos que hay en el pilón, esto es, un precio para el principal y otro para la capadura, etc., sino que a toda la cosecha recolectada ponen un precio alzado, se dice que el veguero ha vendido "al barrer".

Almendares.—Marca para distinguir tabacos torcidos, registrada a nombre le los Sres. Roberts and Co., de Neptuno No. 167, Habana, Cuba.

Almacén.—Establecimiento que se dedica a la venta de tabaco en rama al por mayor. Aunque estas ventas se efectúan en muchos casos a nuestras fábricas de tabacos y cigarrillos, principalmente se realizan a los compradores del extranjero, bien directamente o por sus intermediarios en la plaza, llamados "comisionistas". Se le aplica igualmente la denominación de almacén al depósito donde los fabricantes de tabacos y de cigarrillos acostumbran a guardar la materia prima que necesitan para la elaboración de sus productos (Fig. 1).

Almacenista.—Comerciante que se dedica a la venta de tabaco en rama al por mayor. Cuando realiza sus ventas a otros almacenistas, a los fabricantes de torcido o de cigarrillos o a comisionistas, recibe también el nombre de especulador. La casi totalidad de los almacenistas son miembros de la Asociación de Almacenistas y Cosecheros de Tabaco de Cuba, radicada en la calle de Amistad No. 419, altos, en la Habana.

(Foto: A. P. S.) Interior de un Almacén de Tabaco (Fig. 1).

Allones.—Marca para distinguir cigarrillos, registrada a nombre de los Sres. Ramón Rodríguez, S. en C., de la calle 23 entre 14 y 16, Vedado, Habana.

Amarillo.—Clase de tabaco que debe su nombre a la coloración de la hoja. Pertenece al grupo de tripas en las escogidas de tabaco de la Zona de Vuelta Abajo. Se utiliza principalmente en cigarrería.

Amarillo bueno.—Hojas amarillas de calidad. Se emplean como tripa, según la clasificación del tabaco en la Zona de Vuelta Abajo.

Amarillo chico.—Clasificación perteneciente a tripas de tabaco en la Zona de Vuelta Abajo. El tamaño de la hoja, además de su color, determina esta clasificación.

Amarillo grande.—(Véase amarillo bueno.)

Amarillo malo.—(Véase amarillo chico.)

Amarrador.—Obrero que, en las fábricas, después de someterse el tabaco a la escogida, hace como una segunda selección, disponiendo cómo han de quedar los tabacos en cada una de las camadas del cajón.

Amor de Cuba.—Marca para distinguir tabacos torcidos, registrada a nombre de "The Fernández-Havana Cigar Co.", de Martí 64, Guanabacoa, Habana, Cuba.

Ancho.—Es la parte central o más ancha de la capa.

Andullo.—Tabaco prensado y sometido a una preparación especial, que se utiliza para mascar. En Cuba no existen fábricas de andullo.

Anillado.—Departamento de las fábricas donde se pone el anillo al tabaco.

Anillador-a.—Obrero encargado de la operación de fijar el anillo a cada tabaco.

Anillo.—Faja de papel litografiado que se fija a cada tabaco torcido para identificar la marca del fabricante.

Anillo de combustión.—Al fumar un tabaco se va formando, entre la ceniza y el resto del tabaco, un anillo de fuego que se denomina anillo de combustión. En un buen tabaco este anillo mantiene su uniformidad. Es cuando se dice que el tabaco arde parejo.

Antilla Cubana.—Marca para distinguir tabacos torcidos, registrada a nombre de los Sres. Martínez y Cía., de Calle Real No. 200, Marianao, Habana, Cuba.

Antonio y Cleopatra.—Marca para distinguir tabacos torcidos, registrada a nombre de la "Tabacalera Cubana, S. A., de Agramonte No. 106, Habana, Cuba.

Apagón.—Tabaco que arde mal, y al que hay que encender repetidas veces. Esto hace que adquiera mal sabor y olor. Esto no sucede con los genuinos habanos.

Apartador-a.—Obrero encargado, en la Zona de Remedios o Vuelta Arriba, de hacer la selección del tabaco en rama, separándolo en sus distintas clases. En las escogidas de Partido y Vuelta Abajo se les llama escogedores, revisadores, rezagadores y repasadores o también apartadores según el trabajo que realicen. En unas zonas son mujeres las encargadas de este trabajo; en otras lo realizan personas de uno u otro sexo.

Apartadura.—Departamento de las escogidas de tabaco en la Zona de Remedios o Vuelta Arriba, donde se hace la separación en clases, o sea, la selección de la rama.

Aposento.—Las casas de curar tabaco tienen un pasillo central. A ambos lados de ese pasillo existen tres o cuatro compartimentos que tienen el largo de un cuje y todo el alto y ancho de la casa. A estos compartimentos se les da el nombre de aposentos. Los espacios entre uno y otro aposento se llaman falsos.

Apuyarse.—Se da este nombre a la mata de tabaco deficiente, enclenque, procedente de una postura débil o que ha permanecido en el semillero más tiempo del necesario para el trasplante.

Arder.—Una de las cualidades más preciadas del tabaco es la combustibilidad. El aroma y una buena combustión, unidos, elevan al máximo el placer de fumar.

Arder a la vela.—Los compradores de tabaco suelen someter a pruebas de combustión el de las vegas que proyectan adquirir. Unas veces forman un rollo o "zorullo" de varias hojas y lo prenden por uno de sus extremos, aspirando por el otro. En ocasiones abren una hoja, aplicando a la misma un cigarro o un tabaco encendido y observando cómo la hoja se consume lentamente. Cuando la combustión es perfecta se dice que el tabaco "arde a la vela".

Ardido.—Se dice que un tabaco está ardido cuando, por efecto de una temperatura muy alta en el pilón, se ha "sentido" o podrido.

Argudín.—Marca para distinguir tabacos torcidos, registrada a nombre de Manuel Fernández Argudín, de la Calle Norte No. 25, Marianao, Habana, Cuba.

Arique.—Tira de yagua que se utiliza para amarrar los matules de tabaco.

Arlington.—Marca para distinguir tabacos torcidos, registrada a nombre de la "Tabacalera Cubana, S. A.", de Agramonte 106, Habana, Cuba.

Aroma.—No debe nunca confundirse el aroma o "bouquet" de un tabaco con su fortaleza. Un tabaco puede ser fuerte y no tener aroma, y, por el contrario, puede ser suave y muy rico en aroma. El olfato y el paladar del fumador disfrutarán de la presencia del aroma y la garganta se dará cuenta del grado de su fortaleza.

Arpillera.—Tela de yute que se importa de la India y se destina a forrar los tercios de tabaco que se exportan.

Arroz.—Papel de color blanco, que se usa en la confección de los cigarrillos.

Aviadores.—Marca para distinguir cigarrillos, registrada a nombre de Cienfuegos Industrial, S. A., de Santa Elena y Concordia, Cienfuegos, Provincia de Santa Clara, Cuba.

Azán.—Marca para distinguir cigarrillos, registrada a nombre de los Sres. Azán y Hermanos, de Juan Bruno Zayas, sin número, Manicaragua, Provincia de Santa Clara, Cuba.

B

Babosa (Veronicella floridana Binney).—Según nuestras investigaciones, estos moluscos son de muy escasa importancia como enemigos del tabaco en la región occidental de Cuba y la gran mayoría de los vegueros que interrogamos no habían observado daños por las mismas en este cultivo. Sin embargo, en la provincia de Santa Clara, sucede precisamente lo contrario, pues allí se sabe perfectamente que en los sitios que les son favorables las "babosas" dañan a las plantas tiernas de tabaco, comiendo las hojas o tronchando los tallos, al igual que se ha observado en otros países. El Sr. P. Cardín, dejó una nota en el registro de ejemplares de la Estación Experimental Agronómica de Santiago de las Vegas exponiendo que en una finca cercana a esa Estación se habían encontrado numerosas babosas que comían el tabaco pequeño. Nosotros hemos hecho pruebas con la babosa común de la localidad y encontramos que se alimentaba del mismo con evidente gusto, practicando perforaciones de bordes irregulares de 1 a 2 cm. de ancho en las hojas (Fig. 2) y hasta tronchando el tallo de plantas pequeñas. Esta especie de babosa ha sido clasificada como Veronicella floridana Binney por el Dr. C. G. Aguayo, de la Universidad Nacional, quien informa que es la especie corriente de las provincias occidentales de la República. Esta es seguramente la misma a que se refiere la nota de Cardín. El Dr. Wolcott dice que en Puerto Rico la "lapa" (V. occidentalis Guild.), una babosa muy afín a la de Cuba, es dañina a las posturas de tabaco, especialmente en las montañas. Esta especie no existe en Cuba, según el Dr. Aguayo, pero la nuestra actúa de igual manera en terrenos que tengan humedad suficiente y en los cuales los moluscos puedan encontrar lugar donde esconderse. La especie de Cuba es de color pardo o pardo amarillento, con el dorso marcado longitudinalmente en el centro por una línea amarillenta pálida, más o menos completa, y también un número variable de manchitas irregulares o reticulaciones de color negro repartidas por el resto del cuerpo, formando con frecuencia una banda oscura a cada lado. Mide comúnmente de 5 a 7 cm. de largo cuando está extendida (Orden Pulmonata, familia Vaginulidae). En los Estados Unidos se han reportado otras clases de "Babosa" (familia Limacidae) como enemigos del tabaco.

Una Babosa (Veronicella Floridana); tamaño natural (Fig. 2). *(Foto: E. E. A.)*

Remedio.—Para aminorar el ataque de las babosas es recomendable en primer lugar mantener el terreno limpio de materiales que puedan servirle de escondite, como terrones, piedras sueltas, basuras, etc. También se puede aprovechar la tendencia de estos animales a esconderse debajo de cualquier objeto en el suelo que les ofrezca protección, colocando a propósito tablas viejas, etc., entre las plantas para ser revisadas por la mañana y destruir las babosas. En vegas pequeñas se pueden recoger y destruirlas por la noche con la ayuda de una linterna. La aplicación de polvo de cal por las orillas del semillero o de la vega es útil para destruir las que traten de cruzarla; pero esta sustancia es efectiva sólo mientras esté seca.

Se ha recomendado (Lovett y Black, de Oregón, y otros) como la manera más efectiva de destruir las babosas en otros cultivos, cuando sea necesario aplicar una medida enérgica, rociar las plantas con caldo bordelés corriente para protegerlas temporalmente del ataque de las mismas y, simultáneamente, al atardecer, repartir un cebo envenenado en los terrenos infestados. Este procedimiento ha sido empleado con éxito en Puerto Rico contra las babosas que dañan al tabaco (Wolcott y Sein). El cebo se prepara con hojas de col o lechuga finamente picadas y arseniato de calcio, bien mezclados, a razón de 10 libras de las hojas y ½ libra del veneno. De no aplicarse el caldo bordelés, las babosas comerán el tabaco con preferencia al cebo. El arseniato de plomo no ha resultado satisfactorio para destruir las babosas, siendo el arseniato de calcio el mejor veneno que se ha encontrado para el cebo, aunque el verde París ha sido recomendado por algunos investigadores.

Baire.—Marca para distinguir tabacos torcidos, registrada a nombre de la firma F. Solaún, S. A., de Figuras No. 106, Habana, Cuba.

Bajar el surco.—Se le da este nombre a la primera mano de guataca que se da al terreno donde se ha plantado el tabaco.

Balmoral.—Marca para distinguir tabacos torcidos, registrada a nombre de la "Tabacalera Cubana, S. A.", de Agramonte No. 106, Habana, Cuba.

Banda.—Hoja que se utiliza en las fábricas de tabacos para envolver la tripa. La Banda se usa en los tabacos de regalía en lugar del capote (Fig. 11).

Barbacoa.—Departamento de las fábricas donde se seca la tripa y se hacen las ligas.

Barredera.—Maderos horizontales que se colocan a uno y otro lado del aposento de la casa de tabaco para descansar las cabezas de los cujes.

Barredura.—Se le da el nombre de barredura a los desperdicios de las escogidas y fábricas. La barredura se utiliza generalmente para abonar las tierras.

Barril.—El barril desempeña un importante papel en la industria tabacalera. En los despalillos es la "mesa de trabajo" de la despalilladora, ésta cuando solicita empleo pide "un barril". En las fábricas se le destina a guardar las tripas en la barbacoa y en el comercio de rama se le utiliza como envase de exportación del tabaco despalillado.

Darle barril a un tabaco significa someterlo a un proceso de curación dentro del barril, que dura según la calidad del tabaco de que se trate.

Belanza.—Marca para distinguir tabacos torcidos, registrada a nombre de los Sres. Zamora y Guerra, de Máximo Gómez 810, altos, Habana, Cuba.

Belinda.—Marca para distinguir tabacos torcidos, registrada a nombre de los Sres. Fernández, Palicio y Cía., de Máximo Gómez No. 51, Habana, Cuba.

Beneficio.—Se da este nombre a la operación de mojar el tabaco de calidad (tripas) con una infusión preparada con palitos de tabaco (betún). La fortaleza de esta infusión está en razón directa de la calidad del tabaco. A tabaco más pesado o de más calidad mayor fortaleza en la infusión. Los tabacos ligeros deben recibir poco o ningún beneficio.

Berraquito de la tierra (Gryllotalpa hexadactyla Perty).—Este insecto de aspecto tan extraño (Fig. 7) tiene muy escasa y generalmente ninguna importancia como enemigo del tabaco u otra planta económica en Cuba, pero debido a que fué incluído en el Tercer Informe Anual del Departamento de Fitopatología y Entomología de la Estación Experimental Agronómica de Santiago de las Vegas (p. 166, 1915) entre los insectos de este cultivo, son necesarias algunas palabras de explicación. En dicho Informe, continuando un error de anteriores publicaciones económicas del país, como recientemente se ha señalado (Scaramuzza: Mem. Soc. Cubana Hist. Nat., X, No. 1, 1936), fué tratado como si fuera igual a la destructiva "changa" de Puerto Rico, cuando en realidad es otra especie, siendo idéntico al relativamente inofensivo "mole cricket" de los Estados Unidos. En el trabajo primeramente citado se afirma que a veces causa mucho daño en los semilleros de tabaco en Vuelta Abajo, los cuales destruyen estos insectos al hacer galerías a flor de tierra en los mismos. Al investigar nosotros el asunto, encontramos que los vegueros allí actualmente lo consideran de muy escasa importancia, pues este insecto no se alimenta del tabaco, según se sabe, aunque reconocen que en ocasiones hacen las referidas galerías en los semilleros. El Prof. Watson (Fla. Expp. Sta. Bull. No. 151) observa que esta especie en la Florida es algo dañina a las hortalizas, especialmente en huertos y semilleros. Cardín dice que encontró el "Berraquito de la tierra" en los terrenos húmedos, cerca de arroyos, en Vuelta Abajo y, en efecto, hemos podido encontrarlo mayormente en semejantes lugares, estando siempre ocultos a considerable profundidad, como a unas 18 pulgadas (Pilotos, San Juan y Martínez, meses de marzo y abril).

El "berraquito de la tierra" existe también en otras partes de la Isla, pero no es nada común en las zonas de tierras pesadas, y fuera de la Provincia de Pinar del Río es raro encontrar alguien que los conozca. Hemos obtenido alguno que otro ejemplar en los alrededores de Santiago de las Vegas, pero aquí lo consideran como un insecto raro. Es en realidad una especie de grillo (Familia Gryllidae), pero por su aspecto curioso, al tener las patas delanteras ensanchadas, el abdomen voluminoso y por el hecho de que no salta, pocas personas de las no consagradas a la entomología lo sospecharían. Mide de unos 3 a 4 cm. de largo en estado adulto.

Remedio.—No creemos que por el momento sea necesario aplicar medidas especiales contra este insecto. Lo único indicado en las zonas donde es perjudicial sería, probablemente, procurar no hacer los semilleros en los terrenos bajos, donde más abunda. En la Florida (Watson) se indica que para excluirlo de los semilleros es práctico poner tela metálica de hierro galvanizado en el fondo y lados de éstos e informan que el mismo cebo que se usa en Puerto Rico para la "changa" ha resultado efectivo para éste y otras especies de "Berraquito". Este cebo que se compone de harina de trigo y verde París, lo encontraremos explicado al tratar de los grillos.

Berro.—Papel de color verde claro, que se utiliza en la confección de los cigarrillos.

Betún.—Lejía que se prepara con tallos o palitos de tabaco puestos a fermentar en agua. (Véase Beneficio.)

Billiken.—Mraca para distinguir cigarrillos, registrada a nombre de los Sres. Villaamil, Santalla y Cía., de Campanario No. 1,002, Habana, Cuba.

Blandura.—Después de pasada la primera fase de la curación del tabaco en los cujes colocados en las casas dedicadas a este efecto, se procede al amarre, para su colocación en los pilones. Los vegueros esperan, para realizar esta operación, que se produzcan lluvias que dejen humedad en la atmósfera y suavicen al tabaco. A esta humedad es a lo que ellos llaman blandura.

Boccacio.—Marca para distinguir tabacos torcidos, registrada a nombre de los Sres. F. Solaún, S. A., de Figuras No. 106, Habana, Cuba.

Bock y Cía.—Marca para distinguir cigarrillos, registrada a nombre de la Tabacalera Cubana, S. A., de Princesa No. 202, Luyanó, Habana, Cuba.

Bofetón.—Hoja suelta, litografiada, unida al cajón por el larguero del fondo y que cubre los tabacos.

Boite nature.—Envase de tabacos, al natural, o sea, cajón sin empapelar.

Bolívar.—Marca para distinguir tabacos torcidos, registrada a nombre de los señores J. F. Rocha y Cía., S. en C., de San Miguel No. 364, Habana, Cuba.

Bonche.—Molde usado para preparar la tripa de los tabacos elaborados por algunos chinchales o pequeñas fábricas. El torcido así preparado se destina exclusivamente al consumo doméstico.

Bonchero-a.—Obrero encargado de la preparación de los bonches. Esta operación la realizan generalmente mujeres.

Boquilla.—Especie de tubo o caña hueca que se usa para fumar tabacos y cigarrillos. Extremo del tabaco torcido por donde éste se enciende al fumar.

Bote.—Clasificación correspondiente a la Zona tabacalera de Remedios o Vuelta Arriba. Se aplica al tabaco ripiado, que se destina a picadura. Van al bote las hojas que no pueden tener cabida en ninguna de las otras clasificaciones. En la clasificación de las escogidas de Vuelta Abajo, se llama al bote "dieciochocena" (18a.).

Botellita.—Con este nombre el tabaquero quiere decir que trabaja una vitola fácil de hacer y que la considera bien pagada.

B. Primera (B. 1ª).—En la clasificación de tabaco que se hace en Sagua de Tánamo, Zona de Oriente, se marcan como (B. 1a.) las hojas de capa.

Brea.—Papel amarillo pálido, que se utiliza en la confección de los cigarrillos.

Británicas.—Vitolas figuradas que presentan el ahuevado o abultamiento cerca de la perilla.

Bronco.—Clasificación correspondiente a tripas en la Zona de Vuelta Abajo. Es clase especialmente utilizada en cigarrería.

Bronco chico.—En esta clasificación se considera el tamaño y calidad de la hoja, y comprende la de tamaño chico que está manchada.

Bronco grande.—En esta clasificación se considera el tamaño de la hoja, y comprende la de tamaño grande de calidad y manchada.

B. Segunda (B. 2a.).—En la clasificación de tabaco que se hace en Sagua de Tánamo, Zona de Oriente, se marcan como (B. 2a.) las hojas de tripa capotera buena.

Bulldog.—Marca para distinguir cigarrillos, registrada a nombre de la Tabacalera Cubana, S. A., de Princesa No. 202, Luyanó, Habana, Cuba.

Burro.—Operación que se efectúa con el tabaco en rama para beneficiarlo. Se lleva a cabo cuando el tabaco está crudo y consiste en poner las gavillas en camadas, las que se salpican o humedecen con betún, a medida que se van colocando. El burro o beneficio se practica hasta que las hojas presenten el olor y características del tabaco curado.

C

Cabecear.—Colocar las hojas de tabaco de manera que el palito o vena central de cada hoja coincida con el de las otras por la parte o extremo donde ha estado unido al tallo.

Cabeza.—Nombre que dan los tabaqueros a la perilla (figs. 12 y 14).

Cabinet.—Envase o escaparate de tabacos. Se usa sólo en vitolas finas o de lujo.

Cabo.—Se llama cabo o colilla al resto o residuo de un tabaco después de haber sido fumado.

Cachazudo (Feltia annexa Treit, y Feltia malefida Guer.).—Los "cachazudos", comunes e importantes enemigos del tabaco, especialmente cuando las plantas están pequeñas, son bien conocidos por los vegueros cubanos (Fig. 3). Estas orugas, de color parduzco y con frecuencia más o menos embarradas de tierra, se encuentran por el día escondidas en la capa superficial del suelo alrededor de las plantas. Salen a comer por la noche, tronchando el tallo de las plantas pequeñas, o si son ya algo crecidas suben a éstas y cortan las hojas, para luego comérselas con facilidad en el suelo al descender. Atacan a muchas clases de plantas además del tabaco, especialmente, papas, tomates, habas de Lima y hortalizas en general. Varían mucho en abundancia; a veces escasean y otras veces ocurren brotes desastrosos. El ciclo de vida completo del cachazudo requiere unos 47 a 57 días, pero el estado larval solamente 30 ó 35 días. La crisálida o pupa se forma en la tierra en celdas a dos o tres centímetros de la superficie. La mariposa adulta emerge unas dos semanas después.

El cachazudo común es la especie Feltia annexa Treitsche (Fig. 3); pero existe en el país una segunda, la Feltia malefida Gueneé. La hemos observado cerca de El Cano, Habana y de Santiago de las Vegas (véase Bol. No. 56 de la Estación Experimental Agronómica de Santiago de las Vegas). No sabemos si está o no ampliamente distribuída en Cuba, pero ataca al tabaco en la misma forma que la especie corriente.

Los parásitos del cachazudo (F. annexa) encontrados en Cuba son, como se ha expuesto en el citado Bol. 56, la mosca taquínida Zenillia blanda O. S., el más importante, y las avispitas icneumónidas Paniscus semirufus Hgn. y Enicospilus sp.

Se ha encontrado (S. T. Danforth, 1935) que varios de nuestros pájaros comunes son importantes enemigos de los cachazudos y ayudan mucho a dominar rápidamente sus brotes, mereciendo citarse a este respecto el sabanero (Sturnella), el sinsonte (Mimus) y el cernícalo (Falco sparverius sparverioides).

Remedio.—Nuestros vegueros generalmente no toman otra medida contra los cachazudos que la recolección a mano. Fácilmente reconocen la presencia de los mismos por su daño característico, y con los dedos revuelven la tierra suelta alrededor de las plantas atacadas en donde casi siempre se descubren seguidamente las orugas, que a veces están apenas cubiertas. Cuando no son muy abundantes semejante medida resulta practicable en campos no muy grandes, pero cuando ocurren brotes de importancia y se encuentran hasta 15 cachazudos de todos los tamaños por plantón, como hemos tenido ocasión de observar, el asunto es muy distinto. Creemos que cuando estos insectos son bastante numerosos en campos de alguna extensión, el cosechero encontrará más provechoso emplear un cebo envenenado. El cebo más atractivo que se ha encontrado para cachazudos y otros insectos afines, es a base de afrecho de trigo.

El Cachazudo (Feltia annexa); arriba la mariposa y debajo sus orugas, vistas dorsal y lateralmente; aumentadas una y media veces (Fig. 3). *(Foto: E. E. A.)*

Es de sentir que este afrecho no sea un producto del país, pero resulta que a estas orugas les agrada aún más que las mismas plantas verdes, y no conocemos ninguna otra substancia que lo sustituya satisfactoriamente. El afrecho, sin embargo, puede obtenerse en las casas que venden alimentos importados para el ganado. Se prepara agregándole verde París al afrecho seco, a razón de una libra de veneno para 50 libras, mezclándolo bien. Entonces, revolviendo a la vez, se le agrega agua hasta que quede uniformemente humedecido, pero no tanto que gotee al oprimirlo con la mano. No es necesario agregar melaza ni otro dulce a este cebo, como antes se recomendaba, pues esto no aumenta en nada su atractividad para las orugas.

La aplicación de este cebo envenenado se hace a horas avanzadas de la tarde, para que los insectos lo encuentren fresco al empezar su actividad por la noche. Para distribuirlo, puede colocarse el cebo en un cubo u otro recipiente conveniente que se lleva en el brazo izquierdo y caminando de prisa se deja caer una pulgarada cerca de cada planta (sugerencia de S. E. Crumb). La cantidad a emplear más recomendada es de 25 libras por hectárea. Desde luego, se necesita cierta práctica para poderlo repartir uniformemente en esa proporción. Para infestaciones muy severas se recomienda 37 a 49 libras por hectáreas, pero en vez de aplicarlo en montoncitos, se esparce con la mano, como sembrando a voleo.

Si los vegueros creyeran que en el terreno que fueran a sembrar hubieran cachazudos, sería una medida conveniente hacer una aplicación "al voleo", antes de trasplantar las posturas.

Para envenenar el cebo, en vez del Verde París, se puede substituir éste por fluoruro de sodio, en la misma proporción, si se prefiere, aunque no es tan efectivo como el primero.

Cachimba.—Cierto tipo de pipa para fumar tabaco.

Cachos duros.—Llama el tabaquero a la tripa conocida con el nombre de bronco cuando está demasiado seca y le es difícil trabajarla, antiguamente la apartaba y la ponía sobre el guardapolvo.

Cacique.—Marca para distinguir cigarrillos, registrada a nombre de la Compañía Agrícola e Industrial Camagüey, S. A., de Enrique José No. 1, Camagüey, Cuba.

Caja de batir hebra.—Las hojas de tabaco, después de pasar por los machetes o cuchillas en las fábricas de cigarrillos, forman una masa compacta, que va a parar a la llamada caja de batir hebra. La operación que se realiza en esta caja, como su nombre lo indica, es batir bien o remover los tabacos que le llegan prensados, para darles la forma final de hebras.

Caja de tercio.—Aparato que se utiliza para la confección del tercio. Se usa, en su fabricación, madera dura.

Cajas de galera.—Depósito donde se coloca el tabaco ligado. De estos depósitos toma el tripero la tarea para cada torcedor, que la recibe en un paño humedecido.

Cajas de liga.—Una vez ligados los tabacos en un gran montón, se les rocía ligeramente con un pulverizador y se depositan en grandes cajas cerradas, que reciben el nombre de cajas de liga.

Cajetilla.—Envase de los cigarrillos. Se fabrican de cartón o papel litografiado, y contienen 14, 16 ó 20 cigarrillos.

Cajón.—Envase de madera, donde se coloca, para el expendio, el tabaco torcido. Estos envases acostumbran llevar 25 ó 50 tabacos, recibiendo en el primer caso el nombre de cuadragésimos y, en el segundo, el de vigésimos.

Calador.—(Véase Pasador.)

Calidad.—Es muy corriente confundir el significado de esta expresión. En materia de tabaco, la palabra calidad varía de significado según se aplique a la rama o al torcido. Tratándose de rama, se dice que un tabaco es de calidad cuando contiene mucho jugo. Así, pues, la cantidad de jugo contenido en las hojas de tabaco es lo que determina la calidad de las mismas. Las cosechas de los años secos son de "calidad" y las de años de lluvia "ligeras". En el torcido "calidad" expresa el conjunto de sus cualidades.

Calixto López.—Marca para distinguir cigarrillos, registrada a nombre de los señores Calixto López y Cía., de Agramonte No. 702, Habana, Cuba.

Calixto López.—Marca para distinguir tabacos torcidos, registrada a nombre de los señores Calixto López y Cía., de Agramonte No. 702, Habana, Cuba.

Camacho.—Marca para distinguir cigarrillos, registrada a nombre de Cigarros Camacho, de Maceo No. 63, Santa Clara, Cuba.

Candelilla (Phthorimaea operculella Zeller).—El minador de la hoja del tabaco, conocido en este país por "candelilla" y también por "forro de catre" (Fig. 23), es normalmente una plaga de escasa importancia en Cuba, según hemos podido determinar, y ninguno de los vegueros visitados por nosotros últimamente en la Provincia de la Habana la conocía. Existe en ésta, no obstante, y de vez en cuanto se ha encontrado en tabaco cosechado a campo raso en la Estación Agronómica, pero sin ocasionar daños de mucha consideración. Es más frecuente en Pinar del Río, y en Consolación del Sur en dicha provincia, encontramos una pequeña infestación al principio de marzo en una vega vieja, ya cortada. Afectada mayormente las hojas inferiores, especialmente la "libra de pie" y solamente a algunas de las mismas en una proporción pequeña de las plantas. El dueño de la finca, Sr. J. Valiente, no lo consideraba de importancia. No obstante, debido a alguna fluctuación en el ambiente que favorece grandemente al insecto, particularmente cuando se presentan épocas prolongadas de sequía, ocurren brotes locales del mismo a intervalos de varios años que resultan bastante dañinos, a tal extremo que los cosecheros se alarman, estimando que se trata del arribo de alguna plaga nueva. Semejantes brotes dañinos de que tenemos noticias ocurrieron en las lomas de Pinar del Río. No hemos tenido ocasión de estudiar ninguno de éstos sobre el terreno, pero en marzo de 1929 hubo una alarmante multiplicación de la plaga en dicha provincia, que motivó la intervención de la Comisión Nacional de Propaganda y Defensa del Tabaco Habano. El profesor J. S. Houser trató este insecto con alguna extensión; y Cardín dice que "es una de las plagas más dañinas al tabaco en Vuelta Abajo, encontrándose en abundancia en las lomas donde no se usa el regadío". No obstante, el Departamento de Entomología de la Estación Experimental Agronómica de Santiago de las Vegas tiene noticias de solamente unos dos o tres casos severos de esta plaga desde 1915, lo que pudiera indicar que generalmente no es tan dañina allí; pero en realidad tenemos muy escasos datos de la referida zona.

Este minador de la hoja es la oruga de una pequeña mariposa nocturna o polilla, de color gris-parduzco (Familia Gelechiidae). Mide como 10-12 mm. de largo cuando ha completado su desarrollo y es de un color gris-verdoso mate, tornándose finalmente algo moraduzco por el dorso, la cabeza y escudo cervical son negruzcos. Los huevecillos de la mariposa son puestos aisladamente en las hojas y al nacer las larvitas penetran en las mismas alimentándose de los tejidos comprendidos entre las dos epidermis, formando así manchones irregulares, especialmente a lo largo de las venas. Esos manchones son al principio grisosos pero más tarde adquieren un color pardo-ferruginoso, dándole a las hojas un aspecto de quemadas, circunstancia ésta que ha dado origen al nombre "candelilla". El insecto no solamente forma "minas" o galerías dentro de la hoja, sino también taladra la vena central cuando está terminando su desarrollo larval, como ha señalado el Prof. Houser y nosotros hemos podido comprobar. Una generación del insecto de huevo a adulto requiere unos 26 días (Houser) variando de 25 a 30 días (Morgan & Crumb).

Las pupas o crisálidas del mismo son formadas entre hojarasca, etc., en el suelo, dentro de un capullo grisoso, comúnmente cubierto de partículas de tierra o basura.

El minador de la hoja del tabaco es idéntico al minador o polilla de los tubérculos de la papa, como plaga de los cuales es más conocido en Cuba, por lo menos por los agricultores de la Provincia de la Habana, en donde ha habido bastantes casos en los almacenes abiertos en años recientes. Además de la papa, la "candelilla" ataca también a la "prendedera" (Solanum torvum Sw.), la berenjena (S. Melongena), S. verbascifolim L., Datura sp., tomate, etc. Este insecto es conocido en Norte y Sur América, las Antillas, Europa, Africa, Australia, etc.

No se han hecho observaciones sobre los enemigos naturales de esta plaga en Cuba salvo que las lluvias le son perjudiciales y que hay un Cálcido del género Trichogramma, que parasita los huevos, mencionado éste por Cardín. Es indudable que aquí deben existir otros parásitos y en los Estados Unidos se han encontrado diversos Himenópteros que destruyen a las orugas.

Remedio.—Como señalamos la "candelilla" no es normalmente una plaga de consideración aun en zonas y épocas secas, pues sus ataques se limitan en gran parte a las hojas inferiores de poco valor comercial. Diversos autores que han publicado trabajos sobre este insecto están de acuerdo en que los brotes del mismo desaparecen pronto si el tiempo se presenta lluvioso. Se ha señalado la posibilidad de dominar la plaga en gran parte, regando el follaje de las plantas para producir el efecto de lluvia, pero esto sólo sería practicable aquí en muy pocos lugares y únicamente en tabaco de valor especial. Resulta que donde el tabaco sufre más los ataques de esta plaga es en las zonas donde el agua escasea (lomas de Pinar del Río) y hay poca oportunidad de suplir ésta artificialmente. Como la aplicación de venenos a las plantas atacadas no da resultados efectivos para destruir los insectos, por estar éstos protegidos por la epidermis de la hoja, tenemos únicamente el recurso de la destrucción de las oruguitas mecánicamente, apretando la parte infestada de la hoja entre los dedos, o, en casos severos que ocurran al principio de la temporada, el arranque y destrucción de las hojas atacadas. Es también recomendable mantener las vegas limpias de hojarasca y otras basuras alrededor de la base de las plantas. Además, debido a que la papa es susceptible de ser atacada, no es conveniente hacer siembras de la misma cercanas o anteriores a las del tabaco en aquellas zonas donde el insecto suele causar daños apreciables. Al terminar la recogida de una vega es recomendable destruir los restos de la cosecha, pues, de lo contrario, éstos se convertirían en criaderos de ésta y otras plagas.

Canasta.—Cesto hecho con bejucos o corteza de la caña de castilla, de boca ancha y poca profundidad, que se utiliza para transporte de las hojas en la vega y para los matules o gavillas en las escogidas y fábricas.

Cantúa.—En las escogidas de tabaco en Vuelta Arriba, se acostumbra dar este nombre a la chivichana, o sea, a las hojas más pequeñas.

Cañón.—Cuerpo del tabaco. Cuando es simétrico se llama cañón parejo. Cuando presenta abultamientos, cañón ahuevado o cañón figurado (Figs. 12, 13, 15 y 17).

Capa.—Hoja exterior del torcido, con la cual se envuelve el "zorullo", o sea, el cuerpo del tabaco (Figs. 8 y 9).

Capa clara (1ª C.).—Clasificación correspondiente a las escogidas de la Zona de Remedios. Son las hojas de mayor tamaño, limpias y de colores más claros. La capa clara procede de cosechas ligeras.

Capa madura (1ª O.).—Clasificación de la Zona de Remedios. Son las hojas de mayor tamaño y limpias, de colores más oscuros. Esta clase procede de cosechas de calidad. Tanto la capa clara como la madura se destinan a pequeñas fábricas que elaboran para el consumo doméstico. Estas capas, al quemar, producen en el tabaco una ceniza muy blanca.

Capaduras.—Después de cortado el principal, se producen en la mata nuevos brotes, de los que se dejan tres o cuatro retoños. Cuando estos retoños se encuentran desarrollados, se efectúa el corte de los mismos, y a la rama que de ellos procede se le da el nombre de capaduras.

Capataz.—En las escogidas de tabaco, el capataz tiene a su cargo la organización y supervisión del trabajo. Es el que recibe las tareas y examina si el trabajo está bien hecho.

En las fábricas de tabacos, el capataz tiene una labor análoga. Es un hombre experimentado y conocedor de la industria, a cuya pericia se confía la prosperidad de la fábrica a su cargo y el prestigio de las marcas que elabora.

Caperos.—Se les llama así a las hojas de tabaco que pueden ser aprovechadas como capas.

Capón.—A la mata de principal se le deja una especie de "mamón", que crece desde la primera mano de deshije, aunque no es aconsejable este procedimiento. A este brote se le da el nombre de capón, y se recolecta pocos días después que la mata de principal y antes que las capaduras.

Capote.—Hoja que se emplea para envolver la tripa, antes de cubrirla con la capa. al hacer los tabacos. (Véase Banda. Fig. 11.)

Caracol.—Marca para distinguir tabacos torcidos, registrada a nombre del señor Juan Cano Sainz, de Manrique No. 615, Habana, Cuba.

CARACOL

HABANA

Caribe.—Marca para distinguir tabacos torcidos, registrada a nombre de los señores Pita Hnos., de Estévez No. 67, Habana, Cuba.

Cartabón.—Lista donde constan, tamaño, largo, grueso, figura y precios de hechura de los tabacos torcidos.

Caruncho.—Marca para distinguir tabacos torcidos, registrada a nombre de los señores Cifuentes, Pego y Cía., de Industria No. 520, Habana, Cuba.

Casa de tabaco.—Una vez cortado el tabaco o recogido en hojas, es llevado a la casa de tabaco (Fig. 4), donde habrá de sufrir el proceso de curación. Cuando el tabaco se corta en mancuernas, es costumbre de los vegueros colocarlos en cujes, en tendales, que se sitúan en el exterior de las casas, generalmente en el propio terreno que ocupa la vega, hasta que el tabaco se ha marchitado, y, una vez en estas condiciones, es cuando se le conduce al interior de las casas.

El tabaco en hojas, por el contrario, se lleva en parihuelas o canastas desde los lugares de recolección hasta las casas, donde se procede a la operación del "cosido" o "ensartado" y al enmallado.

Las casas de tabaco deben estar orientadas de Este a Oeste, con el fin de que el sol no caliente más que las culatas en las primeras horas de la mañana y últimas de la tarde. En la Zona de Remedios, las casas de tabaco se encuentran, por lo general, enteramente forradas de guano, que es el forro ideal para las mismas. En Partido, Semi-Vuelta y Vuelta Abajo, aunque existen algunas casas forradas en esta forma, lo usual es que los forros sean de tabla y la techumbre de guano.

(Foto: J. E. P.) Casa de curar Tabaco y Vega de Sol (Fig. 4).

Las casas de tabaco deben estar completamente cerradas en tiempo normal. Cualquier rayo de luz o corriente de aire que venga a modificar la atmósfera del interior, puede resultar perjudicial.

La humedad del aire confinado en la casa de tabaco es un factor de gran importancia. Todos los agricultores deberían tener en sus casas de tabaco un polímetro o higrómetro que les indicase el estado higrométrico del aire. Un estado higrométrico que fluctúe entre 70 y 75 grados se puede considerar como una condición ideal para la realización de los cambios que se llevan a cabo en las hojas de tabaco en su período de desecación. Cuando la humedad relativa desciende hasta 40 grados, la evaporación rápida del agua que contiene la hoja paraliza los cambios que en la misma se efectúan y si este tiempo seco y frío se prolonga, la cosecha secará muy mal, y dominará en ella el color amarillo del limón, que tanto disgusta a vegueros y compradores. Cuando, por el contrario, el higrómetro sube y señala una altura de 90 a 100 grados, la evaporación es casi nula y la hoja excesivamente húmeda se cubre rápidamente de hongos, formándose focos de putrefacción, y la cosecha resulta seriamente afectada. Cuando ocurre un tiempo seco y frío y el psicrómetro baja de manera alarmante hasta alcanzar los 40 grados indicados en el párrafo anterior, debe el veguero proceder con rapidez a cerrar herméticamente todas sus casas de tabaco, colocando tela "cheese cloth", guano o cualquier otro objeto, entre las uniones de las tablas y en cualquier punto que pueda dar acceso al aire frío del exterior hacia el interior. Si hay fuerte viento del Norte ó del Nordeste, cuando éste se calma deben abrirse las ventanas de la parte sur durante la noche, para que el aire húmedo pase al interior de la casa de tabaco. Deben cerrarse dichas ventanas en las primeras horas de la mañana del día siguiente. Este procedimiento debe continuarse hasta que el higrómetro empiece a ascender y alcance el grado 70, que se considera como normal.

Cuando después de un chubasco continúa dominando el viento sur y el higrómetro oscila entre 85 y 100, el cosechero debe tomar sus precauciones, pues se le avecina una situación en extremo difícil, que puede llegar a comprometer seriamente su cosecha.

Las precauciones que debe tomar son las siguientes:

En las horas del mediodía su higrómetro debe bajar probablemente de 60 a 65, y en este caso debe abrir inmediatamente todas las puertas de la casa de tabaco, arreglando los cujes en una forma que le permita establecer una rápida corriente de aire por el interior de la casa, con el fin de dar salida al aire saturado de humedad del interior. Es muy recomendable también colocar el tabaco más verde de llaves arriba, pues ésta es la zona de aire más seca de la casa, colocando el que está más seco en las barrederas inferiores. En muchos casos este procedimiento y el enmallado del tabaco verde es suficiente para vencer las dificultades del momento.

Cuando el tiempo húmedo persiste, se cierran herméticamente todas las casas y se procede a su caldeo, por medio de tubos de vapor, que es lo más racional, y por medio de carbón de madera, que no produzca mucho humo. Para esta operación hay que tomar precauciones y no debe confiarse el trabajo más que a personas bien preparadas y con práctica suficiente.

Los vegueros inteligentes saben que la primera precaución que deben tomar para luchar con éxito contra la humedad, consiste en dar buen drenaje a las casas de tabaco. Los registros o ventiladores en los caballetes de las casas, bien distribuídos y manejados, dan excelentes resultados.

En estos casos, recomiéndase una limpieza completa en los pisos. A las casas que tienen piso de tierra o natural conviene ponerles una capa de arena de una o dos pulgadas; lo mismo debe hacerse con las casas que tienen pisos de cemento.

Casamontez.—Marca para distinguir tabacos torcidos, registrada a nombre de Rey del Mundo Cigar Co., de Padre Varela No. 852, Habana, Cuba.

Casco de Oro.—Marca para distinguir tabacos torcidos, registrada a nombre de The Fernández-Havana Cigar Co., de Martí No. 64, Guanabacoa, Habana, Cuba.

Casillas.—Son las cajas o departamentos donde se coloca el tabaco después de escogido y engavillado. El tiempo que se mantiene el tabaco en casilla varía con su calidad.

Casín.—Marca para distinguir cigarrillos, registrada a nombre de los señores Lobeto y Cía., S. en C., de Máximo Gómez No. 466, Habana, Cuba.

Casín.—Marca para distinguir tabacos torcidos, registrada a nombre de los señores Lobeto y Cía., S. en C., de Máximo Gómez No. 466, Habana, Cuba.

Casino.—Marca para distinguir cigarrillos, registrada a nombre de los señores F. Suárez y Cía., de Diez de Octubre No. 421, Habana, Cuba.

Castañeda.—Marca para distinguir tabacos torcidos, registrada a nombre de la firma Castañeda-Montero-Fonseca, S. A., de Galiano No. 466, Habana, Cuba.

Catorcena (14ª).—En la clasificación del tabaco de sol de Vuelta Abajo, en el grupo de capas (caperos) la catorcena se clasifica como tal si las hojas son limpias, pero, cuando presentan algún defecto, generalmente se destinan a tripas. Se subclasifica en Catorcena Seco (14a. S.), Catorcena Viso (14a. V.), Catorcena Ligera (14a. L.), y Catorcena Medio Tiempo (14a. M/t.). En la clasificación correspondiente al tabaco tapado en la Zona de Vuelta Abajo, la Catorcena pertenece al grupo de caperos, y se subclasifica en Catorcena Fino (14a. F.), Catorcena Viso Fino (14a. V. F.), Catorcena Medio Tiempo (14a. M/t.), y Catorcena Maduro (14a. M.). En el grupo de rezagos o capas grandes de la clasificación de tabaco tapado de Vuelta Abajo, a la Catorcena (14a.) pertenecen las hojas defectuosas, que no pueden ser clasificadas entre los otros grupos de rezagos. No son quebradas. Se subclasifica en (14a. L.); (14a. S.); (14a. V.); y (14a. V. S.)

Catorcena abierta (14ª A.).—Clasificación correspondiente al grupo de caperos de tabaco tapado, en la Zona de Vuelta Abajo. Son hojas de tamaño grande, que, por encontrarse manchadas, no tienen cabida en las anteriores clases. Se subdivide en Catorcena Ligera (14ª L.); Catorcena Seco (14ª S.), y Catorcena Viso Seco (14ª V. S.).

Catorcena amarillo (14ª A.).—Clasificación correspondiente a la Zona de Partido. Son hojas de tamaño mediano y color amarillo. Se utilizan para capotes.

Catorcena banco seco (14ª B. S.).—Clasificación perteneciente a la Zona de Partido. Comprende hojas sanas, de tamaño mediano, que se destinan a capotes limpios.

Catorcena doblada (14ª D.).—En la clasificación de tabaco tapado de Vuelta Abajo, en el grupo de caperos, catorcena doblada (14ª D.) es la hoja más pequeña que el Rezago Primera Once (Rzgo. 1ª/11ª), pero que, por algún defecto en el fondo o en el paño no puede ser incluída en otras clases superiores. Se subclasifica en los tipos ligero, seco y viso seco.

Catorcena ligera (14ª L.)—Clasificación correspondiente a la Zona de Semi-Vuelta. Pertenece al grupo de tripas limpias, y son hojas de menos cuerpo que las clasificadas como pesadas.

En la clasificación de Partido la Catorcena Ligera (14ª L.) comprende hojas de tamaño mediano, tipo ligero y color gris verdoso, que se destinan a capotes limpios.

Catorcena maduro (14ª M.).—Clasificación correspondiente a la Zona de Partido. Son hojas de color oscuro, de bastante cuerpo y tamaños mediano y chico. Se utilizan, en el país, como tripas para relleno en tabacos de mascar.

Catorcena pesada (14ª P.).—Clasificación correspondiente a la Zona de Semi-Vuelta. Pertenece al grupo de tripas limpias de calidad. La Catorcena Ligera (14a. L) y la Catorcena Pesada (14a. P) tienen el mismo tamaño, y se diferencian por la calidad o jugo contenido en las hojas, y por la aplicación que se da a una y otra clase.

Catorcena seco (14ª S.).—Esta clasificación pertenece a la Zona de Partido, y comprende hojas sanas, de tamaño mediano, que se utilizan para capotes limpios.

Catorcena seco oscuro (14ª S. O.).—Pertenece esta clasificación a la Zona de Partido, y en ella se agrupan hojas de color oscuro, tipo ligero y tamaño chico. Estas hojas se usan para capotes corrientes.

Catorcena viso amarillo (14ª V. A.).—Clasificación de la Zona de Partido. Son hojas de color amarillo verdoso, tamaño mediano y de poco cuerpo, que se destinan a capotes.

Cayos de San Felipe.—Marca para distinguir tabacos torcidos, registrada a nombre de la Tabacalera Cubana, S. A., de Agramonte No. 106, Habana, Cuba.

Cedro (Cedrela Mexicana, M. J. Roem).—Hermoso árbol indígena de la familia de las Meliáceas, silvestre en toda la Isla; pero es más común en las colinas y terrenos calcáreos. Hojas compuestas, imparipennadas, foliolos 8-5-yugados, oblongos con la base oblicua, peciolados, cáliz 5 lobados; pétalos imbricados, pubescentes, oblongos. Tubo estaminal totalmente combinado con el ginóforo; 5 filamentos fértiles, largos, insertos en su extremo; ovario 5 locular, celdas 8-12-ovuladas. Cápsula ovoide sobacostillada, dehiscente desde el ápice; semillas con un ala terminal, albumen delgado; flores en panículas grandes, terminales, colgantes, de color amarillo pálido. Este árbol suministra una preciosa madera de gran estima. Es blanda, porosa y muy fácil de trabajar; su ligereza y el hecho de no ser atacada por los insectos, a causa de su sabor amargo, la hacen insustituíble para ciertos fines, como es la construcción de envases para el tabaco torcido, estantes para libros y colecciones, armarios, muebles finos, puertas, persianas, etc. Si a esto se añade su olor agradable, peculiar e inconfundible, se comprenderá el aprecio en que se le tiene y el precio elevadísimo que hoy alcanza, debido a su escasez creciente. En otra época era cosa corriente encontrar casas de hacendados acomodados y aun de campesinos construídas en su totalidad de cedro de primera clase. En las ciudades antiguas se ven aun muchos edificios que conservan todavía en buen estado sus puertas, umbrales y techos de cedro; y cuando se derriban estos edificios para fabricar otros a la moderna, acuden muy solícitos los carpinteros para comprar la exquisita madera que tiene, a veces, siglos y tal parece por su bondad que convida a trabajarla de nuevo.

Es tan común esta planta en el país y se reproduce y propaga tan fácilmente, que ella sola constituiría una verdadera riqueza, si no fuera por la tala despiadada que se hace en los bosques de Cuba y que casi nadie se ha ocupado de su resiembra. La madera presenta mucha variedad, según la edad del árbol, la porción del mismo que se utilice y la naturaleza del terreno en que creció. En general tiene un color almagrado o dorado pálido; su densidad 0.45; el fruto da una especie de goma que se emplea contra las enfermedades del pecho, y la corteza la usan los campesinos, en decocción, para las contusiones producidas por golpes y caídas.

Esta planta ha sido determinada hace mucho tiempo como Cedrela odorata Lin.; pero recientemente se ha demostrado que esta especie no es cubana. En el Cabo de San Antonio llaman Cedro caracolillo a una variedad de cedro que crece en los breñales o "diente de perro". Otra variedad es llamada Cedro hembra, que ofrece una madera suave, de hebra longitudinal y de color más pálido, con la corteza lisa; es el cedro que crece en los terrenos llanos y fértiles; hay otro que se encuentra en las sierras y terrenos poco fértiles, al que, por su madera más dura, su color subido y de un veteado que puede confundirse con el de algunas caobas, le llaman Cedro macho.

El Cedro es una madera que parece creada especialmente para contribuir a mantener en el tabaco habano su insuperable aroma.

C. E. Beck y Cía.—Marca para distinguir tabacos torcidos, registrada a nombre de los señores Martínez y Cía., de Real No. 200, Marianao, Habana, Cuba.

Ceibón.—Arbol silvestre de la familia de las Bombacáceas, el Bombax emarginatum, Decne. (Pachira emarginata, A. Rich.) Esta planta es característica de los Mogotes de Viñales y de las sierras de la Cordillera de los Organos; pero también se le encuentra en las sierras y montañas abruptas de la provincia de la Habana y de otros lugares de la Isla. El nombre de

Ceibón o Seibón y Ceibón de arroyo es de la parte Este de la Provincia de Pinar del Río; pero en toda la porción occidental, desde San Diego de los Baños a Guane se llama Drago. De su liber se obtiene la mayor parte de la fibra que se utiliza para atar los manojos de tabaco, que en algunos lugares se llama guana y en otros majagua.

Cellophane.—Papel transparente que se utiliza para envolver los tabacos torcidos y para cubrir los envases.

Ceniceros.—Recipientes destinados a recibir las cenizas de tabacos y cigarrillos.

Centésimos (1/100).—Significa 100 cajones el millar. Envase de 10 tabacos.

Centro.—Parte del "zorullo" equidistante de la perilla y la boquilla.

Centros.—Hojas que ocupan la parte central de la planta de tabaco, entre la "libra de pie" y las coronas. Son las mejores hojas de la mata (Fig. 29).

Cepo.—Artefacto que sirve para medir el largo de los tabacos; tiene un hueco al centro, que marca el diámetro de las vitolas. El cepo colocado sobre la mesa del torcedor sirve a éste para indicarle, a su llegada al taller la vitola que tendrá a su cargo. La ausencia del cepo le indica al tabaquero que debe ver al capataz (Figs. 11, 12, 15 y 17).

Cifuentes.—Marca para distinguir tabacos torcidos, registrada a nombre de los señores Cifuentes, Pego y Cía., de Industria No. 520, Habana, Cuba.

Cigarrera.—Especie de petaca para guardar cigarrillos. Obrera que trabaja en las fábricas de cigarrillos.

Cigarrería.—Nombre que se da en Cuba a las fábricas de cigarrillos.

Cigarrero.—Obrero que trabaja en las cigarrerías.

Cigarrillo.—Artículo confeccionado con picadura de hojas de tabaco, contenida o encerrada en pequeños tubos de papel adecuado, o de hoja de tabaco, de forma cilíndrica, ovalada o ligeramente cónica, con o sin boquilla adherida a uno de sus extremos. El color del papel que forma el exterior de los cigarrillos hace denominar a éstos trigo, pectoral, arroz, brea, berro, etc., y su forma los divide en ovalados, panetelas, finos, superfinos, largos, extra-largos, etc.

Cigarro.—Nombre que en Cuba se le aplica al cigarrillo. En el extranjero se denomina cigarro a lo que en Cuba llamamos tabaco torcido.

Clara María.—Marca para distinguir tabacos torcidos, registrada a nombre de la Tabacalera Cubana, S. A., de Agramonte No. 106, Habana, Cuba.

Clase.—Nombre que se aplica a cada una de las divisiones que del tabaco en rama se efectúan en las escogidas.

Clasificación.—Esta operación se conoce también con los nombres de apartadura y escogida, y consiste en formar distintos grupos con las hojas de tabaco, atendiendo a su color, tamaño, textura, calidad, etc.

Cocuyito ciego.—(Véase Pasador.)

Cocuyo.—(Véase Pasador.)

Cochinitos.—(Véase picudo verde-azul.)

Tabaco muy dañado por el **cogollero** (Heliothis virescens) y, a la derecha, mostrando cómo tratar plantas jóvenes contra éste. Nótese, frente al operador, en el suelo, una "maruga" de lata, aparato empleado aquí por muchos vegueros para el mismo fin, pero cuyo manejo es más engorroso (Fig. 5).
(Foto: E. E. A.)

Cogollero (Heliothis virescens Fabr.).—La pequeña oruga que conocemos por "cogollero" (Fig. 5A) es la más común y acaso la más dañina de las plagas del tabaco cultivado a campo raso en este país, ya que la planta puede ser atacada por la misma durante todo su desarrollo después del trasplante. Como sucede con los demás enemigos de este cultivo, fluctúa en abundancia de año en año; pero es de esperar su aparición en alguna forma durante todas las temporadas, y en siembras no cubiertas es siempre necesario combatirla. Aunque el tabaco es su alimento preferido, ataca también a otras plantas muy distintas, habiéndose encontrado en Cuba en cabezuelas del girasol, alimentándose de las semillas muy tiernas; en el gandul, perforando las vainas verdes; y atacando en la misma forma, arruina las vainas del garbanzo (en siembras experimentales), etc. Su distribución en América es amplia. En los Estados Unidos es conocido por tobacco budworm y es allí también una plaga de consideración, al extremo de que en ciertas regiones del Sur se dice que la industria del tabaco no sería posible sin tomar medidas contra la misma. No obstante, de todas las Antillas, en Cuba solamente esta especie constituye una plaga del tabaco, como ha señalado el Dr. G. N. Wolcott, siendo rara o ausente en las otras islas. No existe en Jamaica, donde otra especie muy afín, la Heliothis obsoleta Fabr., que resulta ser nuestro común "gusano de la mazorca del maíz", es el insecto que allí ataca al cogollo del tabaco. Es algo mayor que el verdadero cogollero del tabaco. En los Estados Unidos es sabido que aquél infesta ocasionalmente a esta planta, pero es más bien raro en el tabaco en otros lugares y a pesar de ser tan abundante en Cuba, no hemos podido encontrarlo atacándolo en un solo caso.

El color general del cogollero es verde; es decir, el color más usual de la oruga bien desarrollada. Esta es de un tono mate y un examen más detenido revela que está marcado longitudinalmente con numerosas y finas líneas interrumpidas de color blancuzco, más o menos distinguibles, según el ejemplar. Además, tiene en cada costado una franja más clara y generalmente amarillenta pálida. No obstante, una pequeña proporción de las orugas muestran una coloración muy distinta a la típica; el color del fondo puede variar desde un gris verdoso amarillento, hasta un rojizo, y el cuerpo marcado longitudinalmente con una franja dorsal y otros subdorsales y laterales oscuras. En orugas con esta coloración la cabeza suele ser de un amarillo anaranjado pálido, en vez de verdosa. A veces también se ve en la parte dorsal de algunos segmentos una banda o mancha transversal oscura en algunas de las cuales se puede observar protuberancias. El aspecto de algunos

El **cogollero** del tabaco (Heliothis virescens); arriba, la mariposa y debajo la oruga (aumentadas 1½ veces). (Fig. 5 A.)

individuos, presenta tantas variantes, que una descripción adecuada no es posible hacerla, pero de todos ellos hemos obtenido al criarlo una sola especie. El cogollero al nacer es aproximadamente de 1.25 mm. de largo y de color blanco verdoso con la cabeza negra. En el siguiente estado el cuerpo se ve marcado con tubérculos oscuros, lo que le da el aspecto de punteado de negro y con algunas rayas parduzcas. Completamente desarrollado, mide unos 35 mm. de largo.

Los huevecillos son blancuzcos, de 0.57 mm. de diámetro, y son puestos por las mariposas aisladamente, en las hojas, encontrándose más comúnmente en su envés. Al nacer las larvitas unos 4 días más tarde, se trasladan en el transcurso de un día al cogollo, donde se alimentan de las hojas tiernas durante el resto de su estado larval. De 10 ejemplares criados durante el período comprendido entre fines de marzo y principios de mayo, encontramos que este estado dañino del insecto dura de 26 a 31 días. En los meses más frescos su período larval seguramente será algo más largo. Las hojas tiernas dañadas por las orugas muestran al desplegarse y crecer grandes perforaciones de tamaño variable, quedando inutilizadas para capas (Fig. 5), si, además su efecto en la yema no ha sido suficiente para impedir un desarrollo normal de toda la planta. Generalmente sólo se encuentran una o dos orugas en la misma planta, pues son de hábitos caníbales y no toleran la presencia de otra cerca de ellas, pero a veces puede haber cinco o más en distintas partes del cogollo de la misma planta. También atacan a los botones florales y perforan las cápsulas de las semillas mientras estén verdes.

Las orugas se trasladan al suelo al completar su desarrollo, enterrándose a pocos centímetros de la superficie, donde se transforman crisálidas, emergiendo las mariposas o estado adulto del cogollero, dos tres semanas más tarde. Encontramos, que este período pupal o de crisálida, en el caso de 43 ejemplares criados en marzo, duró de 14 a 21 días con un promedio de 17 días. En los meses más calurosos este estado del insecto es más corto. siendo en el caso de algunos ejemplares criados en mayo, de 10 a 14 días (promedio 12 días; 9 ejemplares). Así que el ciclo de vida del cogollero, desde huevo hasta adulto requiere según la época de 40 a 56 días.

Este insecto es también conocido en la literatura por Chloridea virescens Fabr. Pertenece a la gran familia de los Noctuidae, Orden Lepidóptera.

Hemos encontrado que el cogollero en Cuba tiene varios enemigos naturales, ninguno de los cuales ha sido reportado hasta ahora. Uno de éstos, que nos parece de considerable importancia es la pequeña chinche de la hoja Crytopeltis varians Dist. (familia Miridae) que será tratada más ampliamente en otro capítulo de este trabajo. Este insecto es común en el tabaco en Cuba y lo hemos observado en todas las zonas visitadas. Es una especie rapaz, pero sólo en parte, pues también se alimenta de la savia del tabaco, aunque el daño que causa en esta forma aquí, generalmente no es apreciable. Su mayor importancia a nuestro juicio consiste en su acción beneficiosa al destruir los huevos y larvitas tiernas en primer estado (o instar) del cogollero. Hemos observado la chinche vaciar con su proboscis un huevecillo del cogollero en pocos momentos, quedando el mismo encogido como si sus paredes fueran flexibles. Aunque matan con

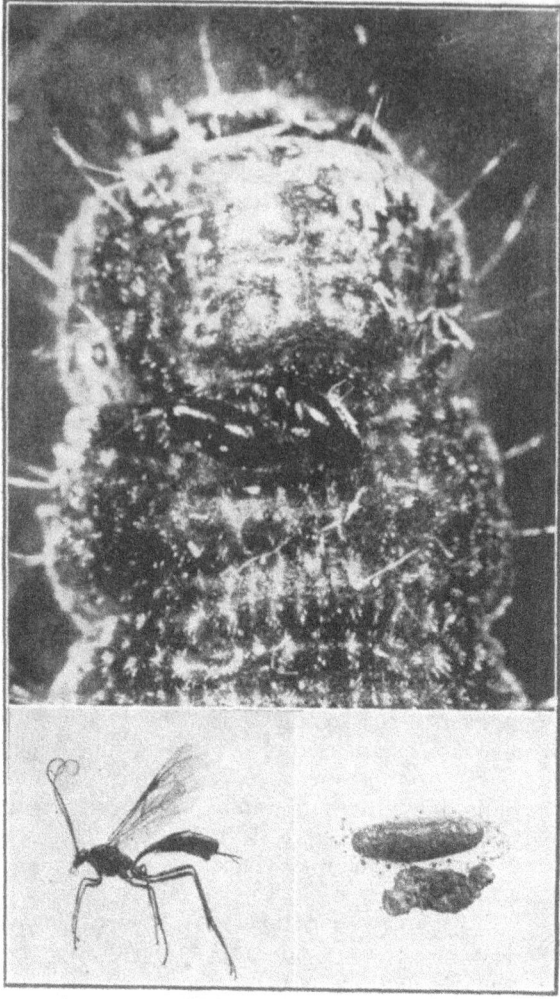

Porción anterior de un **cogollero** mostrando dos huevecillos negros de la avispa parasítica Paniscus; fotografía muy aumentada. Debajo, el parásito adulto, y a la derecha, su capullo con los restos de un **cogollero** al lado; aumentado de uno y medio diámetros (Fig. 6).

(Foto: E. E. A.)

facilidad a las oruguitas más jóvenes, no se atreven a atacarlas después de la primera muda, ya que entonces éstas se defienden enérgicamente. Hemos observado que una segunda pequeña chinche, Macrolophus preaclarus Dist., también destruye los huevos del cogollero del tabaco, pero es mucho más escasa que la otra. Otro enemigo rapaz es la común avispa Polistes cubensis Sss., la cual ha sido observada por A. R. Otero, del Departamento de Fitopatología y Entomología de la Estación Experimental Agronómica de Santiago de las Vegas, matando orugas grandes como también hace un Polistes en los Estados Unidos. Nuestra avispa no es de importancia en relación con el cogollero, sin embargo, debido a que el tabaco se cultiva aquí precisamente en la época en que aquélla escasea más.

Hemos encontrado dos especies de parásitos verdaderos destruyendo al cogollero en Cuba, atacando ambos a las orugas grandes. Desafortunadamente el porcentaje de parasitismo observado no es generalmente muy grande. El más importante de éstos parece ser una avispita Icneumónida grande de color rojizo claro que ha sido clasificada por el Dr. R. A. Cushman del Museo Nacional de Washington como Paniscus sp. (Fig. 6). La hemos encontrado en las Provincias de Santa Clara, Habana y Pinar del Río, variando el parasitismo por la misma de 0 a 75%. En la Habana parasita, según observamos (marzo y abril), alrededor de 4%, pero en algunas vegas no encontramos ninguna, escaseando también (mes de abril) en Santa Clara. En Pinar del Río, en cambio, encontramos una vega abandonada y muy enyerbada, en Consolación del Sur, en la que un 75% aproximadamente de las orugas estaban parasitadas, y en otras vegas, en Pilotos, de la misma Provincia, un 10%, en ambos casos durante el mes de abril. Esta avispa parasita solamente a las orugas en su último estado de desarrollo y se conocen a simple vista las atacadas por llevar uno o más huevos de la misma pegados fuertemente a la región toráxica y usualmente cerca de la cabeza (Fig. 6). Estos son como semillitas negras y lustrosas, algo aplanadas lateralmente. No nacen hasta que la oruga se entierra para efectuar su transformación; la larva del parásito vive sobre el cuerpo del cogollero hasta que lo ha consumido completamente. Este parásito requiere 22-23 días para completar su ciclo de vida de huevo a adulto (en abril), esto es, mucho menos que el cogollero; debía de ser enemigo más efectivo, pero por varias causas, una parte de las orugas en las cuales el parásito ha puesto sus huevos llegan a deshacerse de éstos y convertirse en mariposas. Un solo parásito completa su desarrollo en cada oruga atacada, aunque éste haya puesto varios huevos sobre la misma.

El otro parásito a que nos referimos es una mosca taquínida de amplia distribución en América y que ataca a diversas especies de orugas afines al cogollero: la Archytas piliventris Wulp. (Clasificada por el Dr. C. H. Curran del Museo Americano de Nueva York); la hemos encontrado sólo en la Habana y Santa Clara, pareciendo más numerosa en este último lugar donde encontramos el 9% de los cogolleros parasitados (abril). En la Habana el porcentaje variaba de 0 a 4% solamente (marzo y abril). Este parásito ataca a las orugas en su penúltimo y último estado y es enteramente interno, no existiendo señales de su presencia hasta que una mosca grande emerge de la crisálida del cogollero en vez de la mariposa.

En los Estados Unidos se ha observado que la mosca Sarcophaga lambens Wied. (S. sternodontis Town.) y la araña Peucetia viridans Hentz, destruyen al cogollero (Farmers' Bull., 1531). Ambas especies existen también en Cuba, aunque no las hemos encontrado atacando a esta plaga.

Remedio.—El mejor procedimiento conocido para combatir esta plaga es la aplicación de harina envenenada en el cogollo de las plantas. El insecticida más apropiado es el arseniato de plomo, que debe usarse con harina de maíz tamizada a razón de 1 libra de veneno para 75 libras de aquélla, mezclando bien los ingredientes para que el veneno quede repartido uniformemente. Aunque en Cuba actualmente se continúa usando casi exclusivamente el verde París para envenenar la harina y en proporciones muy variables, esta práctica debe abandonarse porque bajo ciertas condiciones de humedad el verde París puede causar graves quemaduras a las hojas, lo que no ocurre con el arseniato de plomo; siendo la mejor proporción para usar aquél la de ½ libra para 75 de harina. Por el mismo motivo, tampoco es satisfactorio el arseniato de calcio. El empleo de harina de maíz como relleno para distribuir el veneno se recomienda en lugar de cualquier otra substancia porque es apetecida por el cogollero y así se envenena más fácilmente. La harina así preparada debe aplicarse directamente en el cogollo de la planta y para las primeras aplicaciones, cuando todavía las plantas son muy pequeñas, da muy buenos resultados el uso de una latica, como de ¼ de galón, con el fondo perforado, fijada a un palo, pero cuando las plantas hayan crecido, como entonces las hojitas del cogollo se unen formando una cubierta que encierra el botón, será necesario hacer los tratamientos a mano. La forma más práctica sería llevando la harina en un saquito colgado del hombro o de la cintura y así con una mano se pueden apartar las hojitas que encierran el cogollo y con la otra se aplica en el lugar que se va a proteger una pulgarada de la misma. En esta forma, no sólo se economiza material, sino que el trabajo queda perfectamente efectuado y los resultados serán muy satisfactorios. Aunque encontramos que nuestros vegueros comúnmente emplean con el mismo objeto un aparato de latón llamado "maruga" (Fig. 5) creemos que con ésta se aplicará mucho más material que el realmente necesario en los tratamientos del cogollo, además de ser muy incómodo para tratar las plantas pequeñas y en las grandes no se puede colocar la harina en el sitio donde surte mejores efectos, como resulta cuando se aplica a mano. A pesar de que generalmente tan sólo una o dos orugas llegan a completar su desarrollo en una planta, hemos encontrado con alguna frecuencia varias de ellas escondidas en distintos lugares sobre las hojitas de un mismo cogollo, y un veguero nos manifestó haber encontrado hasta 10 orugas en una sola planta, pero lo consideramos un caso excepcional. Es pues, muy necesario, aplicar el veneno a tiempo para que éstas lo ingieran y mueran al llegar al botón, sin que hayan tenido tiempo de causar daños.

Las aplicaciones deberán hacerse tan pronto las plantas hayan prendido y continuarse hasta que se haga el desbotonado. Durante el período normal de crecimiento deberán efectuarse dos aplicaciones por semanas, pero en caso de que el crecimiento sea retardado por períodos de sequía, bastará con una aplicación semanal. La cantidad de material necesario para cada tratamiento se calcula en unas 30 libras por hectáreas, o sea, 1¼ libra por cordel para tabaco plantado a 3 en vara por una vara de camellón (unos 30 cm. por 90 cm.) lo que equivale a ¾ libra por millar de posturas.

Los campos cultivados bajo una cobertura de cheese cloth no sufren ataques del cogollero, si en la misma no existen roturas u otras aberturas por donde puedan penetrar las mariposas, siempre que las posturas no lleven los huevecillos de la plaga desde el semillero. Esto se puede evitar de la misma manera; es decir, cubriendo el semillero con "cheese cloth". Es una práctica recomendable de todos modos para sombrear las planticas tiernas. Es poco el trabajo adicional de cerrar los lados de la cobertura del semillero para tenerlo a prueba de éstas y otras mariposas perjudiciales.

Colas.—Clase de tabaco de la Zona de Semi-Vuelta, que se utiliza especialmente en la fabricación de cigarrillos. También se usa esta denominación en algunas escogidas de Partido y Vuelta Abajo, designándosele, por algunos escogedores, con el nombre de diecisietecena (17a.). En Vuelta Abajo también se clasifica en la (18a.).

Colilla.—(Véase cabo.)

Combustibilidad.—Facilidad en el arder. Cuando un tabaco no arde bien, se dice que no tiene buena combustibilidad o que es "jorro".

Combustión.—(Véase combustibilidad.)

Comisionista.—Se aplica este nombre a la persona o firma que se dedica a la compra de rama por cuenta ajena. El comisionista a veces hace escogidas con destino a la firma del extranjero que representa, o bien adquiere, de los especuladores o de los cosecheros que hacen escogidas, la rama que necesita.

Condición.—Se llama darle condición al tabaco, seguir cuidadosamente todo el proceso de fermentación, hasta dejarlo preparado para su elaboración.

Conuco.—Vega pequeña, que se hace generalmente para consumo familiar.

Coranto.—Marca para distinguir tabacos torcidos, registrada a nombre de los señores Zamora y Guerra, de Máximo Gómez 810, altos, Habana, Cuba.

Corojo.—Marca para distinguir tabacos torcidos, registrada a nombre de los señores Cifuentes, Pego y Cía., de Industria No. 520, Habana, Cuba.

Coronas.—Hojas que ocupan la parte superior de la planta a continuación de los centros (Fig. 29).

Cortar.—(Véase recolección.)

Cortar al brazo.—La operación de cortar el tabaco, colocando en el brazo la porción de la mata que se corta, se llama cortar al brazo.

Cortar al suelo.—Otro aspecto del corte del tabaco es el llamado corte al suelo, que consiste en que un individuo va dando a la mata los cortes necesarios y arrojando al suelo las porciones cortadas, que son recogidas por otros individuos, para su colocación en los cujes.

Cortina Mora.—Marca para distinguir tabacos torcidos, registrada a nombre de la Tabacalera Cubana, S. A., de Agramonte No. 106, Habana, Cuba.

Cosechero.—Nombre que se aplica al que cultiva el tabaco en gran escala por medio de aparceros o partidarios.

Coser.—(Véase ensartar.)

Costa norte.—Subzona de Vuelta Abajo, que comprende los Términos Municipales de Consolación del Norte (parte), Mantua (parte), Pinar del Río (parte) y Viñales (parte).

Costa sur.—Subzona de Vuelta Abajo, que comprende los Términos Municipales de Consolación del Sur (parte), Pinar del Río (parte) y San Luis (parte).

Costillas.—Venas finas que, partiendo de la central, cruzan la hoja del tabaco. En las capas, la finura o delgadez de estas venas constituye uno de los factores determinantes del valor de las mismas.

Crudo.—Se dice que un tabaco está crudo cuando todavía no ha eliminado los jugos que le sobran. Un tabaco de calidad mantiene más el estado de crudeza que uno ligero; generalmente el tabaco ligero no necesita burro o beneficio para su pronto aprovechamiento industrial. El tabaco de calidad se produce en las cosechas de seca y el ligero en las que han recibido abundante lluvia.

Cuadragésimos (1/40).—Significa 40 cajones el millar. Envases de 25 tabacos cada uno.

Cuatro rayas.—Clasificación que se usa en las capas en los Términos Municipales de Bayamo y Mayarí, en la Zona de Oriente.

Cuba.—Marca para distinguir tabacos torcidos, registrada a nombre de la Tabacalera Cubana, S. A., de Agramonte No. 106, Habana, Cuba.

Cubanola.—Marca para distinguir tabacos torcidos, registrada a nombre de la Tabacalera Cubana, S. A., de Agramonte No. 106, Habana, Cuba.

Cubierta.—Habilitación de la parte exterior de la tapa del cajón de tabacos.

Cuchilla.—(Véase machete.)

Cuesta-Rey.—Marca para distinguir tabacos torcidos, registrada a nombre de la entidad Rey del Mundo Cigar Co., de Padre Varela No. 852, Habana, Cuba.

Cuje.—Vara de madera delgada o de caña de Castilla, donde se coloca el tabaco cortado o ensartado, para secar. También se llama cuje a la cantidad de tabaco contenida en la citada vara.

Cujito.—En Vuelta Abajo y en Partido, después de cosido el tabaco, se coloca en cujes para su curación en las casas destinadas a este objeto. En algunos casos, el tamaño del cuje es de un metro aproximadamente, denominándose entonces cujito.

Culata.—Porción de la cubierta de las casas de tabaco, en el frente y fondo de las mismas. Cuando tienen la forma de pequeños chaflanes se denominan culatillas.

Culatillas.—(Véase culata.)

Curación.—Proceso a que se somete el tabaco, después de cortado, hasta que queda en condiciones de ser trabajado. Este proceso comienza en las casas de tabaco y termina en las fábricas. El proceso de curación es más o menos extenso según la calidad del tabaco.

CH

Chaps.—Marca para distinguir cigarrillos, registrada a nombre de la Tabacalera Cubana, S. A., de Princesa No. 202, Luyanó, Habana, Cuba.

Chapucero.—Se le llama en algunos lugares al tabaquero que realiza mal su trabajo. En las escogidas se le dice también chapucero al apartador que no hace una buena selección.

Chaveta.—Cuchilla sin mango, de hoja corta y ancha, que usa el tabaquero para cortar la capa y arreglar la perilla del tabaco (Figs. 8, 9, 10, 14, 15 y 17).

Cheese cloth.—Es una especie de mosquitero con que se cubren las plantaciones de tabaco para atenuar el efecto de los rayos solares y lograr así capas de colores claros. Su uso, según Ricardo A. Casado, comenzó en las vegas de Partido, donde fué introducido por Don Luis Marx. Rivero Muñiz dice que el introductor de este sistema en Cuba lo fué el Sr. Calixto López, que, al principio del presente siglo, lo utilizó en su finca *Guainacabo*, en San Luis, Pinar del Río. Actualmente está muy generalizado el uso del "Cheese Cloth" en Partido y en Vuelta Abajo.

Chicharrones.—(Véase gusano blanco.)

Chichones.—Abultamientos irregulares que se producen cuando el tabaco no está bien torcido.

Chinchal.—Tabaquería pequeña, que expende sus productos al menudeo.

Chinchalero.—Se da este nombre al pequeño fabricante de tabacos. Sus productos los destina al consumo local.

Chinche verde hedionda (Nezara viridula L.).—Este insecto apenas merece atención como plaga del tabaco en Cuba, pero como suelen encontrarse algunos ejemplares sobre el mismo y muchos vegueros desde hace años reconocen que es algo dañino, hemos considerado que no estarían de más algunas palabras de explicación. Se trata de una verdadera chinche (Familia Pentatomidae), de forma gruesa y tamaño grande, pues mide de 13 a 17 mm. de largo. Su cuerpo es enteramente verde como las plantas, pero un poco más claro por debajo. Habita en las regiones de clima benigno de todo el mundo y se alimenta, especialmente en el estado adulto, de un gran número de plantas de diversas clases, aunque prefiere las leguminosas para procrear. Son los adultos, exclusivamente, los que hemos encontrado en el tabaco, y aún éstos en muy escaso número, pues no se cría en el mismo. Su efecto en la planta es producir una marchitez a una o más hojas, o en la parte superior de la planta, al chupar la savia de la vena central o un tallito tierno. Hemos podido comprobar esto, enjaulando ejemplares sobre plantas de tabaco, pero no siempre se produce la marchitez, especialmente si la planta tiene suficiente agua a su disposición; y de todas maneras la planta se repone. En un experimento hemos tenido hasta once de estas grandes chinches por dos días en una planta pequeña sin causarle daños apreciables.

El período de mayor abundancia de las mismas es en el verano y otoño y el tabaco se cultiva en Cuba después de esa época. Es raro encontrar más de uno o dos de estos insectos en una planta y eso en muy pocas plantas de cada vega, pero en una ocasión encontramos hasta siete en una mata, que casualmente resultó ser una de las más vigorosas del plantío. Hemos observado los huevecillos de esta especie en habas de Lima muy parasitados por Telenomus (podisi Ashm?), una avispita Scelionida.

La Chinche Verde Hedionda ha sido ya reportada como más o menos dañina al tabaco en diversos países, tales como Africa, Sumatra, Haití, Puerto Rico y Florida. El Dr. G. N. Wolcott dice (1927) que observó ninfas o individuos jóvenes, grandes, de esta especie sobre tabaco en Haití, pero nos parece probable que éstas emigraron de otro cultivo cercano. El Prof. J. R. Watson expone que en Florida, cuando se ha observado haciendo considerable daño al tabaco, siempre se ha podido comprobar que la infestación tuvo su origen en siembras de hortalizas cercanas.

Hay otra especie afín a la anterior que también suele encontrarse aquí en el tabaco, que pudiéramos llamar "Chinche Hedionda Armada" (Euschistus bifibulus P. B.). Abunda todavía menos que la verde en esta planta y es más pequeña, midiendo de 9 a 10 mm. de largo solamente. Es de color pardo por el dorso y amarillo verdoso por debajo y de forma ancha, con los "hombros" muy puntiagudos. Chupa la savia del tabaco y hemos mantenido ejemplares vivos en una planta por dos semanas, pero no se lograron crías en ella; sí observamos daños apreciables. Este insecto parece ser la misma chinche a que se refiere el Boletín No. 1 de la Estación Experimental Agronómica de Santiago de las Vegas (pág. 12; fig. 13) cuyos autores dicen que los vegueros la consideraban dañina y hemos encontrado que aún hoy en día, algunos la reputan como tal. Es posible que bajo determinadas condiciones cause una marchitez temporal del tabaco, como hace en los Estados Unidos una especie mayor muy afín (Euschistus variolarius P. B.).

Remedio.—Según lo que hemos observado, no creemos que será necesario tomar medidas contra estos insectos en Cuba, en vista de su escasez y del poco daño que producen en el tabaco. La única medida empleada contra semejantes chinches en los Estados Unidos, donde pocas veces resulta de verdadera importancia, es la recolección a mano.

Chinchita de la hoja del tabaco (Cyrtopeltis varians Dist.).—Esta pequeña chinche (Hemíptero: familia Miridae), de forma delgada y movimientos ligeros se encuentra casi siempre en el tabaco, pero es más abundante hacia el final de la temporada, especialmente en los lotes dejados florecer para semilla. En estado adulto mide de 3.4 a 3.8 mm. de largo y es de color gris parduzco claro por arriba y verde por debajo. Generalmente emprende el vuelo al ser molestada, algo así como las verdaderas moscas, lo que pudiera haber dado origen al nombre vulgar de "mosca chupadora", con el que aparece en las publicaciones antiguas de la Estación Experimental Agronómica de Santiago de las Vegas, el cual, también posiblemente, no es más que una traducción del nombre inglés de una especie afín que hace años era un enemigo del tabaco en la Florida. Nuestros vegueros, sin embargo, no parecen tener un nombre vulgar para este insecto. Las ninfas o estados jóvenes son de un color verde claro y, al faltarles las alas, pudieran tomarse por otra clase de insectos. Son muy activas, corriendo con gran rapidez.

A pesar de que abunda en ciertas ocasiones, no se notan daños a las hojas del tabaco como resultado de la infestación por este insecto y los cosecheros no le dan importancia. No obstante conocerse que chupa la savia de la planta, se sabe también que es, en parte, rapaz, alimentándose de los jugos internos de otros pequeños insectos, especialmente de los que quedan adheridos a la superficie pegajosa del tabaco. Se ha encontrado en Luisiana (Rosewall y Smith) destruyendo a las larvitas muy pequeñas y huevecillos del gusano de la mazorca del maíz (Heliothis obsoleta Fabr.) que, como se ha expuesto en otro capítulo, también ataca al tabaco en los Estados Unidos. Hemos observado que aquí actúan en forma igual contra el cogollero, H. virescens, vaciando los huevecillos con su proboscis en pocos momentos y matando las larvitas en primer estado. Hemos visto que no puede traspasar la cáscara del huevo de la primavera (Phlegethontius), pero sí que destruye las oruguitas al nacer, aunque no se atreven a atacarlas una vez fuera del cascarón. De todos modos es posible que esta chinchita en Cuba resulte más útil que dañina.

El único daño apreciable por esta chinchita es el causado a los botones de las flores, como ha mencionado el Dr. Cook en nuestro Segundo Informe y observó el Dr. Leonard en Puerto Rico (Jour. Eco. Ento., XXIII: 3, p. 640), en el caso de tabaco dejado para semilla. Muchos de estos botones se desprenden prematuramente debido a las picadas del insecto si es abundante, como suele suceder en la época de la floración. Esto reduce la producción de semilla, pero de todos modos el veguero por lo regular deja más plantas para semilla que las que necesita.

El tabaco es la planta hospedera preferida por este insecto en Cuba. Hemos encontrado algunos ejemplares en tomates, pero sobre esta planta se encuentra más comúnmente otra especie muy afín (Crytopeltis tenuis Reuter).

Este insecto parece ser idéntico al que fué tratado en el Segundo Informe de esta Estación (Parte I, p. 187) como Dicyphus minimus Uhler, especie norteamericana, que no creemos exista en este país. Asociado con la común chinchita de la hoja del tabaco, pero mucho más escasa, se encuentra a veces otra especie de la misma familia el Macrolophus praeclarus Distant. Es un poco más pequeña y más delgada que la primera, con el primer segmento de las antenas, negro. La hemos observado también destruyendo los huevecillos de nuestro cogollero del tabaco. No creemos que se debe de considerar de importancia alguna como enemigo del tabaco.

Remedio.—No se ha sentido la necesidad de un remedio para este insecto en Cuba. En todo caso, algunos lotes de tabaco de variedades valiosas destinados a semilla probablemente podrían mantenerse suficientemente libres del mismo rociándolos a intervalos regulares con insecticidas de contacto como los a base de extracto de piretro. Sin embargo, estas pequeñas chinches no son tan fáciles de destruir como sería de esperar por su aspecto delicado, y son necesarias soluciones bastante concentradas para que surtan efecto. El piretro las destruye bien. pero, usando un extracto comercial conocido (Red Arrow), encontramos necesaria una dilución tres veces más fuerte que la que se usa contra los salta-hojas (Cicadélidos) o sea a razón de 1 en 200 partes de agua. El sulfato de nicotina (40%) empleado a razón de 1 parte en 400 de agua con un poco de jabón, que es el doble de la concentración que se usa para pulgones, no resultó efectivo. Una emulsión de petróleo comercial diluído a razón de 5 por 100 tampoco resultó satisfactoria. En estado adulto, la chinche vuela tan pronto como es molestada y muchas escaparán a cualquier tratamiento hecho en esta forma, volviendo más tarde a las plantas. No creemos, sin embargo, que habrá que tomar medidas contra este insecto, salvo posiblemente en tabaco de alguna siembra experimental en caso de que fuera muy abundante.

Chivichana.—Esta clase, que se recolecta en la Zona de Remedios o Vuelta Arriba, equivale a la denominada ''Hoja de Semilla'' en la Zona de Vuelta Abajo. Cuando no recibe la atención de la cosecha principal no se puede comerciar con esta clase. Véase el Art. 578, inciso 23, Capítulo VIII del Libro Tercero. Contravenciones Administrativas, del Código de Defensa Social, el Decreto 183 de 6 de febrero de 1930, el Decreto-Ley 447 de 9 de diciembre de 1935 y el Decreto-Ley No. 102 de 22 de enero de 1936.

D

Daiquirí.—Marca para distinguir tabacos torcidos, registrada a nombre de Compañía Industrial Tabacalera, S. A., de Cuba No. 801, Habana, Cuba.

Décimos (1/10).—Significa 10 cajones el millar. Envases de 100 tabacos cada uno.

Delmonico's.—Marca para distinguir tabacos torcidos, registrada a nombre de la Tabacalera Cubana, S. A., de Agramonte No. 106, Habana, Cuba.

Desangrar.—Cortar la parte gruesa de la hoja del tabaco, para que no sobresalgan las venas en el tabaco torcido.

Desbotonar.—Las pequeñas hojas del tabaco, en los primeros tiempos de su desarrollo, son de un color verde obscuro, indicando su riqueza en constituyentes nitrogenados, que forman la parte vital de la hoja y toman, también, parte activa en la elaboración del alimento para la planta. Habiendo alcanzado la hoja su máximum de poder elaborador, brota la cabeza o botón, el cual se alimenta de las substancias contenidas en las hojas, y ha de arrancarse tan pronto brote, para impedir que las hojas pierdan tales substancias. Esta operación se conoce por desbotonar. Cuando la planta ha sido desbotonada, en su esfuerzo natural por reproducirse, da salida a los hijos o yemas, que se desarrollan con gran rapidez, tomando de la planta grandes cantidades de elementos nutritivos, razón por la cual hay que eliminarlos cuanto antes. Haciendo otro esfuerzo más, produce entonces la planta nuevos hijos que, por el mismo motivo, tienen que eliminarse rápidamente. Así, los elementos nutritivos elaborados por las hojas no pasan al tallo en cantidades de importancia, se acumulan en ellas haciendo que aumente su tamaño y espesor. Los jugos nutritivos, en gran cantidad en forma de almidón, obligados de esta manera a permanecer en las hojas, toman en parte la vez de materias colorantes, y ellas adquieren un color verde claro, con pequeñas manchas de verde amarillo, señales características de la madurez.

Desbotonar a la caja.—Es la operación de quitar el botón a la mata inmediatamente que éste brote. Esto se hace con el objeto de que la mata abra su desarrollo y no se vaya hacia arriba.

Desbotonar alto.—Se le da este nombre a la operación de quitar el botón a la mata cuando ya ha comenzado su desarrollo. Por consiguiente, la mata ha crecido o se ha ido hacia arriba, al contrario de lo que sucede a la mata desbotonada a la caja.

Desecado.—Una vez colocado el tabaco en las casas de curar, entra en el proceso de la desecación, que comprende dos períodos. En el primero la hoja elimina gradualmente el agua que contiene. Si esta eliminación se hace muy rápidamente, lo que ocurre cuando la temperatura es muy fría y seca, la hoja se marchita y se seca antes de tiempo; resultando sin vida y de un color verdoso, lo que los vegueros conocen por secar precipitado. Si se establece tal temperatura deben cerrarse las casas lo más herméticamente posible.

Cuando, por el contrario, el tiempo es caluroso y húmedo y la eliminación se hace lentamente, la desecación puede demorar demasiado, corriéndose peligro que el tabaco se sude o se sahorne, resultando hojas de colores obscuros y manchadas.

La temperatura más favorable para el desecado es de 70 a 85 grados F. (21 a 29 centígrados), con una humedad relativa de 70 a 85 por ciento. Bajo estas condiciones la hoja elimina el agua gradualmente; pero si la humedad relativa pasa de 85%, sobre todo en el momento en que el tabaco está amarillando o madurando, puede presentarse el sahorno. Entonces el veguero debe vivir alerta, y si resulta que su tabaco ya en estado de madurez está excesivamente frío y como algo mojado, procederá a sacarlo al sol, si el tiempo es bueno y no hay señales de lluvia, o encender candela en el interior de las casas hasta secarlo completamente. Cuando se trata de tabaco cosechado bajo tela, no es posible sacarlo al sol, pues éste modifica algo el color de la hoja; es preciso, entonces, recurrir al procedimiento de la candela. Dos o tres pequeños hoyos o fogones en cada aposento, con carbón de llana u otra madera que no despida olor alguno, son suficientes para hacer bajar la humedad en el interior de las casas.

Después que el tabaco ha madurado, entra en el segundo período de su desecación. Los cambios que en este período tienen lugar son en su mayor parte diferentes de aquéllos del primer período. Uno de los más importantes es el cambio de color, que pasa de amarillo a dorado obscuro; cambio producido por la oxidación que se verifica cuando han muerto las células de las hojas. Para este cambio, el aire y la humedad son condiciones necesarias.

Cuando las hojas han adquirido esa tonalidad, y la vena central está completamente seca, deben subirse los tabacos a la parte más alta de la casa, para así librarlos de las pequeñas humedades, que no siendo suficientes para producir su zafadura, sí lo son para obscurecer el color.

Aprovechando la segunda humedad, o blandura, se procederá a bajarlo y zafarlo de los cujes, amarrándolo en matules si es cortado en palo, o en gavillas si es ensartado. Al hacer este trabajo, el veguero tendrá en cuenta las condiciones en que su cosecha se ha desarrollado. Si el año ha sido de seca, lo que significa tabaco de calidad, debe zafar sobre lo suave, es decir, con humedad suficiente para que el tabaco entre pronto en calor en los pilones. Si, por el contrario, el año ha sido de lluvia y el tabaco es ligero, debe entonces zafarlo cuando las blanduras vayan de retirada, es decir, sobre lo seco, para evitar que coja en el pilón un excesivo calor y se desgaste demasiado.

Una buena cosecha puede convertirse en mala, y una mala en peor, por no prestársele toda la atención y cuidado que requiere en el proceso de su desecación. Conociendo cuáles son las condiciones más favorable para su buen desenvolvimiento, debe el veguero, con los medios que tenga a su alcance, procurar modificar dichas condiciones atmosféricas cuando éstas no sean las apropiadas. Muchas de las manchas y defectos que más tarde presentan las hojas son el resultado de una mala desecación.

Deshijar.—Operación que consiste en quitar a la mata los hijos o yemas que brotan después de desbotonada; esta operación debe practicarse inmediatamente que los brotes se producen, no permitiéndose, en ningún caso, que los hijos crezcan más de una pulgada.

Deshile.—Acción de quitar los hilos a las hojas de tabaco, para efectuar la abertura de las mismas en las escogidas.

Despala.—Departamento de las escogidas de tabaco, donde es despalado el mismo.

Despalador-a.—En las escogidas de tabaco de la Zona de Remedios y en aquellas donde va a ser seleccionado el tabaco que ha sido cortado con palo, existe un departamento destinado a separar las hojas de los tallos o palos. Los obreros que realizan esta labor reciben el nombre de despaladores.

Despalar.—Quitarle a los palos, después de cortado y seco el tabaco, las hojas que a ellos se encuentran unidas.

Despalilladora.—Obrera que, en los talleres de despalillado y en las fábricas de tabacos, realiza la operación de quitar a la hoja la vena central, toda, cuando se trata de capa, y parte de ella cuando se trata de tripas.

Despalillo.—Departamento donde se le quita a la hoja del tabaco el palito o vena central. A la capa se le arranca totalmente, quedando separada la hoja en dos partes; a la tripa se le arranca el palito o vena central en una, dos o tres cuartas partes de su longitud.

Despalillo de embarque.—Se llama así el taller donde se despalilla el tabaco que se destina a la exportación.

Despalillo del calzoncillo.—Le llama la despalilladora cuando no cruza las puntas de la hoja, sino que la deja en forma natural, quedando la hoja despalillada hasta la mitad y rígidas sus puntas.

Desvenar.—Se llama así a la operación de quitar al capote las venas gruesas.

Diana.—Marca para distinguir cigarrillos, registrada a nombre de la Compañía Agrícola e Industrial Camagüey, S. A., de Enrique José No. 1, Camagüey, Cuba.

Dieciochocena (18ª).—En las escogidas de tabaco de sol y tapado de la Zona de Vuelta Abajo se marca con esta clasificación a los desechos de las otras clases. Puede llevar hojas rotas, ripios, etc., de cualquier tamaño. Es el bote en las escogidas de Remedios.

Dieciseiscena (16ª).—En la clasificación del tabaco de sol en Vuelta Abajo, la (16ª) pertenece al grupo de tripas limpias destinadas a vitolas finas. Son hojas pequeñas, que no pueden utilizarse como capotes. Se subdivide esta clase en: seco, viso, ligero, medio tiempo, y maduro. En la clasificación de tabaco tapado en la Zona de Vuelta Abajo, la (16ª). aunque es una hoja de tamaño pequeño, puede, a veces, ser utilizada como capote. En la Zona de Semi-Vuelta (16ª C.), es la tripa limpia de calidad y tamaño corto; y (16ª S.) la tripa limpia, corta y ligera.

Diecisietecena (17ª).—En las escogidas de tabaco tapado en la Zona de Vuelta Abajo, se clasifican en el grupo de tripas y son hojas sanas de tamaño pequeño, que no caben en la (16ª), o que. por estar averiadas, no pueden destinarse a capotes. Igual clasificación se hace en las escogidas de sol. Se subdivide en: seco, viso, ligero, medio tiempo, volado bueno, amarillo bueno, y puntilla.

Disfraces.—Esta denominación se utiliza en la galera cuando se trabajan ciertas vitolas similares a otras por las cuales se paga al tabaquero mayor jornal.

Doce (12ª).—En la clasificación de tabaco tapado de la Zona de Vuelta Abajo, la doce (12ª) pertenece al grupo de rezagos. Son hojas de tamaño grande y de buen fondo. Esta clasificación se subdivide en ligero, seco, viso y viso seco.

Docena seco (12ª S.).—En la clasificación de Partido se le da este nombre a la hoja hembra, de tamaño mediano, de un color sonrosado tenue (colorado muy pálido), parejo o uniforme. Se utiliza en capas para vitolas de regalía.

Don Alfonso.—Marca para distinguir tabacos torcidos, registrada a nombre de The Fernández-Havana Cigar Co., de Martí No. 64, Guanabacoa, Habana, Cuba.

Don Andrés.—Marca para distinguir cigarrillos, registrada a nombre de la Tabacalera Cubana, S. A., de Princesa No. 202, Luyanó, Habana, Cuba.

Don Cándido.—Marca para distinguir tabacos torcidos, registrada a nombre de Rey del Mundo Cigar Co., de Padre Varela No. 852, Habana, Cuba.

Don Pepín.—Marca para distinguir tabacos torcidos, registrada a nombre de Romeo y Julieta, Fábrica de Tabacos, S. A., de Padre Varela No. 152, Habana, Cuba.

Don Quijote.—Marca para distinguir cigarrillos, registrada a nombre de la Tabacalera Cubana, S. A., de Princesa No. 202, Luyanó, Habana, Cuba.

Don Quijote de la Mancha.—Marca para distinguir tabacos torcidos, registrada a nombre de la Tabacalera Cubana, S. A., de Agramonte No. 106, Habana, Cuba.

Don Ricardo.—Marca para distinguir tabacos torcidos, registrada a nombre de Rey del Mundo Cigar Co., de Padre Varela No. 852, Habana, Cuba.

Doreya.—Marca para distinguir cigarrillos, registrada a nombre de Cienfuegos Industrial, S. A., de Santa Elena y Concordia, Cienfuegos, Provincia de Santa Clara, Cuba.

Dos Cabañas.—Marca para distinguir tabacos torcidos, registrada a nombre de la Tabacalera Cubana, S. A., de Agramonte No. 106, Habana, Cuba.

Dos rayas.—En la clasificación de tabaco de la Zona de Oriente, a las tripas que proceden de Bayamo y Mayarí se les marca con dos rayas.

D. Primera (D. 1ª).—Marca que acostumbra a usarse en las tripas que se producen en Sagua de Tánamo, Zona de Oriente. Las tripas así marcadas vienen a ser el manchado de la Zona de Remedios.

D. Segunda (D. 2ª).—Marca que acostumbra a usarse en las tripas que se producen en Sagua de Tánamo, Zona de Oriente. Estas tripas proceden de la hijería (capaduras).

E

Edén.—Marca para distinguir cigarrillos, registrada a nombre de los señores Calixto López y Cía., de Agramonte No. 702, Habana, Cuba.

Edén.—Marca para distinguir tabacos torcidos, registrada a nombre de los señores Calixto López y Cía., de Agramonte No. 702, Habana, Cuba.

Elaborador privado.—Tabaquero que trabaja en su propia casa auxiliado sólo de sus familiares.

El Aguila de Oro.—Marca para distinguir cigarrillos, registrada a nombre de la Tabacalera Cubana, S. A., de Princesa No. 202, Luyanó, Habana, Cuba.

El Aguila de Oro.—Marca para distinguir tabacos torcidos, registrada a nombre de la Tabacalera Cubana, S. A., de Agramonte No. 106, Habana, Cuba.

El Aguila Imperial.—Marca para distinguir tabacos torcidos, registrada a nombre de la Tabacalera Cubana, S. A., de Agramonte No. 106, Habana, Cuba.

El As.—Marca para distinguir cigarrillos, registrada a nombre de los señores Domingo Méndez e Hijos, de Cárdenas y Gloria, Habana, Cuba.

Elasticidad.—Cualidad de la hoja del tabaco que se refiere, como su nombre lo indica, a facilidad para tomar extensión sin romper y recobrar su forma al cesar la acción a que se le somete para extenderla. La elasticidad en las capas es muy apreciada, porque ajustan perfectamente al cuerpo del tabaco.

El Bataclán.—Marca para distinguir tabacos torcidos, registrada a nombre de The Fernández-Havana Cigar Co., de Martí No. 64, Guanabacoa, Habana, Cuba.

El Buen Tono.—Marca para distinguir cigarrillos, registrada a nombre de los señores Domingo Méndez e Hijos, de Cárdenas y Gloria, Habana, Cuba.

El Cambio Real.—Marca para distinguir tabacos torcidos, registrada a nombre de los señores Cifuentes, Pego y Cía., de Industria No. 520, Habana, Cuba.

El Campesino.—Marca para distinguir tabacos torcidos, registrada a nombre del señor Manuel Hernández García, de Vélez Caviedes No. 55, Pinar del Río, Cuba.

El Cañón Rayado.—Marca para distinguir tabacos torcidos, registrada a nombre de los señores Agustín Quintero y Cía., de D'Clouet No. 16, Cienfuegos, Santa Clara, Cuba.

El Coloso.—Marca para distinguir cigarrillos, registrada a nombre de Cienfuegos Industrial, S. A., de Santa Elena y Concordia, Cienfuegos, Provincia de Santa Clara, Cuba.

El Collado.—Marca para distinguir tabacos torcidos, registrada a nombre de Rey del Mundo Cigar Co., de Padre Varela No. 852, Habana, Cuba.

El Crédito.—Marca para distinguir tabacos torcidos, registrada a nombre de los señores Pardo Hno. y Cía., de Serafines No. 164, Habana, Cuba.

El Crepúsculo.—Marca para distinguir tabacos torcidos, registrada a nombre de los señores J. F. Rocha y Cía., S. en C., de San Miguel No. 364, Habana, Cuba.

El Cuño.—Marca para distinguir cigarrillos, registrada a nombre de los señores Domingo Méndez e Hijos, de Cárdenas y Gloria, Habana, Cuba.

El Fénix.—Marca para distinguir tabacos torcidos, registrada a nombre de la Tabacalera Cubana, S. A., de Agramonte No. 106, Habana, Cuba.

El Genio.—Marca para distinguir tabacos torcidos, registrada a nombre de la firma Castañeda, Montero, Fonseca, S. A., de Galiano No. 466, Habana, Cuba.

Elite.—Marca para distinguir cigarrillos, registrada a nombre de los señores José L. Piedra, de Ave. de Simón Bolívar No. 404, Habana, Cuba.

El Marqués de Caxias.—Marca para distinguir tabacos torcidos, registrada a nombre de los señores Cifuentes, Pego y Cía., de Industria No. 520, Habana, Cuba.

Eloísa.—Marca para distinguir tabacos torcidos, registrada a nombre de la Compañía Industrial Tabacalera, S.A., de Cuba No. 801, Habana, Cuba.

El Patio.—Marca para distinguir tabacos torcidos, registrada a nombre de los señores Menéndez, García y Cía. Ltda., de Virtudes No. 609, Habana, Cuba.

El Pueblo.—Marca para distinguir tabacos torcidos, registrada a nombre de la Tabacalera Cubana, S. A., de Agramonte No. 106, Habana, Cuba.

El Rey del Mundo.—Marca para distinguir tabacos torcidos, registrada a nombre de Rey del Mundo Cigar Co., de Padre Varela No. 852, Habana, Cuba.

El Rico Habano.—Marca para distinguir tabacos torcidos, registrada a nombre de los señores B. Menéndez y Hno., de Habana No. 906, Habana, Cuba.

El Siboney.—Marca para distinguir cigarrillos, registrada a nombre de la Tabacalera Cubana, S. A., de Princesa No. 202, Luyanó, Habana, Cuba.

El Siboney.—Marca para distinguir tabacos torcidos, registrada a nombre de la Tabacalera Cubana, S. A., de Agramonte No. 106, Habana, Cuba.

El Tesoro.—Marca para distinguir cigarrillos, registrada a nombre de los señores F. Suárez y Cía., de Diez de Octubre No. 421, Habana, Cuba.

El Torcillo.—Marca para distinguir tabacos torcidos, registrada a nombre de la firma Por Larrañaga, Fábrica de Tabacos, S. A., de Carlos III No. 713, Habana, Cuba.

El Toro.—Marca para distinguir cigarrillos, registrada a nombre de los señores Villaamil, Santalla y Cía., de Campanario No. 1,002, Habana, Cuba.

El Trío.—Marca para distinguir tabacos torcidos, registrada a nombre de los señores Rodríguez, Montero y Cía., de Encarnación No. 163, Santos Suárez, Habana, Cuba.

El Uruguay.—Marca para distinguir tabacos torcidos, registrada a nombre de Rey del Mundo Cigar Co., de Padre Varela No. 852, Habana, Cuba.

El Vinyet.—Marca para distinguir tabacos torcidos, registrada a nombre de los señores Fernández, Palicio y Cía., S. en C., de Máximo Gómez No. 51, Habana, Cuba.

Emboquillar.—Operación que realiza el tabaquero, y que consiste en dar la primera vuelta a la tripa al comenzar a envolverla en la capa para la confección del torcido.

Eminencia.—Marca para distinguir cigarrillos, registrada a nombre de los señores Ramón Rodríguez, S. en C., de la Calle 23 entre 14 y 16, Vedado, Habana, Cuba.

Empacar.—Colocación del tabaco en balas o pacas, sin que se haya sometido a la clasificación o escogida.

Empalarse.—Cuando el tiempo es seco y caluroso, las plantas de tabaco no desarrollan bien, manifestándose el brote del botón cuando apenas han salido del surco. A esto llaman los vegueros empalarse.

Empilonar.—Acción de colocar los matules unos sobre otros en las casas de tabaco, para la segunda fase de la curación en las mismas, hasta que llega la época de las ventas o escogidas.

Encallado.—En Vuelta Abajo y en Partido se acostumbra a rodear las vegas de tabaco de una cerca tupida, en la cual se colocan, unas veces pencas de guano cana o guano real, o bien "cheese cloth". El objeto de esta cerca es proteger de los vientos, al plantío.

Encasillar.—Acción de colocar, en las casillas, los matules de tabaco apartado, procedentes del departamento de apartadura, que se destinan al de engavillado. Una vez engavillado el tabaco, se acostumbra volverlo a la casilla hasta que pasa al departamento de "manojeo".

Encentrar la hoja.—Darle a la capa los cortes adecuados, con objeto de desechar la parte de la hoja que se encuentre dañada (Fig. 9).

Encerado.—Cubierta de lona, que se coloca en las carretas destinadas al tiro del tabaco, para proteger a éste del sol, el viento y la lluvia. Se denomina encerado, porque la tela de lona se sumerge en un baño de grasa para hacerla más resistente e impermeable.

Engavillador-a.—Obrero encargado, en las escogidas, de formar las gavillas de tabaco. La cantidad de hojas que contiene una gavilla varía según la clase. Las gavillas de capa contienen unas treinta y cinco hojas, y las de tripa llegan a contener hasta sesenta. Cada cuatro gavillas forman un manojo.

Engavillar.—Labor que se lleva a cabo en las escogidas, y que consiste en formar las gavillas. Esta operación se realiza cabeceando las hojas de tabaco y amarrándolas, en la parte superior, o sea, donde están colocadas las cabezas de los palitos, con otra hoja de tabaco que se ha preparado ex profeso.

Las gavillas de capa se forman contando las hojas. Treinta y cinco hojas forman una gavilla de capa. No se acostumbra contar las hojas en las gavillas de tripa, pero la habilidad de los engavilladores hace que, según las clases, tengan una cantidad de hojas igual para cada gavilla; generalmente calculan el diámetro o medida de la gavilla en el círculo que forma la mano al unir el pulgar y el índice.

Engavilleo.—Departamento de la escogida donde se efectúa la acción de engavillar.

Enmallar.—Se da este nombre a la operación que se realiza después de colocado el tabaco en los cujes, para evitar que. por la unión de unas hojas con otras, se produzca la pudrición o sahorno. Consiste en ir doblando las hojas hacia dentro, de manera que la vena central quede hacia afuera, al propio tiempo que se deja, entre una y otra pareja de hojas. la conveniente separación. Algunos vegueros practican esta operación pocas horas después de ensartado el tabaco. Otros esperan a que éste se encuentre totalmente marchito.

Cuando el tabaco se corta con palo, se le llama enmallar a la operación de separar unas mancuernas de otras, para que las hojas no se dañen por el contacto de unas con otras. (Véase ensartar.)

Enmatular.—En las casas de tabaco, cuando se presenta la "blandura", se lleva a cabo la operación de bajar los cujes del lugar donde se encuentran colocados en los aposentos, para formar los matules, que habrán de colocarse después en el pilón. A esta operación es a la que se llama enmatular.

Ensartar.—Puede el tabaco, como es sabido, recolectarse en hojas o mancuernas, y todos los agricultores convienen en que hay determinadas ventajas para uno y otro procedimiento. Sin embargo, en las zonas de Partido y Vuelta Abajo, prevalece el sistema de recolección en hojas, que se estima conveniente por cuanto es más rápida la desecación, no se expone al deterioro del despalado y es muchísimo menor el riesgo en las casas de tabaco. La forma más práctica de colocar las hojas en los cujes es ensartándolas con un hilo de algodón. Algunos cosecheros ensartan la hoja con la parte superior hacia afuera y otros hacia dentro; los partidarios del primer sistema alegan que tiene la ventaja de no tener necesidad de enmallar el tabaco, operación que hay que realizar en el segundo sistema. A juicio del Dr. Francisco B. Cruz, es preferible el segundo sistema, porque la mayor parte de la evaporación se realiza por el envés de la hoja, siendo esta parte la que recibe las rozaduras y cualquier otro contacto que pudiera originar manchas y coloraciones defectuosas.

Unos cultivadores dejan el hilo tirante y las barbas de las hojas descansan directamente sobre el cuje y los puntos de contacto en tiempo húmedo son los primeros invadidos por los hongos. Conviene, pues, realizar el ensarte con el hilo suficientemente flojo, para que las barbas de las hojas no toquen en los cujes.

Enterceo.—Departamento de la escogida donde se realiza la labor de enterciar.
Enterciador.—Obrero encargado de hacer los tercios.
Enterciar.—Acción de hacer el tercio.
Entretela.—(Véase Pega-Pega.)
Escaparates.—Los estantes de cedro donde se colocan las tareas, para después enviarse a los escogedores, se denominan "escaparates".
Escardar.—Una vez regado el semillero, es necesario librarlo de las yerbas que brotan simultáneamente con la postura. Esta operación recibe el nombre de "escarda".
Escogedor-a.—Después que el tabaco torcido ha permanecido un tiempo prudencial en los "escaparates", es llevado a la "escogida". El escogedor de tabacos torcidos tiene por función escoger, amarrar o envasar los tabacos. Al escoger se tiene preferente cuidado de que los tabacos liguen del modo más perfecto posible, en cuanto a color y forma, en las diversas camadas que integran los envases. Esta selección se hace tan escrupulosamente, que la uniformidad de color y forma de los tabacos es casi absoluta. Al seleccionar los colores del tabaco ya manufacturado, el operario escogedor los divide en catorce clases: siete secas y siete manchadas, clasificadas cada una de ellas, en los colores fundamentales siguientes: encendido, claro encendido, colorado, colorado pajizo, pajizo, pajizo verde y verde. La gama de colores se extiende desde el más claro hasta el más oscuro. Esta subdivisión de los colores hace que el operario extienda, sobre su mesa de trabajo, un mínimum de 70 grupos de clasificación, que, algunas veces, se aumenta a 90, 100 ó más grupos.

Se da también este nombre al obrero que realiza la clasificación de la rama en las llamadas escogidas. Asimismo se aplica la denominación de escogedor al comerciante o industrial que hace escogidas.

Escogida.—Departamento de las fábricas donde se escoge por colores y se envasa el tabaco torcido. Lugar donde se selecciona la rama, separándola en clases y sometiéndola después a las distintas labores de "engavillado", "manojeo" y "enterceo".

Eslava.—Marca para distinguir tabacos torcidos, registrada a nombre del señor Manuel Fernández Argudín, de la Calle Norte No. 25, Marianao, Habana, Cuba.

Especulador.—Denominación que se aplica también al almacenista de tabaco. El especulador es como un intermediario entre el cosechero de tabaco y los fabricantes y las firmas exportadoras.

Estella.—Marca para distinguir tabacos torcidos, registrada a nombre de la Tabacalera Cubana, S. A., de Agramonte No. 106, Habana, Cuba.

Estiércol.—(Véase abono orgánico.)

Estrada.—Marca para distinguir tabacos torcidos, registrada a nombre de los señores Estrada y Co., Soc. Ltd., de Habana No. 66, Cienfuegos, Santa Clara, Cuba.

Eureka.—Marca para distinguir tabacos torcidos, registrada a nombre de la Tabacalera Cubana, S. A., de Agramonte No. 106, Habana, Cuba.

Eva.—Marca para distinguir cigarrillos, registrada a nombre de Trinidad Industrial, S. A., de Santo Domingo No. 55½ Trinidad, Santa Clara, Cuba.

Extralargo.—Tipo de cigarrillo de la misma circunferencia, pero de mayor tamaño que el superfino y el largo.

F

Falman.—Marca para distinguir tabacos torcidos, registrada a nombre de Romeo y Julieta, Fábrica de Tabacos, S. A., de Padre Varela No. 152, Habana, Cuba.

Falso.—Espacio o pasillo que hay entre uno y otro aposento en las casas de tabaco.

Fancy.—Marca para distinguir cigarrillos, registrada a nombre de los señores R. Palicio y Cía., de Padre Varela No. 965, Habana, Cuba.

Faroles.—Cigarrillos que suelen quedar defectuosos o rotos, y que son separados, al recibir la tarea, por los encargados de esta operación.

Fausto.—Marca para distinguir tabacos torcidos, registrada a nombre de Rey del Mundo Cigar Co., de Padre Varela No. 852, Habana, Cuba.

Fedia.—Marca para distinguir tabacos torcidos, registrada a nombre del señor C. Rivero Alvarez, de la Calle 8 No. 92, Santiago de las Vegas, Habana, Cuba.

Fermentación.—El estudio sobre la fermentación de la hoja en el pilón es muy complejo; no puede sujetarse a ninguna regla, pues depende de las condiciones de cada cosecha, y puede decirse que no hay dos iguales. El mayor o menor calor a que debe someterse un tabaco depende de su calidad o cuerpo. Si es ligero, como resultado de una cosecha de agua, no necesita pasar una gran fermentación y muchas veces no necesita ninguna. Al mojar esta clase de tabaco, para proceder a su selección o escogida, debe hacerse con poca agua o beneficio, trabajándolo siempre sobre lo seco y llevándolo al tercio con poca o ninguna casilla. Si la cosecha es de año de seca, por lo tanto de calidad, necesita calores o fermentaciones fuertes, muchas veces hasta 120 grados F. (49°C.)

De primera intención no debe dejársele coger este calor, pues por la misma calidad del tabaco se mancharía y se pegaría, llegando por último a la pudrición.

Para controlar la fermentación se hacen, primeramente, los pilones pequeños, aumentándolos de tamaño a medida que el tabaco va enjugando y adquiriendo condiciones de resistir las temperaturas más elevadas que pudiera necesitar.

Al cambiar los pilones, para aumentarlos de tamaño, debe tenerse cuidado de dejar en el exterior y en la tapa, o parte de arriba, el tabaco que se encontraba en el medio del pilón que se cambia, llevando al interior las gavillas o matules que estaban en el exterior y en la parte de arriba. Con esto se consigue que el tabaco reaccione y reciba el calor por igual.

El tabaco de calidad debe trabajarse en la escogida sobre lo húmedo, haciéndole sufrir nuevas fermentaciones en las casillas y dándole burro durante varios días, hasta que coja la condición y olor del tabaco curado. Si después de varios días de burro se ve que aún no ha curado y desgastado lo suficiente, debe llevarse a un nuevo burro y esto hacerlo tantas veces como sea necesario. En el burro se colocan los tabacos en gavillas, generalmente después de su clasificación en clases, y se salpican o humedecen las camadas con beneficio o betún a medida que se van colocando.

El betún es una lejía que se prepara con tallos o palitos de tabaco, ya secos, puestos a fermentar en agua. Un tabaco crudo tendrá siempre un sabor amargo y será atacado por el gorgojo con más facilidad que un tabaco curado.

Fiebre en el barril.—De los tendales pasa la hebra, en las fábricas de cigarrillos, a un cuarto cerrado, donde se deposita por seis u ocho días, y finalmente se envasa en barriles de cedro, donde se le deja por 15, 20 ó 30 días. A esta fermentación se le conoce con el nombre de fiebre en el barril.

Fígaro.—Marca para distinguir tabacos torcidos, registrada a nombre de F. Solaún, S. A., de Figuras No. 106, Habana, Cuba.

Figueras.—Marca para distinguir tabacos torcidos, registrada a nombre de José Sixto, de Vélez Caviedes No. 34, Pinar del Río, Cuba.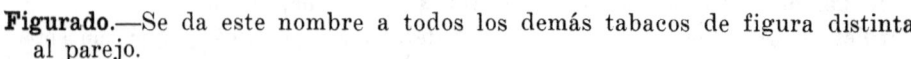

Figurado.—Se da este nombre a todos los demás tabacos de figura distinta al parejo.

Filete.—Habilitación de las aristas del cajón de tabacos. El filete tiene forma de cinta.

Fileteado.—Se aplica este nombre, en las fábricas, al departamento donde se empapelan los cajones de tabacos.

Fileteador-a.—Obrero encargado de colocar las habilitaciones en los cajones de tabacos.

Filetear.—Acción de poner las habilitaciones a los cajones de tabacos.

Filoteo.—Marca para distinguir tabacos torcidos, registrada a nombre de Castañeda-Montero-Fonseca, S. A., de Galiano No. 466, Habana, Cuba.

Fine.—Marca para distinguir tabacos torcidos, registrada a nombre de los señores Martínez y Cía., de Real No. 200, Marianao, Habana, Cuba.

Fino.—Uno de los "tiempos" que se consideran para la clasificación del tabaco. Corresponden al fino las hojas de más cuerpo y vida y generalmente de colores más encendidos.

Flor de Alma.—Marca para distinguir tabacos torcidos, registrada a nombre de los señores Cifuentes, Pego y Cía., de Industria No. 520, Habana, Cuba.

Flor de Ambrosio.—Marca para distinguir tabacos torcidos, registrada a nombre de los señores J. F. Rocha y Cía., S. en C., de San Miguel No. 364, Habana, Cuba.

Flor de Caruncho.—Marca para distinguir tabacos torcidos, registrada a nombre de los señores Cifuentes, Pego y Cía., de Industria No. 520, Habana, Cuba.

Flor de Cimiente.—Marca para distinguir tabacos torcidos, registrada a nombre de Por Larrañaga, Fábrica de Tabacos, S. A., de Carlos III No. 713, Habana, Cuba.

Flor de Cortina.—Marca para distinguir tabacos torcidos, registrada a nombre de la Tabacalera Cubana, S. A., de Agramonte No. 106, Habana, Cuba.

Flor de F. de P. Alvarez.—Marca para distinguir tabacos torcidos, registrada a nombre de la Tabacalera Cubana, S. A., de Agramonte No. 106, Habana, Cuba.

Flor de Fernández García.—Marca para distinguir tabacos torcidos, registrada a nombre de los señores Fernández, Palicio y Cía., S. en C., de Máximo Gómez No. 51, Habana, Cuba.

Flor de F. Farach.—Marca para distinguir tabacos torcidos, registrada a nombre del señor Francisco Farach, de Martí No. 24, Caibarién, Santa Clara, Cuba.

Flor de F. Pego Pita.—Marca para distinguir tabacos torcidos, registrada a nombre de los señores Cifuentes, Pego y Cía., de Industria No. 520, Habana, Cuba.

Flor de García.—Marca para distinguir tabacos torcidos, registrada a nombre de la Tabacalera Cubana, S. A., de Agramonte No. 106, Habana, Cuba.

Flor de Gumersindo.—Marca para distinguir tabacos torcidos, registrada a nombre de la Tabacalera Cubana, S. A., de Agramonte No. 106, Habana, Cuba.

Flor de J. S. Murias.—Marca para distinguir cigarrillos, registrada a nombre de la Tabacalera Cubana, S. A., de Princesa No. 202, Luyanó, Habana, Cuba.

Flor de J. S. Murias y Cía.—Marca para distinguir tabacos torcidos, registrada a nombre de la Tabacalera Cubana, S. A., de Agramonte No. 106, Habana, Cuba.

Flor de Juan López.—Marca para distinguir tabacos torcidos, registrada a nombre de los señores C. del Peso y Cía., de San Ignacio No. 314, Habana, Cuba.

Flor de Lobeto.—Marca para distinguir cigarrillos, registrada a nombre de los señores Lobeto y Cía., S. en C., de Máximo Gómez No. 466, Habana, Cuba.

Flor de Lobeto.—Marca para distinguir tabacos torcidos, registrada a nombre de los señores Lobeto y Cía., S. en C., de Máximo Gómez No. 466, Habana, Cuba.

Flor de López Hermanos.—Marca para distinguir tabacos torcidos, registrada a nombre de los señores Calixto López y Cía., de Agramonte No. 702, Habana, Cuba.

Flor del Todo.—Marca para distinguir tabacos torcidos, registrada a nombre de The Fernández-Havana Cigar Co., de Martí No. 64, Guanabacoa, Habana, Cuba.

Flor de Marqués.—Marca para distinguir tabacos torcidos, registrada a nombre de Rey del Mundo Cigar Co., de Padre Varela No. 852, Habana, Cuba.

Flor de Milamores.—Marca para distinguir tabacos torcidos, registrada a nombre de Rey del Mundo Cigar Co., de Padre Varela No. 852, Habana, Cuba.

Flor de Miramar.—Marca para distinguir tabacos torcidos, registrada a nombre de los señores Martínez y Cía., de Real No. 200, Marianao, Habana, Cuba.

Flor de M. López y Cía.—Marca para distinguir tabacos torcidos, registrada a nombre de la Tabacalera Cubana, S. A., de Agramonte No. 106, Habana, Cuba.

Flor de Monte Carlo.—Marca para distinguir tabacos torcidos, registrada a nombre de la Tabacalera Cubana, S. A., de Agramonte No. 106, Habana, Cuba.

Flor de Pedro Roger.—Marca para distinguir tabacos torcidos, registrada a nombre de la Tabacalera Cubana, S. A., de Agramonte No. 106, Habana, Cuba.

Flor de P. Rabell.—Marca para distinguir tabacos torcidos, registrada a nombre de los señores Cifuentes, Pego y Cía., de Industria No. 520, Habana, Cuba.

Flor de Rafael González.—Marca para distinguir tabacos torcidos, registrada a nombre de Rey del Mundo Cigar Co., de Padre Varela No. 852, Habana, Cuba.

Flor de R. Barcia.—Marca para distinguir tabacos torcidos, registrada a nombre de los señores B. Menéndez y Hno., de Habana No. 906, Habana, Cuba.

Flor de Rodríguez, Argüelles y Cía.—Marca para distinguir tabacos torcidos, registrada a nombre de Romeo y Julieta, Fábrica de Tabacos, S. A., de Padre Varela No. 152, Habana, Cuba.

Flor de Segundo Alvarez.—Marca para distinguir tabacos torcidos, registrada a nombre de la Tabacalera Cubana, S. A., de Agramonte No. 106, Habana, Cuba.

Flor de Solaún.—Marca para distinguir tabacos torcidos, registrada a nombre de F. Solaún, S. A., de Figuras No. 106, Habana, Cuba.

Flor de Tabacos.—Marca para distinguir tabacos torcidos, registrada a nombre de los señores Cifuentes, Pego y Cía., de Industria No. 520, Habana, Cuba.

Flor de Tabacos de Partagás y Cía.—Marca para distinguir tabacos torcidos, registrada a nombre de los señores Cifuentes, Pego y Cía., de Industria No. 520, Habana, Cuba.

Flor de Tomás Gutiérrez.—Marca para distinguir tabacos torcidos, registrada a nombre de los señores C. del Peso y Cía., de San Ignacio No. 314, Habana, Cuba.

Flor de Zavo.—Marca para distinguir tabacos torcidos, registrada a nombre de Por Larrañaga, Fábrica de Tabacos, S. A., de Carlos III, No. 713 Habana, Cuba.

Fonseca.—Marca para distinguir tabacos torcidos, registrada a nombre de Castañeda-Montero-Fonseca, S. A., de Galiano No. 466, Habana, Cuba.

Forro de Catre.—(Véase Candelilla.)

Fortaleza.—(Véase aroma.)

Fragus de Cuba.—Marca para distinguir tabacos torcidos, registrada a nombre de Rey del Mundo Cigar Co., de Padre Varela No. 852, Habana, Cuba.

Francisco C. Bances.—Marca para distinguir tabacos torcidos, registrada a nombre de los señores Calixto López y Cía., de Agramonte No. 702, Habana, Cuba.

Frank Halls.—Marca para distinguir tabacos torcidos, registrada a nombre de los señores Martínez y Cía., de Real No. 200, Marianao, Habana, Cuba.

Fuma.—Del verbo fumar. Nombre de cierta vitola. Rama que deja el cosechero para su uso personal. Tabacos torcidos que se permite tomar a los tabaqueros en las fábricas donde trabajan.

Fumar.—Aspirar y despedir el humo del tabaco. El fumar es un arte que pocos practican a conciencia y con conocimiento. Un tabaco habano debe ser encendido despacio y sin fumar, y después, fumado lentamente con objeto de que no se recaliente y nos dé su máximo de aroma.

Nada es comparable al placer que las primeras bocanadas de humo frío de un tabaco encendido en esa forma, nos proporcionan. Debe procurarse conservar siempre parte de la ceniza; de este modo el humo sabe mejor y es más aromático.

Evítese que el tabaco se apague, o cuando menos que se enfríe demasiado en caso de no haberse sabido evitar lo primero; de lo contrario cambiará de gusto encontrándosele mucho más fuerte al encenderlo de nuevo.

Fusarium oxysporum.—Hace dos años fué descubierta en Vuelta Abajo una nueva enfermedad en el tabaco producida por el hongo *Fusarium oxysporum var nicotianae* James Johnson. Esta enfermedad se caracteriza por presentar las plantas atacadas una zona oscura en el tallo y las hojas, produciéndoles la marchitez y por último la muerte. Esta enfermedad es poco abundante y solamente se tienen noticias que haya hecho daño intenso en una finca del Sábalo, en Pinar del Río. Los medios para combatir esta enfermedad se concretan a la rotación de cosechas, destrucción por el fuego de las plantas enfermas y selección de plantas resistentes.

G

Gabino Campos.—Marca para distinguir tabacos torcidos, registrada a nombre del señor Gabino Campos Beltrán, de Diez de Octubre No. 1,255, Jesús del Monte, Habana, Cuba.

Galera.—Al departamento de la fábrica de tabacos destinado a los obreros torcedores, se le da el nombre de galera.

Gavilla.—Las gavillas se forman con el tabaco después que éste ha sido seleccionado. El número de hojas varía en cada gavilla, siendo más reducido en las capas, y más elevado en las tripas. Cuatro gavillas forman un manojo. Los tabaqueros llaman gavilla a las 25 medias hojas de capa que para su trabajo se les entregan.

Gayarre.—Marca para distinguir tabacos torcidos, registrada a nombre de los señores Cifuentes, Pego y Cía., de Industria No. 520, Habana, Cuba.

Gener.—Marca para distinguir tabacos torcidos, registrada a nombre de los señores Fernández, Palicio y Cía., S. en C., de Máximo Gómez No. 51, Habana, Cuba.

General R. E. Lee.—Marca para distinguir tabacos torcidos, registrada a nombre de la Tabacalera Cubana, S. A., de Agramonte No. 106, Habana, Cuba.

Gioconda.—Marca para distinguir tabacos torcidos, registrada a nombre de los señores Fernández, Palicio y Cía., S. en C., de Máximo Gómez No. 51, Habana, Cuba.

Gispert.—Marca para distinguir tabacos torcidos, registrada a nombre de Simón Vela Peláez, de Juan del Haya sin número, Pinar del Río, Cuba.

Glasdtone.—Marca para distinguir tabacos torcidos, registrada a nombre de los señores Fernández, Palicio y Cía., S. en C., de Máximo Gómez No. 51, Habana, Cuba.

Gorgojo.—(Véase Perforador del Tabaco.)

Grano de Oro.—Nombre que se acostumbre dar, en la Zona de Remedios, a cierto tipo de semilla de tabaco producto de selección en vegas de San Juan y Martínez.

Grillito de la Tierra.—(Véase Grillos.)

Grillo en cueros.—(Véase Grillos.)

Grillos (Anurogryllus abortivus Sauss. y otros).—De los grillos existentes en este país (Familia Gryllidae), el que más daño ocasiona al tabaco, por lo menos en la zona de "Partido", es la especie conocida por "grillito de la tierra" (Anurogryllus abortivus Saussure). Los vegueros visitados por nosotros en la Provincia de la Habana estaban todos de acuerdo sobre esto; pero no parece ser conocido en Vuelta Abajo ni Vuelta Arriba. Algunos de ellos llaman a esta especie "grillo en cueros" debido a que a las hembras les faltan las alas por completo, aunque los machos tienen alas cortas que llegan a la mitad del abdomen (Fig. 7). Este grillo es considerablemente más pequeño que el grillo negro común, midiendo solamente 15-16 mm. de largo. Es de color pardo amarillento claro con las patas algo más pálidas. Vive usualmente en cuevitas estrechas o galerías cortas de unas 7 a 10 pulgadas de largo y como de media pulgada de ancho, que cava en la tierra en dirección inclinada y dentro de las cuales vive oculto durante el día. Estos escondites o nidos se pueden localizar fácilmente porque el insecto deja la entrada cubierta con un pequeño montón de tierra removida. Sale a forrajear por la noche y se alimenta con predilección de plantas tiernas de diversas clases, incluyendo el tabaco. Puede ocasionar daños en el semillero o en las posturas después de trasplantada, tron-

Arriba: el **grillito de la tierra** (Anurogryllus abortivus), un macho y a su lado una hembra; todos tamaño natural. Debajo: el **berraquito de la tierra** (Gryllotalpa hexadactyla), seguido por una larva del picudo verde-azul (Pechnaeus litus), y al extremo derecho, un gusano blanco (Anomala calceata). El primero, tamaño natural, y los otros dos aumentados dos veces (Fig. 7).

(Foto: E. E. A.)

chando las más pequeñas por el tallo o cortándoles las hojas de abajo, de manera semejante a los cachazudos. Este grillo no fué encontrado por el doctor Juan Gundlach, el gran naturalista que pasó su vida estudiando los insectos y otros animales de Cuba y murió en 1896, circunstancia curiosa ésta, puesto que hoy día es una plaga económica; y en los alrededores de esta Estación Experimental se le encuentra en gran abundancia, siendo conocido aquí como dañino por más de 25 años.

En Puerto Rico el Dr. Wolcott (1933) dice que un grillo del mismo género que el que anteriormente tratamos, el Anurogryllus muticus De Geer, constituye allí una plaga de menor importancia en el tabaco. Esta especie existe también en Cuba y lo hemos encontrado en la Habana y en Oriente pero no es muy común. Es un poco mayor que el "grillito de la tierra" y se distingue por tener las alas bien desarrolladas en ambos sexos. Lo hemos cogido de noche al ser atraído por las luces y en una o dos ocasiones escondido debajo de piedras. Hemos observado, con ejemplares enjaulados, que tronchan el tabaco por la base como la especie anterior. No parece que construya galerías en la tierra.

El grillo negro común (Gryllus assimilis Fab.) es considerablemente mayor que el de la tierra (Fig. 7), variando en color de pardo oscuro a negruzco. No construye cuevas, pues vive debajo de piedras, terrones de tierra, pilas de basuras, etc. Parece que en Cuba no es muy dañino a las plantas generalmente y la mayoría de los vegueros de la Habana y Pinar del Río lo consideran de muy escasa o ninguna importancia como plaga del tabaco, aunque en algunas vegas visitadas en la Provincia de Santa Clara lo encontramos muy abundante, y los cosecheros nos aseguraron que allí es bastante dañino. No hay duda, sin embargo, de que se alimenta de posturas pequeñas de tabaco cuando se le presenta la oportunidad. En ensayos que realizamos se demostró esto, pero no tiene la mala costumbre de troncharlas por la base como hace el grillito de la tierra, sino que las come gradualmente desde arriba, presentando las áreas dañadas bordes muy irregulares. Creemos que este grillo debe considerarse de escasa importancia como plaga del tabaco, salvo en el caso de que ocurriese en abundancia inusitada.

En el Boletín No. 7 de la Estación Experimental Agronómica de Santiago de las Vegas se menciona el Gryllodes poeyi Sauss—ahora llamado G. sigillatus Walker—como dañino a los semilleros de tabaco, huertas, etc., pero esta especie habita comúnmente dentro o cerca de las casas y no parece que ataca a las plantas vivas. Estimamos que ha habido un error al clasificar las especies y que en realidad se trata de la misma mencionada por nosotros primeramente (A. abortivus). El Gryllodes sigillatus existe también en la Isla de Puerto Rico, pero tampoco ha sido reportado allí como insecto dañino al tabaco u otras plantas.

Todos los grillos mencionados anteriormente fueron clasificados por el eminente especialista, Dr. James A. G. Rehn, de la Academia de Ciencias de Philadelphia, en el año 1928.

En Cuba existe, otra especie de grillo muy distinto que ha sido reportado como enemigo del tabaco aquí por P. Gardín, el grillo arbóreo, Oecanthus niveus De Geer. El Dr. Howard (U. S. Farmer's Bull. 120 p. 25, 1900) dice que en los Estados Unidos en algunas ocasiones también se alimenta de las hojas del tabaco. Este se ha encontrado en Vuelta Abajo y también en Oriente, y Gundlach dice que en Baracoa se conoce por "cuncuní". Aparentemente no existe en la Habana, pues nunca hemos podido encontrar un solo ejemplar y en realidad la única información que tenemos sobre el mismo es la del anterior entomólogo, el mencionado Sr. Cardín, quien dice: "Hemos encontrado este insecto en las vegas de tabaco en San Juan y Martínez y allí se nos dijo que en algunos años este insecto ha llegado a ser muy numeroso. Dañan las hojas comiendo las orillas y los retoños; pero nosotros creemos que sea mayor el daño de lo que a primera vista parece, pues las hembras depositan sus huevos en los tallos de las plantas, los cuales dañan mucho al perforarlos para depositar los huevos con su ovipositor. Son de color verde. El macho tiene las alas horizontalmente extendidas sobre el cuerpo y las hembras las tienen alrededor del cuerpo. Se confunden entre las hojas del tabaco y entre los retoños, por ser de su mismo color". Este grillo es de forma delgada, de color verde muy pálido y mide de 16 a 18 mm. de largo.

Los ejemplares estudiados por Cardín fueron clasificados por el Prof. Caudell. No creemos que pueda ser de mucha importancia.

Remedio.—La manera más practicable de destruir los grillos, cuando abundan, es por medio de un cebo envenenado repartido en montoncitos en los lugares infestados, a la caída de la tarde, como recomendamos para los "cachazudos". Creemos que el cebo más efectivo será el usado con tan buenos resultados por la Estación Experimental de South Dakota, a base de fluosilicato de sodio contra el grillo negro común (G. assimilis) que es la clase más dañina allí (véase: Munroy Carruth, Jour. Econ. Ento., Vol. 25, No. 4, Agosto, 1932). Hemos realizado unos ensayos preliminares en pequeña escala con este cebo, comparándolo con otro envenenado con verde París y encontramos que es también más efectivo para destruir nuestro "grillito de la tierra" (A. abortivus). Este cebo se compone de los materiales siguientes:

Afrecho	50	libras
Melaza de caña	1	galón
Fluosilicato de sodio	2½	libras
Agua	6	galones

Se prepara simplemente mezclando los ingredientes lo más perfectamente posible.

Los que no encuentren conveniente utilizar el fluosilicato de sodio, que es todavía poco conocido en Cuba, pueden substituirlo con verde París en la fórmula anterior, usando a razón de 1¼ libra para la cantidad de afrecho indicada. Desde luego que esta preparación será igualmente efectiva para destruir los "cachazudos". El Dr. Wolcott (1933) dice que en Puerto Rico resulta muy efectiva contra el grillo más dañino que existe allá, una mezcla que emplean principalmente contra otro insecto afín y que se prepara a base de harina de trigo en vez de afrecho. Esta se compone de 1¼ libra de verde París en 50 libras de harina, mezcladas perfectamente. Se puede usar un poco de este polvo cerca de las plantas, pero informan que los mejores resultados se obtienen aplicándolo al voleo pocos días antes de sembrar y como una semana después de arar y cultivar el terreno. En este caso no es practicable hacer el tratamiento en forma de polvo, sino que se debe humedecer con un poco de agua, de modo que se pueda repartir en pequeñas porciones o pelotitas.

En el caso de pequeñas siembras, cuando los "grillitos" no son muy numerosos y las otras circunstancias son favorables se pueden buscar sus cuevas individualmente, vertiendo sobre la entrada unas gotas de bisulfuro de carbono. Si éstas se encuentran perfectamente tapadas con el característico montoncito de tierra removida, esto indica que la cueva está habitada. Oprimiendo con el pie la tierra en la entrada, al efectuar el tratamiento, se puede apreciar al día siguiente si éste ha surtido efecto, según el insecto haya levantado o no el referido montoncito. Este método es lento y algo costoso y por tanto nos parece más apropiado para patios de casas, pequeños jardines y huertos.

También se puede destruir esta clase de grillos inundando sus cuevas con una pequeña cantidad de agua a la que se ha agregado un poco de "estufina" o "luz-brillante" (aceite de petróleo). Se prepara a razón de unas tres cucharadas en un litro de agua. Como es necesario quitar el montón de tierra sobre la entrada de la galería del insecto, a fin de dejar abierta ésta para que pueda penetrar el líquido, resulta todavía más lento el procedimiento que con el uso del bisulfuro, pero más rápido y fácil que el abrir la cueva con la guataca y matar al grillo, como hacen algunos vegueros.

Los terrenos que se mantienen bien cultivados sufren mucho menos los ataques de estos grillos y la buena preparación de la tierra es siempre recomendable antes de efectuar la siembra.

No trataremos aquí sobre los posibles medios de combatir el grillo arbóreo, ya que éste no parece causar daños de consideración. Sería de esperar, no obstante, que el tratamiento recomendado para el cogollero también destruya muchos de estos insectos.

Guana.—(Voz indígena.) "El Dr. Gundlach ha encontrado dos árboles bien distintos con ese mismo nombre. En las márgenes del río Cauto y en Gibara con abundancia, un árbol grande con hojas parecidas a las de la majagua y su líber como cinta calada que se emplea para amarrar el tabaco. Pero en las montañas de Guantánamo dan el propio nombre de guana los indios a un árbol de hojas y florecitas pequeñas y bonitas: su majagua o líber parecido al de la daguilla. Me consta que abunda principalmente por Guáimaro, Cascorro e inmediaciones de Nuevitas y se hace un comercio considerable para los Estados Unidos, donde se beneficia la guana, haciéndose rusias y otras telas." (Pichardo.)

En efecto, hay dos especies de guana: una de ellas propia de montañas; es una Timeliácea, el Linodendron lagetta, Lin., planta hermana de la daguilla y la guacacoa, cuyo líber suministra una materia textil blanca, muy resistente. Abunda en Guantánamo y en Trinidad.

La otra guana, la más importante y valiosa, aunque era conocida por los prácticos y de ella existían ejemplares vivos en la Estación Agronómica y en los jardines botánicos de la Habana, no fué determinada botánicamente hasta hace muy poco tiempo, resultando ser una especie nueva para la ciencia, la Sterculia cubensis, Urb., de la familia de las Esterculiáceas, descrita por Urban en el Volumen IX, pág. 235, de la obra Symbollae Antillanae. La descripción fué hecha sobre ejemplares colectados por el Dr. Ekman junto al Río Rioja, en Mir, Oriente. Es un árbol con la corteza enteramente verde y lisa como la del ceibón o drago. Hojas redondeadas y acorazonadas como las de la majagua, pero de consistencia cartácea. Flores hermafroditas, regulares, pentámeras; cáliz de tubo acampanado, amarillento, corola nula. Androginóforo de 15 mm. de largo; anteras 15; estilos 5, coherentes en la base; estigma espatulado. Ovario obpiriforme, 5-alado; carpelos 5, libres; óvulos en cada carpelos 2, superpuestos.

La majagua que suministra este árbol es de color amarillo y era la más estimada para amarrar las ruedas de tabaco torcido; pero debido a su escasez y carestía crecientes, ha sido sustituída por la rafia. También se hacen con la guana sombreros y objetos curiosos diversos.

Guano cana.—Follaje o pencas de la palma cana. Se utiliza para cobijar o forrar las casas de tabaco y para encallado en las vegas.

Guano de murciélago.—(Véase abonos orgánicos.)

Guano del Perú.—(Véase abonos orgánicos.)

Guano Real.—Follaje o pencas de la palma real. Se utiliza para cubrir los pilones, y, en muy escasas ocasiones, para forrar las casas de tabaco. También se utiliza para el encallado en las vegas de tabaco.

Guarda polvo.—Tabla de la mesa del tabaquero donde éste acostumbra a colocar la tarea.

Guarina.—Marca para distinguir cigarrillos, registrada a nombre de la "Compañía Agrícola e Industrial Camagüey, S. A.", de Enrique José No. 1, Camagüey, Cuba.

Gusano blanco (Larvas de "chicharrones", Scarabaeidae).—Según lo que hemos podido observar, estos insectos son de muy escasa importancia en Cuba como plaga del tabaco, y la mayoría de los vegueros visitados por nosotros no les dan importancia alguna. Sin embargo, no hemos podido hacer muchas observaciones en Vuelta Abajo, y allí precisamente es donde el Sr. P. Cardín, dice haber encontrado una especie dañando las raíces del tabaco. Para ésta que es de tamaño relativamente pequeño, emplea el nombre de Cyclocephala signata Chev. Los ejemplares colectados por Cardín (en San Juan y Martínez) a que se refiere en dicho Informe, han sido estudiados recientemente por un especialista, el que encontró que era distinta, aunque muy afín a la especie indicada, habiéndola descrito como nueva para la ciencia. Su nombre actual es Cyclocephala cardini, Chapin.

Cardín menciona otra especie de gusano blanco, aún más pequeño que el anterior, que observó también en las vegas; la larva de Anomala calceata Chevr. Sin embargo, no creemos que éste sea más que un enemigo ocasional del tabaco, pues también lo hemos encontrado en vegas, pero siempre cerca de las raíces de yerbas gramíneas que crecían entre el tabaco.

Hemos encontrado también Phyllophaga analis Burm, en vegas, pero no había evidencia de que dañara al tabaco.

Tenemos solamente una referencia más respecto a los gusanos blancos o chicharrones dañando al tabaco en Cuba, que procede de un consultante del Central "Washington", Hatuey, Santa Clara, y de quien recibimos ejemplares en 1923, con la información de que allí atacaban a este cultivo. Estos ejemplares resultaron ser el común "chicharrón negro de la caña", Dyscinetus picipes Burm., y estimamos probable que se trate de un caso aislado y que los insectos se alimentaban del tabaco por la falta de su alimento usual, o séase, las raíces de gramíneas. En relación con esto podemos mencionar que hace poco encontramos larvas de un gusano blanco semejante entre las raíces de una yerba gramínea que crecía en una vega en Consolación del Sur, Pinar del Río. Fueron criadas hasta el estado adulto (emergieron en abril 5) resultando ser otra especie muy afín, el Dyscinetus minor Chapin. Se encontró parasitado por Campsomeris trifasciata Fabr.

Remedio.—Creemos innecesario tratar sobre el particular ya que estos insectos no parecen tener importancia como enemigos del tabaco en Cuba.

Gusano de alambre.—(Véase pasador.)

Gusano de manteca.—(Véase gusano blanco.)

H

Habana Club.—Marca para distinguir tabacos torcidos, registrada a nombre de la Tabacalera Cubana, S. A., de Agramonte No. 106, Habana, Cuba.

Habano.—Se llama *Habano* el tabaco que produce Cuba. Debe su nombre a la Habana, capital de la República y único puerto por donde se exportaba al iniciarse el comercio del mismo con países de Europa primero, y con el universo entero después. Aún hoy, la casi totalidad de las exportaciones cubanas de este artículo se efectúan por el puerto de la Habana. *Tabaco de la Habana* se llama en los mercados mundiales a la rama procedente de la Isla de Cuba, y, por derivación, se designa con el nombre de *habano* al tabaco torcido—cigarro o puro, como también genéricamente se le conoce—, producto manufacturado que, por sus excepcionales cualidades, ha ganado con justicia fama universal.

Cuba exporta su rama, que la industria extranjera, en algunos casos, utiliza para la fabricación de un tabaco hecho íntegramente con esa rama, es decir, en el cual la capa, el capote y la tripa son de cosechas cubanas, o bien ligando la rama con la doméstica, obteniendo el llamado tabaco de liga con rama de Cuba; pero ninguno de esos productos puede ser considerado como *Habano*. El genuino *Habano*, para ser considerado como tal, debe reunir una serie de cualidades que no dependen solamente del origen de la materia prima empleada, sino que son la suma de factores diversos a través de largo proceso. La rama es, desde luego, la base fundamental, pero la influencia favorable, durante el proceso industrial, de condiciones climáticas únicas, que no han podido ser encontradas en otro lugar sobre la Tierra ni artificialmente imitadas, y la maestría del obrero torcedor cubano, maravilloso artífice de tacto supersensibilizado, en quien puede decirse que se personifica la frase "la mano es el segundo cerebro del hombre", así como el carácter especializado de cada uno de los aspectos de la manufactura, son las que dan al *Habano* ese sello inconfundible y exquisito que lo convierten en artículo de excepción entre todos los de su línea.

Las condiciones que debe reunir un tabaco para denominarse *Habano Genuino* deben ser las que expresamos seguidamente. Expondremos los razonamientos en que hemos basado cada una de nuestras conclusiones.

Primera condición: *Fundamental.*—Que, en su manufactura, se emplee, únicamente, rama cosechada en Cuba.

Segunda condición: *Origen.*—Que haya sido manufacturado en Cuba.

Tercera condición: *Materia prima.*—Que la rama empleada reúna las más altas cualidades. La tripa debe estar formada, exclusivamente, por tripa larga.

Cuarta condición: *Proceso industrial.*—Que sea un producto elaborado totalmente a mano.

Quinta condición: *Garantía Oficial.*—Que se presente, en los mercados extranjeros, amparado por el Sello de Garantía del Gobierno de Cuba, que es una precinta verde de 6¾ pulgadas de largo por 2-3/16 pulgadas de ancho. Esta precinta fué creada por Ley de la República, de fecha 16 de julio de 1912.

Consideraciones generales

Abriendo la hoja de la capa (Fig. 8).

Las cosechas cubanas, después de seleccionadas o escogidas, se dividen en dos partes: una se exporta en la fase agrícola-comercial, es decir, en rama, que servirá como materia prima total o parcialmente a la industria tabacalera del exterior. Los fabricantes cubanos tienen buen cuidado de obtener de cada cosecha rama de las más altas cualidades, que destinan a la manufactura de los habanos. De esa rama se utiliza solamente lo que pudiera llamarse la parte principal. Recortes, picaduras, hojas dañadas, etc., no van nunca a formar parte de un habano genuino. Esos desechos de la industria se destinan a otros usos.

El Gobierno de Cuba, por medio de la *Comisión Nacional de Propaganda y Defensa del Tabaco Habano,* creada por Ley de 12 de julio de 1927, cuida celosamente de que se mantengan las cualidades magníficas de sus insuperables habanos. El Decreto 2535, de 24 de noviembre de 1938, complemento de las disposiciones reglamentarias de la Ley que creó el Sello de Garantía de Procedencia Nacional para los envases de tabacos, cigarros y picaduras que se exporten, dictadas en 9 de octubre de 1912, establece las normas a que deben ajustarse los que fabrican tabacos habanos para la exportación. Esas medidas fiscalizadoras del Gobierno de Cuba, son como un filtro, a través del cual no pueden pasar los tabacos que no sean dignos de llevar el prestigioso nombre de *"Habanos".*

El Gobierno de Cuba, por medio de la *Comisión Nacional de Propaganda y Defensa del Tabaco Habano,* en todos los casos en que se le solicita, certifica el origen del tabaco que se exporta, tanto en rama como manufacturado.

El tabaco habano es un artículo de lujo. Como tal sale a sus mercados, sin deseos de competir con otros similares, porque ya es sabido que, en tabaco, los habanos constituyen el más alto expo-

Dando los cortes a la capa (Fig. 9).

Cogiendo la tripa (Fig. 10).

nente de calidad, y un artículo que disfruta de un exclusivo privilegio de la naturaleza, de producción limitada y que, por su valor intrínseco y por sus méritos generalmente reconocidos, está destinado a las minorías que pueden pagar bien un rato de inefable placer, no puede, en modo alguno, luchar en una competencia comercial basada en los precios.

La producción de rama en Cuba representa el 0.88% de la mundial, esto es: no llega al 1%. De esa producción se consume en el País el 33%; y el 67% sale al mercado mundial.

Haciendo una discriminación de las exportaciones cubanas de tabaco, en cuanto a la rama y al manufacturado, podríamos decir que, la primera sale de Cuba para representar el papel de lo que es el condimento en nuestras comidas. La Convención Nacional de Tabacaleros que tuvo lugar bajo los auspicios de The Tobacco Merchants Association, de los Estados Unidos, en el Hotel New Willard, de Washington, D. C., en 19 y 20 de mayo de 1920, resolvió:

> Que es procedente de parte de esta Convención el declarar que la rama cosechada en Cuba es esencial para el comercio de fabricación de tabacos de los Estados Unidos, por cuanto la liga de la rama de Cuba con la doméstica y otros tipos de rama, mejora la calidad de los tabacos hechos en este País.

Tal declaración es aplicable a todos los países que importan rama de la Habana, y en los cuales la misma debe ser considerada siempre como un aliado y nunca como un rival de la producción doméstica. Aunque debe quedar explicado que ningún tabaco de liga puede reunir las cualidades insuperables del habano genuino.

En cuanto al torcido, como hemos dicho, está reservado a minorías selectas. No puede nunca constituir un peligro para las industrias tabacaleras de cada país, y, más bien, deben ser éstas las primeras en interesarse en que un porcentaje del consumo nacional se le asigne al tabaco habano, para que éste pueda servirles de punto de referencia y de estímulo a los fumadores de tabaco.

Cerrando la tripa en la banda o capote (Fig. 11).

Limpiando la tripa en su parte superior donde va la perilla o cabeza (Fig. 12).

El día que el tabaco habano deje de constituir el atractivo supremo de los fumadores, la costumbre de fumar tabacos habrá llegado a su fin.

Siguiendo las explicaciones de las circunstancias que deben rodear a un tabaco torcido, para que pueda ser considerado habano, debemos decir, en primer término, que la industria tabacalera de Cuba que exporta sus productos, adquiere cada año las ramas de las mejores vegas, de esas que, a través de varias décadas, han conquistado reputación de ser productoras del mejor tabaco del mundo. La adquisición de esta materia prima se hace mediante un procedimiento cuidadoso, que garantiza las superiores cualidades de la misma. Existen, en nuestras grandes fábricas y almacenes de rama, los compradores expertos, verdaderos técnicos en la materia, con conocimientos adquiridos en largo período de práctica y una esmerada educación del paladar, el tacto y la vista. Estos individuos son algo así como los catadores de vinos en algunos países de Europa.

Durante el año, desde que se inician las siembras, se atiende la vega y se lleva el tabaco a las casas de curar, se observa el desenvolvimiento de estos trabajos, así como también la concurrencia de los factores atmosféricos que puedan influir en la condición de la cosecha. Cuando llega la época de las ventas, que se inicia en el mes de junio, los compradores recorren las zonas donde se encuentran enclavadas las vegas de más fama, examinan matul por matul, hoja por hoja, hacen sus pruebas y cierran la operación de compra cuando están convencidos de la bondad de la rama.

Hay fábricas que tienen sus propias vegas o reservadas mediante refacción previa; otras adquieren directamente la rama del veguero que la escoge; pero existe, también, otra forma de compra, ésta es la que se verifica en los almacenes de la plaza

Envolviendo la tripa (Fig. 13).

Haciendo la perilla o cabeza (Fig. 14).

de la Habana. La diferencia entre esta forma de compra y la otra que realizan las fábricas en las vegas, consiste en que el primer examen del tabaco lo efectúan los compradores de los almacenes que reúnen las condiciones antes apuntadas. Más tarde, se realiza un segundo examen de la rama, cuando los compradores de las fábricas efectúan los llamados registros en los almacenes de tabaco, para adquirir la materia prima que necesitan de los almacenistas o intermediarios entre el veguero y el fabricante. La Isla de Cuba se encuentra dividida en cinco principales zonas productoras de tabaco, que se denominan: *Oriente,* o sea, la que ocupa determinadas porciones en la provincia situada en el extremo más oriental de la Isla; *Remedios* o *Vuelta Arriba,* que ocupa la provincia de Sta. Clara y parte de la de Camagüey; *Partido,* en la provincia de la Habana y los Términos de Guanajay y Artemisa en la de Pinar del Río; *Semi-Vuelta,* enclavada en el territorio comprendido desde Consolación del Sur hasta Candelaria, o sea, la parte Central de la provincia de Pinar del Río; y por último, *Vuelta Abajo,* donde se cosecha el tabaco que reúne las más altas cualidades, ocupa el extremo occidental de la Isla.

El tabaco de cada una de estas zonas tiene una especial característica. Oriente y Remedios son productoras de rama, que se destina especialmente para tripa y es absorbida, en pequeña parte, por la industria que abastece el mercado local de torcido, otra más importante por la industria cigarrera y el resto, o sea, el mayor volumen de la misma se exporta como materia prima que utiliza la industria extranjera en sus ligas.

Midiendo el grueso en el cepo (Fig. 15).

Varios millares de exquisitos habanos listos para ser enviados al departamento de escogida (Fig. 16).
(Foto: O. de la E.)

La zona de Partido se especializa en capas. Semi-Vuelta produce tripa y rama para cigarrería. Y Vuelta Abajo—que se subdivide en las siguientes subzonas: Costa Norte, Costa Sur, Lomas, Llano, Remates y Guane—, es la zona abastecedora de la industria cubana de genuinos habanos. Los sobrantes de rama de esta procedencia que no utiliza la industria cubana, se exportan, principalmente, a los Estados Unidos.

Las vegas más famosas se encuentran situadas en la subzona llamada del *Llano*, que ocupa los Municipios de San Juan y Martínez y San Luis, en la provincia de Pinar del Río. En el primero de los referidos Municipios, ha establecido la Comisión Nacional de Propaganda y Defensa del Tabaco Habano una Estación Experimental Tabacalera, y construye, actualmente, el edificio destinado a "Exposición y Laboratorio Industrial del Tabaco Habano".

Midiendo el largo en el cepo (Fig. 17).

Con muy poca diferencia, el trato que recibe el tabaco, durante su fase agrícola, es igual en cada una de las distintas zonas. Existen, sin embargo, algunas diferencias dependientes de la condición de los suelos; por ejemplo, el regadío que se usa en las provincias de la Habana y Pinar del Río no se aplica a las cosechas de tabaco de las zonas de Remedios y Oriente. El abono se emplea solamente en las provincias donde se riega.

Donde sí existen diferencias notables entre los métodos empleados en unas y otras zonas, es en la escogida o selección, que viene a ser como una fase de transición entre la agrícola y la comercial.

Vamos a hacer una breve reseña de las labores agrícola que al tabaco se refieren.

La fase agrícola de los negocios tabacaleros cubanos comienza en el semillero. Se ha dicho que el semillero es a la cosecha del tabaco lo que los cimientos a un edificio. Los primeros semilleros se preparan, generalmente, del 1º al 15 del mes de septiembre. Los semilleros se preparan en canteros, pero, en algunos lugares, se acostumbra a plantarlos en terrenos recién desmontados o en las faldas de las lomas. De 35 a 40 días tardan las posturas en llegar a un estado apropiado para el trasplante, se dice que después de ese período de tiempo las posturas han entrado a siembra.

Desde el mes de junio los vegueros han venido cuidando sus tierras y dándole los necesarios pases de arado para que se encuentren propicias a rendir la cosecha en el momento oportuno. Efectuadas las primeras siembras a fines de octubre o principios de noviembre, cinco o seis días después se recorren los campos para efectuar la resiembra de las posturas que han fallado. A los diez o quince días después de la siembra se le da la primera mano de guataca. El número de manos de guataca que se le da a una vega depende de las veces que llueva o de las veces que se riega y también de la rapidez con que las yerbas se desarrollen. Las cosechas en Cuba, según los meses en que se desarrollen, se dividen en tempranas, de medio tiempo y tardías.

La operación de desbotonar consiste en privar a la mata de tabaco de la cabeza o botón tan pronto ha llegado a su máximo desarrollo. Desbotonada la planta, en un esfuerzo natural de reproducción, da salida a los hijos o yemas, que antes de desarrollarse son arrancados a la planta mediante la operación que se llama deshijar. Como estos brotes se efectúan rápidamente hay que recorrer de contínuo los campos, observando planta por planta, a lo cual se llama repaso. Este recorrido se efectúa también para librar a la planta de los insectos que puedan dañarla. Cuando el tabaco llega a su estado de madurez se efectúa la recolección que se hace en dos formas denominadas, ensartado, cuando se recoge en hojas, y cortado en palo, cuando los cortes se efectúan dejando parte del tallo unido a las hojas.

Las hojas, o las mancuernas de tabaco, se colocan en unas varas llamadas cujes, en las que son llevadas a las casas de curación.

En estas casas sufre un proceso que se divide en dos partes: el desecado y la fermentación. El desecado consiste en dejar las hojas en los cujes hasta que el agua las haya abandonado. Durante este tiempo se inicia la coloración de las hojas. Cuando la vena central de las mismas se encuentre totalmente seca, habrá terminado la desecación.

La otra fase que nos presenta el tabaco en la casa de curar es la fermentación. Cuando el tabaco ha secado totalmente en los cujes se espera una oportunidad en que la humedad sea apropiada y entonces se amarran los cujes formando los matules, si es cortado en palo, o las gavillas, si es ensartado; así preparado el tabaco es llevado al pilón, donde permanece hasta que se traslada a la escogida. Durante la permanencia del tabaco en el pilón se efectúa la fermentación de la hoja, que se produce sin ninguna regla fija, pues sus modalidades dependen de las condiciones de cada cosecha. La escogida o selección se hace separando la capa de la tripa y subdividiendo estas dos clases en tiempos. La subdivisión, atendiendo al tiempo, se hace en tabaco ligero, seco, fino y maduro. Sirven estos tiempos para indicar también por el mismo orden el mayor o menor tiempo de tercio o almacén que necesita el tabaco para estar en condiciones de trabajarse.

La división en la Zona de Remedios se hace en ligero y calidad. Aquí el término *calidad* significa no las cualidades del tabaco, sino el cuerpo o jugo de la hoja.

Estas labores, que hemos enumerado sintéticamente, requieren una dedicación absoluta de parte de nuestros vegueros. Este, desde el momento que planta la postura hasta que conduce la rama a la casa de curar, pasa la mayor parte de su vida dentro de su vega, prodigándole, con celo y persistencia, cuidados infinitos. Hasta al sueño le roba horas, para pasarlas, con el frescor de la noche, a la luz de la luna, auxiliado por lámparas de aceite, cuidando de que los insectos nocturnos no causen daño al fruto de sus vigilias y esfuerzos.

El tabaco, que ha sido atendido con máximo esmero en las vegas, después de su curación en las casas especialmente preparadas para ello, es llevado a las escogidas, donde recibe la más escrupulosa selección a que puede ser sometido producto alguno.

En las escogidas, que, como antes hemos dicho, tienen distintas clasificaciones, según la zona de donde procede el tabaco, se efectúan principalmente, las siguientes labores: la "apartadura" o "escogida", que consiste en separar el tabaco, primero en capa y tripa, y después en grupos o clase, según las características y valor de la hoja; el "engavilleo", o sea, la reunión de hojas en gavillas; el "manojeo", que consiste en formar un manojo de cuatro gavillas; el "enterciado" o "enterceo", que consiste en formar el tercio, integrado por 80 manojos.

Los tercios de tabaco se envían a los almacenes, en los cuales su contenido sufre una nueva fermentación. Es usual que los dependientes de almacén cambien de posición los tercios en repetidas ocasiones, para que el proceso de fermentación se efectúe en las mejores condiciones. En estas formas, el tabaco se encuentra ya listo para la exportación o para el envío a las fábricas.

Después de tan laborioso proceso, de tan solícitos cuidados, nos encontramos ante la primera condición fundamental que debe reunir un *Habano,* esto es, que la materia prima que en él se emplee haya sido cosechada en Cuba.

Condiciones naturales

Todo el proceso industrial del tabaco se desarrolla en Cuba en una situación climática especial, donde no hay el menor asomo de artificialidad. Solamente es necesario en las fábricas situar cada departamento de trabajo en una orientación adecuada. La luz solar, la temperatura media, la humedad atmosférica, se manifiestan en Cuba como en estrecho vínculo con el tabaco, para perfeccionar su elaboración o complementar las bondades que adornan al mismo en su condición de fruto de un suelo privilegiado. Estos mismos factores: radiación solar, temperatura media, humedad atmosférica, composición del suelo y del subsuelo, en armónica combinación, son los que hacen que tabaco de las cualidades del habano, tanto en su aspecto agrícola como en el industrial, sólo pueda producirlo Cuba.

Podemos decir, pues, que el medio en que se desenvuelve la manufactura del tabaco en Cuba, influyendo decisiva y favorablemente en el producto, imprime a éste una *condición de origen* única e inimitable.

Selección de la materia prima

El tabaco, como antes hemos dicho, sufre el primer período de su curación en el pilón de las casas que, en las vegas, se destinan a este objeto. Esa curación se continúa en el tercio.

La industria tabacalera cubana emplea, solamente, las ramas que han sufrido un completo proceso de curación. Generalmente, aunque esto es muy variable, debido a las condiciones de cada cosecha, no se emplean nunca cosechas que tengan menos de tres años. Abiertos los tercios, se procede, en las fábricas de tabaco, a la operación que se llama "zafar el tabaco", para llevarlo a la "moja".

Después de mojado el tabaco, se efectúa la operación de "despalillarlo", llevada a cabo por mujeres de dedos ágiles y experimentados en esta labor. La capa se despalilla privándola totalmente de la vena central. A la tripa se le priva, aproximadamente, de las tres cuartas partes de esa vena. Despalillado el tabaco, va a las "parrillas", para eliminar la humedad, pasando después al "barril", cuando se ha comprobado que el grado de humedad contenido en las hojas es el adecuado. Se dice que estas operaciones se efectúan con la finalidad de darle "condición" al tabaco.

El período de permanencia del tabaco en las parrillas y en los barriles es muy variable, dependiendo del "tiempo" de las cosechas y la humedad de la atmósfera. En este estado es cuidadosamente observado por los técnicos de las fábricas, hasta que se encuentra en condiciones de ser enviado a las "galeras" para la confección de los habanos.

La selección que se inicia en el período de compras, se continúa a través de todas estas operaciones y la habremos de encontrar, nuevamente, al ocuparnos del proceso industrial. A la mesa del tabaquero se envían, solamente, las capas que ya han sido cuidadosamente escogidas, de conformidad con las reglas que mencionaremos al hablar del "rezagador". Los capotes y la tripa proceden también de ligas en las que se ha empleado solamente la mejor rama, de conformidad con los gustos de cada mercado. Las hojas deterioradas, recortes de las mismas, etc., no se emplean en los habanos. Sólo hojas sanas, al largo que cada vitola requiere, son las que toma el tabaquero para formar la tripa de este excelso producto.

Un tabaco que no haya sido hecho con tal cuidado, no puede merecer el calificativo de *Genuino Habano*.

Proceso industrial

Haremos una breve reseña de las principales labores que recibe el tabaco en la fábrica.

El "rezagador" es el encargado de hacer la selección de la capa ya despalillada.

Esta selección se hace atendiendo al tamaño, importancia y color de las vitolas. El color varía según los mercados a que se destina el producto, desde el claro pajizo, claro, claro de vida, colorado claro, colorado, colorado maduro, hasta el maduro.

El vitolario en general se clasifica: de "regalía" o excepcionalmente fino; "media regalía", o sea, el de cualidades intermedias; y las "vitolas", que se detallan a un precio más bajo que las de los dos grupos anteriores.

El operario rezagador requiere, para su preparación, un término de práctica o aprendizaje no menor de cinco años. Su tarea diaria alcanza un promedio de 4 millares de capas.

Este período de tiempo de preparación es indispensable, a causa de ser extraordinaria la gama de colores en las capas y variar estos colores, considerablemente, según la cosecha a que corresponde la rama.

El *"torcedor"*. "El poeta nace, no se hace" dice un refrán popular. Podemos decir igual del tabaquero cubano. Su habilidad extraordinaria no consiste solamente en la facilidad que tiene para dar hermosa apariencia a las distintas vitolas, desde las llamadas "parejas" hasta las "figuradas", sino también para la adecuada distribución de la tripa en el tabaco, que prepara de tal manera que jamás dificulta el curso del aire a través de la misma, para que se produzca un buen fumar.

A mediados del siglo pasado, para llevar a cabo el aprendizaje de tabaquero, se fijaban las condiciones mediante una escritura o contrato entre los padres o tutores de los aprendices y el industrial que los admitía en su fábrica. Transcurrido el término del aprendizaje—no menor de cuatro años— se enviaba al aprendiz a otro taller, donde se le ordenaba hacer cuatro o cinco "tareas", y si de esa prueba resultaba triunfante, se le entregaba su certificado, que lo habilitaba como operario.

En la actualidad, la Federación Tabacalera Nacional, de acuerdo con los industriales, ha establecido las reglas para la admisión de aprendices. Estos no pueden nunca exceder de 2% del número de operarios con que cuente cada fábrica. Los talleres de menos de 50 operarios no tienen derecho a mantener aprendices.

Durante el período de aprendizaje, bajo la mirada vigilante de los capataces, y el estímulo de los compañeros, se revela el futuro operario de regalías o se da cuenta el aprendiz de que no reúne condiciones para ese arte. Desde los primeros tiempos se manifiestan las aptitudes del tabaquero fino; por eso se dice que esas aptitudes son innatas.

El *"escogedor"*. Después que el tabaco torcido ha permanecido un tiempo prudencial en los "escaparates", es llevado a la "escogida". El escogedor de tabacos torcidos tiene por función escoger, amarrar y envasar los tabacos. Al escoger se tiene preferente cuidado en que los tabacos liguen del modo más perfecto posible, en cuanto a color y forma, en las diversas camadas que integran los envases. Esta selección se hace tan escrupulosamente, que la uniformidad de color y forma de los tabacos es casi absoluta.

Al seleccionar los colores del tabaco ya manufacturado, el operario escogedor los divide en catorce clases: siete secas, y siete manchadas, clasificadas cada una de ellas, en los colores fundamentales siguientes: encendido, claro encendido, colorado, colorado pajizo, pajizo, pajizo verde, y verde. La gama de colores se extiende desde el más claro hasta el más oscuro. Esta subdivisión de los colores hace que el operario extienda, sobre su mesa de trabajo, un mínimum de 70 grupos de clasificación, que, algunas veces, se aumenta a 90, 100 ó más grupos.

"Fileteado". Una vez colocado el tabaco en sus envases, que generalmente son de cedro—madera del País, que parece creada especialmente para contribuir a mantener en el tabaco habano su insuperable aroma—se pasa al departamento de fileteado, donde esos envases se visten con bellísimas habilitaciones litografiadas.

Las habilitaciones que se emplean en un cajón, son: la "vista", el "bocetón" o "bofetón", la "papeleta", el "tapaclavos", y el "filete" propiamente dicho. En el interior de cada cajón de habanos se coloca una tirilla, en la cual se lee en español, inglés, francés y alemán: "Tabacos habanos genuinos. Vea el sello de garantía del Gobierno de Cuba en el exterior de este envase".

Una labor intermedia en el fileteado es el "anillado", que consiste en colocar, a cada tabaco, un cintillo de papel litografiado, donde se menciona la marca y la vitola a que pertenece. Son mujeres las que efectúan esta labor del anillado.

Cada una de estas delicadas labores a que se somete el tabaco habano en las fábricas, le imprime un sello especial, que contribuye, en el conjunto, a la constitución de una de las características del tabaco habano: *la elaboración enteramente a mano.*

Garantía oficial

El 16 de julio de 1912, votó el Congreso y sancionó el Presidente de la República de Cuba la Ley estableciendo un Sello de Garantía de Procedencia Nacional, para los envases de tabacos, cigarros y picaduras que se destinen a la exportación.

Las prescripciones de la citada Ley y del Reglamento de 9 de octubre de 1912, dictado para su ejecución, no pueden ser burladas. Por lo tanto, todo envase de tabacos, cigarros o picaduras, que se presente en el mercado extranjero como habano y carezca del referido sello, debe ser considerado apócrifo o falsificado.

Por Decreto No. 2,853, de fecha 13 de octubre de 1936, se dispuso que la Comisión Nacional de Propaganda y Defensa del Tabaco Habano expidiese certificado de origen, tanto para la rama como para el producto manufacturado, en todos aquellos casos en que dichos certificados fuesen solicitados por los exportadores de esos productos.

Definiciones de las palabras Habana y Habano

Diversas difiniciones se han hecho de las palabras "Habana" y "Habanos" en lo que al tabaco se refiere. Vamos a reproducir seguidamente las que juzgamos más interesantes:

La Enciclopedia Británica, 11ª Edición, en el Tomo 26, pág. 1,040, dice:

"Los tabacos de la Habana son tomados como tipo o modelo por todos los fabricantes de tabacos de todas las denominaciones o clases, teniendo en cuenta sus formas o vitolas, clasificaciones, métodos de elaboración y manera de presentarlos y nomenclatura. Se denominan "legítimos" únicamente a los hechos o elaborados en la Isla de Cuba, y se clasifican como *Havanas* aquellos que, elaborados en Europa o en cualquier parte, son hechos con tabaco genuinamente cubano."

La misma obra, en la página 1,038 del mismo Tomo, expone:

"Desde hace mucho tiempo está reconocida la superioridad del tabaco cubano, en cuanto a sabor y aroma se refiere; pero no se ha llegado aún a determinar exactamente a qué se debe y qué condiciones son las que producen esta calidad. La hoja conocida como Vuelta Abajo, que se cosecha en la Provincia de Pinar del Río, es quizás la mejor hoja de tabaco del mundo."

En la Enciclopedia Americana, Tomo 6º, Edición de 1929, pág. 674, se lee:

"Su clima húmedo, la característica de su suelo, y las cualidades peculiares preservativas de su tierra, hacen de Cuba el lugar adecuado para llamarlo el hogar del perfecto tabaco. En la Provincia de Pinar del Río, la parte más occidental de la Isla, es donde se cosecha el tabaco de mejor calidad, en unos terrenos comprendidos en una docena de valles, siendo los más importantes los enclavados en el distrito de Vuelta Abajo. En esta parte de la isla el suelo es de origen volcánico. Tiene la tierra un color achocolatado y su formación denota grandes profundidades. Estos campos o fincas son objeto de año en año de una fertilización científica y cuidadosa, para conservar en una proporción adecuada los ingredientes químicos necesarios para producir el tabaco de mejor calidad. Acertadamente se ha dicho que la elaboración del "puro" o tabaco comienza con el cultivo de la hoja. El sabor del tabaco depende esencialmente de la recogida de la cosecha en la oportunidad precisa. El tabaco de la Habana—Havana Tobacco—tiene un color parejo y uniforme, de un tono carmelita oscuro, exento de manchas o lunares. El tabaco de la más alta calidad llega a alcanzar un precio de $20.00 la libra. La suprema calidad de los habanos no depende enteramente de la bondad del tabaco usado, sino que se hace también a la pericia del fabricante cubano que sabe combinar la liga capaz de producir el más exquisito sabor."

De la obra de Carl Werner titulada "Textbook on Tobacco", página 32, se transcribe lo siguiente:

"Havana Tobacco. El tabaco habano, nombre con que se designa a todo el que se cosecha en la Isla de Cuba, posee ciertas cualidades peculiares que hacen de él la mejor hoja del mundo para la elaboración de tabacos. La mejor clase del tabaco cubano viene o se cosecha en su gran mayoría de la sección o distrito conocido por Vuelta Abajo, aunque algunas otras selectas variedades o clases de fina calidad se cultivan en las secciones llamadas Partidos."

La Enciclopedia Americana, en el Tomo 6º, Edición de 1929, pág. 661, dice:

"En una pequeña extensión o área de terreno de Cuba, enclavada en la Provincia de Pinar del Río, vecindad de San Juan y Martínez, se cultiva el mejor tabaco del mundo, siendo notorio su exquisito y extraordinario aroma."

Arthur Edmund Tanner, en su libro "Tobacco from the Grower to the Smoker", dice en la página 60:

"La mejor calidad de tabaco para la elaboración de "puros" se cultiva en el distrito de Vuelta Abajo, en Cuba, no muy distante de la ciudad de la Habana; y los tabacos hechos con esta clase de hoja siempre han alcanzado el más alto precio cotizable en los mercados."

Morton R. Edwin, en las páginas 12 y 13 de su obra "Half a Century of Tobacco", dice:

"Aunque el cultivo del tabaco ha hecho grandes avances en todos los países, permitiendo y estimulando el desarrollo de una nueva industria, la Isla de Cuba se ha mantenido como productora del mejor tabaco del mundo."

"Hasta el presente no puede discutirse que el tabaco de Cuba es el aristócrata de su clase. Para los fumadores de puros en todo el mundo hay algo de magia, de encanto especial unido a las palabras Cuba y Habana, cuando éstas se asocian a la idea de un buen tabaco."

La Enciclopedia Británica, Tomo XXIII, página 426, señala:

"Havana".—Una clase de tabaco que toma su nombre por su procedencia de la Capital de Cuba, donde hay una gran industria de fabricación de tabacos. Los tabacos habanos (Havana Cigars), son tales únicamente cuando se hacen en la Isla; y a los elaborados en Europa o en cualquier otra parte, con tabaco genuinamente cubano, se les clasifica como *Havanas.*"

El Secretario de la "Cigar Manufacturers Association", de Tampa, Florida, señor Francis M. Sack, expuso:

"Que la palabra "Havana" significa para él únicamente tabaco procedente de la Isla de Cuba. Basándose en el conocimiento que tiene del tabaco en rama de Cuba, de su aroma, de su paladar, de su arder, es en su opinión superior a todos los demás tabacos que se cosechan o cultivan en cualquier otra parte del mundo."

José R. Colmenares, Superintendente de fabricación de Cuesta, Rey y Cía.:

"La palabra "Habana" significa un tabaco de superior calidad. Para la industria y el comercio de este giro ella indica que el tabaco así denominado está hecho enteramente con rama de Cuba."

William A. Hollingsworth, detallista de tabacos de New York y Presidente de la "Retail Tobacco Dealers of America" durante los últimos cinco años, declaró:

"Tanto el comerciante al por menor como el consumidor entienden que cuando en un producto tabacalero se emplea la denominación "Havana", o cualquiera de las varias frases relacionadas con esa palabra, se indica que dicho producto, bien en su totalidad o bien en su mayor parte, está elaborado con tabaco habano. El Consumidor toma tales etiquetas o rótulos como indicación de que el producto está hecho con tabaco habano. Es generalmente admitido y reconocido, tanto por el consumidor como por el comerciante del ramo, que el mejor tabaco para la elaboración del torcido se cosecha en la Isla de Cuba. La tripa de tabaco cubano está considerada como la mejor para dicha elaboración. Por regla general el tabaco cubano tiene un magnífico arder. La mayor proporción del tabaco cosechado en Cuba es de calidad superior y excelente combustibilidad. La persona que manifiesta que la mayor parte del tabaco cubano es fuerte, áspero, de mediocre o pobre calidad, no tiene en absoluto conocimiento alguno ni entiende nada de lo que es tabaco habano. Es creencia general de la mayoría de los fumadores en los Estados Unidos, que los tabacos que fuman están hechos enteramente, o en su mayor parte, con tabaco habano."

C. A. Dickinson, comprador y seleccionador de la "American Tobacco Co.", de New York, dice:

"La Compañía estima que el tabaco habano es el más aromático de cuantos se usan en la elaboración de tabacos, y que para la mayoría de los fumadores este tabaco cubano tiene un agradabilísimo sabor o paladar. La mayoría del público coloca en primer lugar el tabaco de la Habana. También está considerado como el mejor para la liga en la manufactura de las más finas vitolas. En cuanto a que sólo una parte del tabaco producido en Cuba es de calidad superior, suave, y de buen arder, este testigo afirma que todo es tan bueno o mejor que cualquiera de las otras clases de tabaco conocidas. El tabaco cubano es, con mucho, el mejor material para usar en las ligas o mezclas. Es la sal y pimienta, el condimento de toda la fabricación de tabacos. Cuando se le da a cualquiera un tabaco de Cuba, experimenta la sensación de que le han dado un magnífico tabaco.''

Percival R. Lowe, conocido como Experto de Tabaco en Rama, establecido en el No. 155 de Water Street, New York, dice:

"El tabaco cubano, considerado como tripa, finalidad de la mayoría del tabaco que se cosecha, es superior a cualquier otra clase de tabaco del mundo. Esta superioridad característica es lo que lo hace tan deseado para emplearlo solo o en las ligas.''

D. Emil Klein, fabricante de tabacos durante 25 años, de la ciudad de New York, que reside en el número 444 de la calle 91, Este, expuso:

"Que ha hecho un estudio de los diferentes tipos de tabaco cubano. En su opinión la mejor hoja de tabaco es la que se cosecha en Cuba. Una de las principales características del tabaco habano es su exquisito aroma. Su calidad es muy superior a la de cualquier otro para la fabricación de tabacos. Esto es cierto en todas las clases de tabacos habanos. Ha podido advertir que en el proceso industrial produce una gran ventaja agregar o ligar algún tabaco cubano con los de otra procedencia; ha llegado a la conclusión de que la única finalidad que persiguen todos los fabricantes de los Estados Unidos cuando usan el tabaco habano, es la de dar aroma al producto que elaboran y mejorarlo en todos sentidos.''

Albert H. Gregg, Presidente de la "American Cigarette and Cigar Company", de New York, Quinta Avenida No. 111, una indiscutible autoridad en asuntos tabacaleros, afirma que el uso del tabaco habano en la elaboración de tabacos puede considerarse como barómetro de las condiciones económicas en los Estados Unidos; cuando los tiempos son prósperos se fuman más tabacos habanos, se usa más ampliamente la rama de Cuba; cuando, por el contrario, las condiciones financieras son adversas, los fumadores desvían hacia los tabacos inferiores en calidad y de más bajo precio. Al hablar del empleo de la rama de Cuba en la manufactura de tabacos dice:

"Pues bien, los tabacos habanos a causa del costo de la materia prima y de los altos derechos arancelarios que pagan, tienen que ser vendidos en los Estados Unidos a un precio que fluctúa de tres a diez o doce veces el de los hechos con rama doméstica. Ello no obstante, han conservado aquí un mercado estable y firme a través de los años. Las personas que están en posición de comprar tabacos habanos no compran más que éstos; y, por otra parte, los fabricantes de tabacos domésticos usan—siempre que pueden—determinada cantidad de tabaco para ligarlo con el doméstico a fin de mejorar el sabor y el aroma de su producto y conseguir mayor demanda y aceptación para el mismo. Todo ello es cierto a tal extremo que el tabaco habano es generalmente conocido, tanto por la industria como por los consumidores, como el producto de calidad en la fabricación de tabacos; y consecuencia de ello es la atención especialísima que concede a la palabra "Habana" en su publicidad todo manufacturero de tabacos domésticos que usa rama de Cuba en cualquier proporción; y concediéndole igual importancia en la presentación del producto, cuando no en su misma composición.''

Habanos.—Marca para distinguir tabacos torcidos, registrada a nombre de los señores Fernández, Palicio y Cía., S. en C., de Máximo Gómez No. 51, Habana, Cuba.

Habanos 1834.—Marca para distinguir tabacos torcidos, registrada a nombre de Por Larrañaga, Fábrica de Tabacos, S. A., de Carlos III No. 713, Habana Cuba.

Habilitación.—Conjunto de piezas litografiadas que se usan para empapelar el cajón de tabacos.

Hamilton Club.—Marca para distinguir tabacos torcidos, registrada a nombre de la Tabacalera Cubana, S. A., de Agramonte No. 106, Habana, Cuba.

Hamlet.—Marca para distinguir tabacos torcidos. registrada a nombre de la firma Castañeda-Montero-Fonseca, S. A., de Galiano No. 466, Habana, Cuba.

Havanensis.—Variedad de tabaco seleccionada por la Estación Experimental Agronómica de Santiago de las Vegas y que, según sus seleccionadores, es o se acerca mucho al tipo de tabaco que encontraron en Cuba los descubridores. Por eso lo denominan algunos, tabaco criollo.

H. de Cabañas y Carbajal.—Marca para distinguir cigarrillos, registrada a nombre de la Tabacalera Cubana, S. A., de Agramonte No. 106, Habana, Cuba.

H. de Cabañas y Carbajal.—Marca para distinguir tabacos torcidos, registrada a nombre de la Tabacalera Cubana, S. A., de Agramonte No. 106, Habana, Cuba.

Hembra.—En la Zona de Partido se llama así a la hoja delgada, de venas muy finas o tenues. Estas hojas tienen un tamaño mediano, y producen capas limpias.

Henry Clay.—Marca para distinguir cigarrillos, registrada a nombre de la Tabacalera Cubana, S. A., de Agramonte No. 106, Habana, Cuba.

Hierro.—A los distintos pases de arado que se les da a las tierras de cultivo se les denomina hierros. También se llama hierro a la marca que colocan los fabricantes en la parte superior de los envases.

His Majesty.—Marca para distinguir tabacos torcidos, registrada a nombre de Romeo y Julieta, Fábrica de Tabacos, S. A., de Padre Varela No. 152, Habana, Cuba.

Hit.—Marca para distinguir cigarrillos, registrada a nombre de la Tabacalera Cubana, S. A., de Princesa No. 202, Luyanó, Habana, Cuba.

Hoja de semilla.—Una vez cortada la cosecha brota en la planta su primer retoño, el que, cuando alcanza ciertas dimensiones, se llama "capadura". Después de cortada la "capadura", vuelve a retoñar la planta, produciendo un retoño cuyas hojas son pequeñas y de cualidades defectuosas. Por ese motivo los vegueros abandonan su recolección, que verifican generalmente sus familiares o empleados, quienes las ponen a la venta sin someterlas a los procedimientos usuales en la recolección y cura de las cosechas. En algunos casos, cuando el tiempo se muestra favorable, algunos vegueros recolectan la "hoja de semilla", que manejan y tratan como si fuese la clase denominada "cola"; es decir, con el esmero y cuidado que requiere el total de la cosecha. La venta de la "Hoja de Semilla" es considerada ilegal o fraudulenta, cuando esta clase no ha recibido la atención de la cosecha principal.

Consúltese el inciso 23 del Art. 578 del Capítulo VIII del Libro Tercero. Contravenciones Administrativas, del Código de Defensa Social, el Decreto 183 de 6 de febrero de 1930, el Decreto-Ley 447 de 9 de diciembre de 1935 y el Decreto-Ley No. 102 de 22 de enero de 1936.

Hoja ligera (H. L.)—En la Zona de Partido son hojas ligeras, residuos o desechos de la escogida, que no se abren. Se usan para picadura.

Hoja pesada (H. C.)—Hojas pesadas son en la Zona de Partido, los residuos de la escogida. Se destinan a picadura.

Hojas de pie.—(Véase libra de pie.)

Horro.—Se da este nombre al tabaco que arde con dificultad. Los tabacos cultivados en terrenos inadecuados, "cansados", o a los que se han aplicado abonos impropios, presentan generalmente este defecto.

Hoyo de Monterrey.—Marca para distinguir tabacos torcidos, registrada a nombre de los señores Fernández, Palicio y Cía., de Máximo Gómez No. 51, Habana, Cuba.

Hoyo de Monterrey.—Marca para distinguir cigarrillos, registrada a nombre de los señores Herederos de José Gener, de Máximo Gómez No. 51, Habana Cuba.

Humo de Oro.—Marca para distinguir cigarrillos, registrada a nombre de Trinidad Industrial, S. A., de Santo Domingo No. 55½, Trinidad, Santa Clara, Cuba.

H. Upmann.—Marca para distinguir tabacos torcidos, registrada a nombre de los señores Menéndez, García y Cía. Ltda., de Virtudes No. 609, Habana, Cuba.

I

Irse al botón.—Cuando la mata de tabaco echa el botón y se va hacia arriba, se dice que se ha ido al botón. Algunos vegueros de Vuelta Abajo desbotonan la mata en esta oportunidad, con el objeto, según dicen, de coger más secos y volados.

J

J. Montero y Cía.—Marca para distinguir tabacos torcidos, registrada a nombre de Castañeda-Montero-Fonseca, S. A., de Galiano No. 466, Habana, Cuba.

José Domingo.—Marca para distinguir tabacos torcidos, registrada a nombre de la Tabacalera Cubana, S. A., de Agramonte No. 106, Habana, Cuba.

José Jiménez Pérez.—Marca para distinguir tabacos torcidos, registrada a nombre de The Fernández-Havana Cigar Co., de Martí No. 64, Guanabacoa, Habana, Cuba.

José L. Piedra.—Marca para distinguir cigarrillos, registrada a nombre del señor José L. Piedra, de Avenida Simón Bolívar No. 404, Habana, Cuba.

José L. Piedra.—Marca para distinguir tabacos torcidos, registrada a nombre del señor José L. Piedra, de Avenida Simón Bolívar No. 404, Habana, Cuba.

Jorro.—(Véase horro.)

Joya de San Luis.—Marca para distinguir tabacos torcidos, registrada a nombre de la Tabacalera Cubana, S. A., de Agramonte No. 106, Habana, Cuba.

J. S. Murias.—Marca para distinguir cigarrillos, registrada a nombre de la Tabacalera Cubana, S. A., de Princesa No. 202, Luyanó, Habana, Cuba.

Junquitos.—Marca para distinguir cigarrillos, registrada a nombre de Compañía Agrícola e Industrial Camagüey, S. A., de Enrique José No. 1, Camagüey, Cuba.

Justicia al Mérito.—Marca para distinguir tabacos torcidos, registrada a nombre de la Tabacalera Cubana, S. A., de Agramonte No. 106, Habana, Cuba.

K

Katherine & Petruchio.—Marca para distinguir tabacos torcidos, registrada a nombre de la Tabacalera Cubana, S. A., de Agramonte No. 106, Habana, Cuba.

King of Havana.—Marca para distinguir tabacos torcidos, registrada a nombre de los señores Martínez y Cía., de Real No. 200, Marianao, Habana, Cuba.

Konuko.—Marca para distinguir tabacos torcidos, registrada a nombre de los señores Daniel Blanco y Cía., de San Miguel No. 463, Habana, Cuba.

L

La Africana.—Marca para distinguir tabacos torcidos, registrada a nombre de la Tabacalera Cubana, S. A., de Agramonte No. 106, Habana, Cuba.

La Alhambra.—Marca para distinguir tabacos torcidos, registrada a nombre de la Tabacalera Cubana, S. A., de Agramonte No. 106, Habana, Cuba.

La Antigüedad.—Marca para distinguir tabacos torcidos, registrada a nombre de la Tabacalera Cubana, S. A., de Agramonte No. 106, Habana, Cuba.

La Aristocrática.—Marca para distinguir tabacos torcidos, registrada a nombre de la Tabacalera Cubana, S. A., de Agramonte No. 106, Habana, Cuba.

La Atlanta.—Marca para distinguir tabacos torcidos, registrada a nombre de Por Larrañaga, Fábrica de Tabacos, S. A., de Carlos III No. 713, Habana, Cuba.

La Bayadera.—Marca para distinguir tabacos torcidos, registrada a nombre de Compañía Industrial Tabacalera, S. A., de Cuba No. 801, Habana, Cuba.

La Bonita.—Marca para distinguir tabacos torcidos, registrada a nombre de The Fernández-Havana Cigar Co., de Martí No. 64, Guanabacoa, Habana, Cuba.

La Cachimba.—Marca para distinguir tabacos torcidos, registrada a nombre de los señores Oliver y Hno., de Segunda del Sur y Martí, Placetas, Santa Clara, Cuba.

La California.—Marca para distinguir tabacos torcidos, registrada a nombre de la Tabacalera Cubana, S. A., de Agramonte No. 106, Habana, Cuba.

La Capitana.—Marca para distinguir tabacos torcidos, registrada a nombre de la Tabacalera Cubana, S. A., de Agramonte No. 106, Habana, Cuba.

La Capitana.—Marca para distinguir cigarrillos, registrada a nombre de Villaamil, Santalla y Cía., de Campanario No. 1,002, Habana, Cuba.

La Carolina.—Marca para distinguir cigarrillos, registrada a nombre de la Tabacalera Cubana, S. A., de Agramonte No. 106, Habana, Cuba.

La Carolina.—Marca para distinguir tabacos torcidos, registrada a nombre de la Tabacalera Cubana, S. A., de Agramonte No. 106, Habana, Cuba.

La Comercial.—Marca para distinguir tabacos torcidos, registrada a nombre de la Tabacalera Cubana, S. A., de Agramonte No. 106, Habana, Cuba.

La Competidora Gaditana.—Marca para distinguir cigarrillos, registrada a nombre de los señores Martín Dosal y Cía., de Padre Varela No. 808, Habana, Cuba.

La Confederación Suiza.—Marca para distinguir tabacos torcidos, registrada a nombre de Rey del Mundo Cigar Co., de Padre Varela No. 852, Habana, Cuba.

La Cordialidad.—Marca para distinguir tabacos torcidos, registrada a nombre del señor Manuel Fernández Argudín, de Norte No. 25, Marianao, Habana, Cuba.

La Corona.—Marca para distinguir cigarrillos, registrada a nombre de la Tabacalera Cubana, S. A., de Princesa No. 202, Luyanó, Habana, Cuba.

La Corona.—Marca para distinguir tabacos torcidos, registrada a nombre de la Tabacalera Cubana, S. A., de Agramonte No. 106, Habana, Cuba.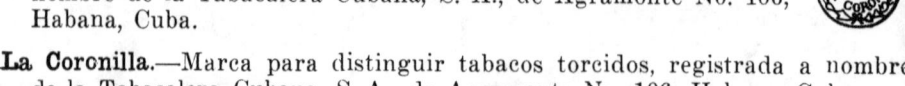

La Coronilla.—Marca para distinguir tabacos torcidos, registrada a nombre de la Tabacalera Cubana, S. A., de Agramonte No. 106, Habana, Cuba.

La Crema de Cuba.—Marca para distinguir tabacos torcidos, registrada a nombre de la Tabacalera Cubana, S. A., de Agramonte No. 106, Habana, Cuba.

La Cuña.—Marca para distinguir cigarrillos, registrada a nombre de los señores Domingo Méndez e Hijos, de Cárdenas y Gloria, Habana, Cuba.

La Democracia.—Marca para distinguir tabacos torcidos, registrada a nombre de The Fernández-Havana Cigar Co., de Martí No. 64, Guanabacoa, Habana, Cuba.

La Devesa de Murias.—Marca para distinguir tabacos torcidos, registrada a nombre de los señores Martínez y Cía., de Real No. 200, Marianao, Habana, Cuba.

La Diosa.—Marca para distinguir tabacos torcidos, registrada a nombre del señor Rogelio Cuervo Aguirre, de E. Barnet No. 318, Habana, Cuba.

La Dulzura.—Marca para distinguir tabacos torcidos, registrada a nombre de Andrés Rodríguez, de Ajiconal, Barrio Paso Viejo, Pinar del Río, Cuba.

La Eminencia.—Marca para distinguir tabacos torcidos, registrada a nombre de los señores Cifuentes, Pego y Cía., de Industria No. 520, Habana, Cuba.

La Emperatriz de la India.—Marca para distinguir tabacos torcidos, registrada a nombre de los señores Fernández, Palicio y Cía., S. en C., de Máximo Gómez No. 51, Habana, Cuba.

La Escepción.—Marca para distinguir cigarrillos, registrada a nombre de Herederos de José Gener, de Máximo Gómez No. 51, Habana, Cuba.

La Escepción.—Marca para distinguir tabacos torcidos, registrada a nombre de los señores Fernández, Palicio y Cía., S. en C., de Máximo Gómez No. 51, Habana, Cuba.

La Española.—Marca para distinguir cigarrillos, registrada a nombre de la Tabacalera Cubana, S. A., de Agramonte No. 106, Habana, Cuba.

La Española.—Marca para distinguir tabacos torcidos, registrada a nombre de la Tabacalera Cubana, S. A., de Agramonte No. 106, Habana, Cuba.

La Estella.—Marca para distinguir cigarrillos, registrada a nombre de la Tabacalera Cubana, S. A., de Agramonte No. 106, Habana, Cuba.

La Exportadora.—Marca para distinguir tabacos torcidos, registrada a nombre de Roberts and Co., de Neptuno No. 167, Habana, Cuba.

La Feriada.—Marca para distinguir tabacos torcidos, registrada a nombre de los señores Martínez y Cía., de Real No. 200, Marianao, Habana, Cuba.

La Flor de A. López.—Marca para distinguir tabacos torcidos, registrada a nombre de la Tabacalera Cubana, S. A., de Agramonte No. 106, Habana, Cuba.

La Flor de Alvarez.—Marca para distinguir tabacos torcidos, registrada a nombre de Por Larrañaga, Fábrica de Tabacos, S. A., de Carlos III No. 713, Habana, Cuba.

La Flor de Allones.—Marca para distinguir tabacos torcidos, registrada a nombre del Rey del Mundo Cigar Co., de Padre Varela No. 852, Habana, Cuba.

La Flor de Cano.—Marca para distinguir tabacos torcidos, registrada a nombre del señor Juan Cano Saínz, de Manrique No. 615, Habana, Cuba.

La Flor de Cuba.—Marca para distinguir cigarrillos, registrada a nombre de la Tabacalera Cubana, S. A., de Princesa No. 202, Luyanó, Habana, Cuba.

La Flor de Cuba.—Marca para distinguir tabacos torcidos, registrada a nombre de la Tabacalera Cubana, S. A., de Agramonte No. 106, Habana, Cuba.

La Flor de Dascall.—Marca para distinguir tabacos torcidos, registrada a nombre de los señores Martínez y Cía., de Real No. 200, Marianao, Habana, Cuba.

La Flor de Henry Clay.—Marca para distinguir cigarrillos, registrada a nombre de la Tabacalera Cubana, S. A., de Princesa No. 202, Luyanó, Habana, Cuba.

La Flor de Henry Clay.—Marca para distinguir tabacos torcidos, registrada a nombre de la Tabacalera Cubana, S. A., de Agramonte No. 106, Habana, Cuba.

La Flor de J. A. Bances.—Marca para distinguir tabacos torcidos, registrada a nombre de los señores Cifuentes, Pego y Cía., de Industria No. 520, Habana, Cuba.

La Flor de Juan Chao.—Marca para distinguir tabacos torcidos, registrada a nombre de la Tabacalera Cubana, S. A., de Agramonte No. 106, Habana, Cuba.

La Flor de Lis.—Marca para distinguir tabacos torcidos, registrada a nombre del señor Desiderio M. Camacho, de Reparto Camacho sin número, Santa Clara, Cuba.

La Flor de Murias.—Marca para distinguir cigarrillos, registrada a nombre de la Tabacalera Cubana, S. A., de Princesa No. 202, Luyanó, Habana, Cuba.

La Flor de Murias.—Marca para distinguir tabacos torcidos, registrada a nombre de la Tabacalera Cubana, S. A., de Agramonte No. 106, Habana, Cuba.

La Flor de Naves.—Marca para distinguir tabacos torcidos, registrada a nombre de la Tabacalera Cubana, S. A., de Agramonte No. 106, Habana, Cuba.

La Flor de Pedro Miró y Cía.—Marca para distinguir tabacos torcidos, registrada a nombre de los señores Martínez y Cía., de Real No. 200, Marianao, Habana, Cuba.

La Flor de Inclán.—Marca para distinguir cigarrillos, registrada a nombre de la Tabacalera Cubana, S. A., de Princesa No. 202, Luyanó, Habana, Cuba.

La Flor de Inclán.—Marca para distinguir tabacos torcidos, registrada a nombre de la Tabacalera Cubana, S. A., de Agramonte No. 106, Habana, Cuba.

La Flor de Zavo.—Marca para distinguir tabacos torcidos, registrada a nombre de los señores Martínez y Cía., de Real No. 200, Marianao, Habana, Cuba.

La Gloria.—Marca para distinguir cigarrillos, registrada a nombre de los señores Martín Dosal y Cía., de Padre Varela No. 808, Habana, Cuba.

La Gloria.—Marca para distinguir tabacos torcidos, registrada a nombre de Por Larrañaga, Fábrica de Tabacos, S. A., de Carlos III No. 713, Habana, Cuba.

La Gloria Cubana.—Marca para distinguir tabacos torcidos, registrada a nombre de los señores J. F. Rocha y Cía., S. en C., de San Miguel No. 364, Habana, Cuba.

La Gloria de Inglaterra.—Marca para distinguir tabacos torcidos, registrada a nombre de los señores Fernández, Palicio y Cía., S. en C., de Máximo Gómez No. 51, Habana, Cuba.

La Glorieta Cubana.—Marca para distinguir tabacos torcidos, registrada a nombre de los señores J. F. Rocha y Cía., S. en C., de San Miguel No. 364, Habana, Cuba.

La Hidalguía.—Marca para distinguir cigarrillos, registrada a nombre de la Tabacalera Cubana, S. A., de Princesa No. 202, Luyanó, Habana, Cuba.

La Honradez.—Marca para distinguir cigarrillos, registrada a nombre de la Tabacalera Cubana, S. A., de Princesa No. 202, Luyanó, Habana, Cuba.

La Iberia.—Marca para distinguir tabacos torcidos, registrada a nombre de los señores Fernández, Palicio y Cía., S. en C.. de Máximo Gómez No. 51, Habana, Cuba.

La Igualdad.—Marca para distinguir tabacos torcidos, registrada a nombre de los señores C. del Peso y Cía., de San Ignacio No. 314, Habana, Cuba.

La Imperiosa.—Marca para distinguir tabacos torcidos, registrada a nombre de los señores Martínez y Cía., de Real No. 200, Marianao, Habana, Cuba.

La Indiferencia.—Marca para distinguir tabacos torcidos, registrada a nombre de la Tabacalera Cubana, S. A., de Agramonte No. 106, Habana, Cuba.

La Inmejorable.—Marca para distinguir tabacos torcidos, registrada a nombre de los señores Cifuentes, Pego y Cía., de Industria No. 520, Habana, Cuba.

La Insuperable.—Marca para distinguir tabacos torcidos, registrada a nombre de los señores Cifuentes, Pego y Cía., de Industria No. 520, Habana, Cuba.

La Intimidad.—Marca para distinguir tabacos torcidos, registrada a nombre de los señores Cifuentes, Pego y Cía., de Industria No. 520, Habana, Cuba.

La Lealtad.—Marca para distinguir tabacos torcidos, registrada a nombre de los señores Cifuentes, Pego y Cía., de Industria No. 520, Habana, Cuba.

La Legitimidad.—Marca para distinguir tabacos torcidos, registrada a nombre de Por Larrañaga, Fábrica de Tabacos, S. A., de Carlos III No. 713, Habana, Cuba.

La Legitimidad.—Marca para distinguir cigarrillos, registrada a nombre de la Tabacalera Cubana, S. A., de Princesa No. 202, Luyanó, Habana, Cuba.

La Loma.—Marca para distinguir tabacos torcidos, registrada a nombre de los señores Zamora y Guerra, de Máximo Gómez No. 810, altos, Habana, Cuba.

La Mar.—Marca para distinguir tabacos torcidos, registrada a nombre de Romeo y Julieta, Fábrica de Tabacos, S. A., de Padre Varela No. 152, Habana Cuba.

La Meridiana.—Marca para distinguir cigarrillos, registrada a nombre de la Tabacalera Cubana, S. A., de Princesa No. 202, Luyanó, Habana, Cuba.

La Meridiana.—Marca para distinguir tabacos torcidos, registrada a nombre de la Tabacalera Cubana, S. A., de Agramonte No. 106, Habana, Cuba.

La Moda.—Marca para distinguir cigarrillos, registrada a nombre de los señores Villaamil, Santalla y Cía., de Campanario No. 1.002, Habana, Cuba.

La Nacional.—Marca para distinguir tabacos torcidos, registrada a nombre de la firma F. Solaún, S. A., de Figuras No. 106, Habana, Cuba.

La Navarra.—Marca para distinguir tabacos torcidos, registrada a nombre de los señores J. F. Rocha y Cía., S. en C., de San Miguel No. 364, Habana, Cuba.

La Noble Habana.—Marca para distinguir tabacos torcidos, registrada a nombre de los señores Zamora y Guerra, de Máximo Gómez No. 810, altos, Habana, Cuba.

Lansdown.—Marca para distinguir tabacos torcidos, registrada a nombre de los señores Zamora y Guerra, de Máximo Gómez No. 810, altos, Habana, Cuba.

La Nueva Era.—Marca para distinguir cigarrillos, registrada a nombre del señor Antonio Mauri Urquiola, de Calle de la Boca, Trinidad, Santa Clara, Cuba.

La Opulencia.—Marca para distinguir tabacos torcidos, registrada a nombre de la Tabacalera Cubana, S. A., de Agramonte No. 106, Habana, Cuba.

La Paz de China.—Marca para distinguir tabacos torcidos, registrada a nombre de la Tabacalera Cubana, S. A., de Agramonte No. 106, Habana, Cuba.

La Perfección.—Marca para distinguir tabacos torcidos, registrada a nombre de la Tabacalera Cubana, S. A., de Agramonte No. 106, Habana, Cuba.

La Perla de Cuba.—Marca para distinguir tabacos torcidos, registrada a nombre de la Tabacalera Cubana, S. A., de Agramonte No. 106, Habana, Cuba.

La Petenera.—Marca para distinguir tabacos torcidos, registrada a nombre de los señores J. F. Rocha y Cía., S. en C., de San Migual No. 364, Habana, Cuba.

La Primadora.—Marca para distinguir tabacos torcidos, registrada a nombre de los señores Rodríguez, Montero y Cía., de Encarnación No. 163, Santos Suárez, Habana, Cuba.

La Princesa de Gales.—Marca para distinguir tabacos torcidos, registrada a nombre de la Tabacalera Cubana. S. A., de Agramonte No. 106, Habana, Cuba.

La Prominente.—Marca para distinguir tabacos torcidos, registrada a nombre de la Tabacalera Cubana, S. A., de Agramonte No. 106, Habana, Cuba.

La Prosperidad.—Marca para distinguir tabacos torcidos, registrada a nombre de la Tabacalera Cubana, S. A., de Agramonte No. 106, Habana, Cuba.

La Prueba.—Marca para distinguir tabacos torcidos, registrada a nombre de los señores B. Menéndez y Hno., de Habana No. 906, Habana, Cuba.

La Radiante.—Marca para distinguir tabacos torcidos, registrada a nombre de los señores Eduardo Suárez Murias y Cía., de Luz No. 3, Arroyo Naranjo, Habana, Cuba.

La Ranesa.—Marca para distinguir tabacos torcidos, registrada a nombre de los señores Martínez y Cía., de Real No. 200, Marianao, Habana, Cuba.

La Reina del Oriente.—Marca para distinguir tabacos torcidos, registrada a nombre de la Tabacalera Cubana, S. A., de Agramonte No. 106, Habana, Cuba.

La Reserva.—Marca para distinguir tabacos torcidos, registrada a nombre de la Tabacalera Cubana, S. A., de Agramonte No. 106, Habana, Cuba.

Largo.—Tipo de cigarrillo de la misma circunferencia, pero mayor que el superfino.

Largueros.—Costados del frente y del fondo del cajón o envase de tabacos. En el larguero del fondo de los envases de habanos que se exportan de Cuba se lee un letrero que en varios idiomas dice:

> Genuine imported Havana Cigars. See outside this box the guarantee seal of the Cuban Government.

> Tabacos habanos genuinos. Vea el sello de garantía del Gobierno de Cuba en el exterior de este envase.

> Cigares lègitimes de la Havane. Voyez que la bande de garantie du Gouvernemen Cubain se trouve a l'extèriur de cette boite.

> Echte Havana cigarren vergewissern sie sich dass das siegel der Kubanischen Regierung sich auf dieser kiste befindet.

La Rica Hoja.—Marca para distinguir tabacos torcidos, registrada a nombre del señor Juan Cano Saínz, de Manrique No. 615, Habana, Cuba.

La Riqueza.—Marca para distinguir tabacos torcidos, registrada a nombre de los señores Agustín Quintero y Cía., de D'Clouet No. 16, Cienfuegos, Santa Clara, Cuba.

La Rosa Aromática.—Marca para distinguir tabacos torcidos, registrada a nombre de la Tabacalera Cubana, S. A., de Agramonte No. 106, Habana, Cuba.

La Rosa de Santiago.—Marca para distinguir tabacos torcidos, registrada a nombre de la Tabacalera Cubana, S. A., de Agramonte No. 106, Habana, Cuba.

La Savoie.—Marca para distinguir tabacos torcidos, registrada a nombre de la Tabacalera Cubana, S. A., de Agramonte No. 106, Habana, Cuba.

La Seductiva.—Marca para distinguir tabacos torcidos, registrada a nombre de Rey del Mundo Cigar Co., de Padre Varela No. 852, Habana, Cuba.

La Selecta.—Marca para distinguir tabacos torcidos, registrada a nombre de la Tabacalera Cubana, S. A., de Agramonte No. 106, Habana, Cuba.

La Sin Par.—Marca para distinguir tabacos torcidos, registrada a nombre de los señores Fernández, Palicio y Cía., S. en C., de Máximo Gómez No. 51, Habana, Cuba.

Las Maravillas.—Marca para distinguir cigarrillos, registrada a nombre de los señores Martín Dosal y Cía., de Padre Varela No. 808, Habana, Cuba.

Las Perlas.—Marca para distinguir tabacos torcidos, registrada a nombre de los señores Fernández, Palicio y Cía., S. en C., de Máximo Gómez No. 51, Habana, Cuba.

La Solera.—Marca para distinguir tabacos torcidos, registrada a nombre de Rey del Mundo Cigar Co., de Padre Varela No. 852, Habana, Cuba.

La Tosca.—Marca para distinguir tabacos torcidos, registrada a nombre de la Tabacalera Cubana, S. A., de Agramonte No. 106, Habana, Cuba.

La Traviata.—Marca para distinguir tabacos torcidos, registrada a nombre de la Tabacalera Cubana, S. A., de Agramonte No. 106, Habana, Cuba.

La Tropical.—Marca para distinguir tabacos torcidos, registrada a nombre de los señores Cifuentes, Pego y Cía., de Industria No. 520, Habana, Cuba.

La Unica.—Marca para distinguir cigarrillos, registrada a nombre de los señores Calixto López y Cía., de Agramonte No. 702, Habana, Cuba.

La Vencedora.—Marca para distinguir cigarrillos, registrada a nombre de la Tabacalera Cubana, S. A., de Princesa No. 202, Luyanó, Habana, Cuba.

La Vencedora.—Marca para distinguir tabacos torcidos, registrada a nombre de la Tabacalera Cubana, S. A., de Agramonte No. 106, Habana, Cuba.

La Ventana.—Marca para distinguir tabacos torcidos, registrada a nombre de la Tabacalera Cubana, S. A., de Agramonte No. 106, Habana, Cuba.

La Villareña.—Marca para distinguir cigarrillos, registrada a nombre de Cienfuegos Industrial, S. A., de Santa Elena y Concordia, Cienfuegos, Santa Clara, Cuba.

La Virtud.—Marca para distinguir tabacos torcidos, registrada a nombre de la Tabacalera Cubana, S. A., de Agramonte No. 106, Habana, Cuba.

La Zona.—Marca para distinguir tabacos torcidos, registrada a nombre de los señores Zamora y Guerra, de Máximo Gómez No. 810, altos, Habana, Cuba.

L. Carbajal.—Marca para distinguir tabacos torcidos, registrada a nombre de la Tabacalera Cubana, S. A., de Agramonte No. 106, Habana, Cuba.

Lector.—Todas las fábricas de tabacos tienen su lector. Este, desde una plataforma o tribuna preparada al efecto, lee a los obreros, mientras trabajan, los periódicos del día, las revistas de mayor circulación, y libros que le son indicados por los propios obreros. También existe el lector en las escogidas de tabaco. Humberto Cortina, en su libro "Tabaco", nos dice del lector lo siguiente:

"El típico lector de tabaquería, puede ser considerado el vehículo de conocimiento que ha ilustrado, siempre, a estos maestros del arte de hacer buenos tabacos.

El lector, ilustrándolos, los ha pulido y los ha convertido en clase obrera con cualidades y condiciones excepcionales: dándoles más luz y forjando en ellos, en esta comunión de cultura, nobles ideales comunes que abrazaron con fe y entusiasmo sin límites.

El taller de tabaquería es como una cátedra, donde un hombre, que los mismos obreros pagan, lee periódicos y libros que, en rigurosa votación hecha por los mismos tabaqueros, han sido seleccionados. Su democrática y voluntaria auto-educación es un fenómeno característico de esta clase obrera, que tanto contribuyó a la lucha por nuestra independencia.

La lectura en el taller comenzó de una manera formal en la fábrica de Viñas, en Bejucal, en el año de 1864.

El primer lector se llamó Antonio Leal, y era natural de San Antonio de los Baños. Este joven, instruído y de buena familia, se afirma que ejercía la plaza de coime de billar en la localidad; tenía buena presencia y una gran voz, por lo que los obreros del taller de Viñas, un grupo notable, compuesto de hombres con amor al saber y a la instrucción, lo escogieron para que les leyera mientras ellos trabajaban, pagándole dos pesos diarios.

Al año siguiente, en la fábrica de Facundo Acosta, también en Bejucal, fué inaugurada la primera tribuna; y en ella hicieron uso de la palabra distintas personalidades, asistiendo elementos de verdadero relieve social en esa época.

Para la tribuna fué adoptada la forma de estrado, que se generalizó, rápidamente, y le dió al lector más personalidad, al ser colocado a considerable altura y en medio de una artística decoración.

El lector de esta fábrica se llamaba Rafael María Márquez, y fué asesinado en el año 69, por los voluntarios españoles, que vieron en él un instrumento de libertad y progreso entre ese grupo de cubanos.

Casi al mismo tiempo que en la fábrica de Acosta, o sea, en el año 65, fué permitida la lectura en la fábrica "El Fígaro", de la Habana, y, más tarde, en la fábrica de Jaime Partagás; cuyos obreros eligieron como primera obra de lectura: "Las Luchas del Siglo". Como es de suponer, esta costumbre se propagó inmediatamente por todas las fábricas, las cuales dieron al lector una importancia extraordinaria.

El lector era seleccionado con mucho cuidado, sometiéndolo a verdaderas pruebas de oposición y exigiéndole los más disímiles conocimientos y cualidades, antes de proceder a su elección mediante el voto de todos los obreros que formaban parte del taller, siendo aclamado y agasajado el que triunfara. Estos como concursos de oposición y la elección del lector, han sido siempre fuente de multitud de anécdotas de intenso humorismo, todas muy populares, entre los que, en alguna forma, tienen algo que ver con la hoja del tabaco.

Esta tribuna de lectura, desde donde se educaban los obreros, fué exposición también de ideales, que hicieron presa en el hidalgo corazón de los tabaqueros.

En la emigración, la institución de la lectura se fundó en Cayo Hueso desde los primeros momentos.

En la fábrica de Samuel Woolf. el primer lector fué Juan María Reyes; y el gran patriota José Dolores Poyo lo fué en la de Martínez Ibor.

Estos dos lectores eran, además de acendrados patriotas, inflamados oradores que, con palabra cálida, emocionaban a la concurrencia, formada casi siempre por los tabaqueros y sus familias.

En la emigración, la tribuna del lector no fué simplemente el estrado desde el cual se leían periódicos y revistas; fué algo más trascendental y sagrado, pues desde ella escuchaban palabras de aliento, en su lucha por la independencia de la patria. Cuando un orador escalaba la tribuna, en un taller, y daba a conocer la situación angustiosa de un compañero, o la demanda que la patria hacía de un nuevo sacrificio, ellos no podían ni querían negarse; porque esa voz, que invocaba sus mejores sentimientos, surgía del estrado embanderado que, más que tribuna, fué como el templo de sus ideales y que ellos cuidaban con fervor y mantenían con sus propios salarios.

Por eso Martí, cuando fué a hablarles, no escogió otro sitio, sino la tribuna engalanada del taller; pues el gran visionario sabía que sus palabras de mística fe habrían de llegar así aún más rápidamente a todos los corazones desde esa altura, en donde siempre oyeron las palabras de la ciencia o la que fué estímulo de sus ideales.

El tiempo sigue su marcha incesante y todo se modifica y se cambia, ante el taladro continuado y progresivo de los adelantos científicos. El lector de tabaquería, también fué herido por la ciencia y, en la actualidad, el radio lo ha sustituído casi en su totalidad.

Los tabaqueros escuchan noticias y música, que llega a ellos, mecánicamente, por magia de esta moderna invención; pero cuando surgen acontecimientos de importancia y es imprescindible reclamar de ellos su calor y su esfuerzo, ocupa la tribuna un compañero cuya voz, al igual que en otros tiempos, los une en una misma emoción y los conmueve."

Lengua de vaca.—(Véase punta de lanza.)

Liborio.—Marca para distinguir cigarrillos. registrada a nombre de la Tabacalera Cubana, S. A., de Princesa No. 202, Luyanó, Habana, Cuba.

Libra de pie.—Cronológicamente hablando son las cuatro primeras hojas de la mata de tabaco (Fig. 29) que, por ser la que quedan más cerca de la tierra, al pie de la mata misma, reciben el nombre antes indicado. Estas son las primeras que nacen, llevando tanta más ventaja de tiempo sobre las restantes cuanto más distantes estén de ellas en la mata misma.

Cuando estas hojas se cosechan debidamente y se cortan y curan a su tiempo, dan una "tripa" de buen tamaño y en condiciones de ser puestas al mercado. La venta de la "Libra de Pie" que no ha sido atendida como las demás clases de la cosecha principal es ilegal o fraudulenta. Consúltese el inciso 23 del Artículo 578, Capítulo VIII del Libro Tercero. Contravenciones Administrativas del Código de Defensa Social, el Decreto 183 de 6 de febrero de 1930, el Decreto-Ley 447 de 9 de diciembre de 1935 y el Decreto-Ley No. 102 de 22 de enero de 1936.

Libranza.—Orden de pago que extiende al veguero el que le compra su tabaco. La libranza se hace efectiva, generalmente, en alguna casa de comercio del pueblo más cercano a la residencia del veguero.

Libre de pie.—(Véase libra de pie.)

Liga.—En Cuba se llama liga a la mezcla de hojas de tabaco de distintas vegas, para darle al producto elaborado—lo mismo al tabaco torcido que al cigarrillo—buen gusto, facilidad en el arder y mayor o menor fortaleza.

Cuando se aplica el vocablo en el extranjero, significa que con la rama doméstica se usa cierta proporción de rama de Cuba.

Ligador.—Empleado de las fábricas de tabacos y cigarrillos, encargado de hacer las ligas. De la pericia del ligador depende, en gran parte, el éxito y fama de una marca.

Ligero.—Se llama así al tabaco producto de cosechas desarrolladas en épocas de abundantes lluvias y que, por efecto de éstas, contiene poco jugo. Al mojar esta clase de tabaco para proceder a su selección o escogida, debe hacerse con poca agua o beneficio, trabajándolo siempre sobre lo seco y llevándolo al tercio con poca o ninguna casilla. También se denomina ligero a uno de los tiempos en la clasificación del tabaco.

Limpiar la tripa.—Se llama así al acto mediante el cual el tabaquero arregla la cabeza del zorullo donde habrá de hacer la perilla (Fig. 12).

Lincoln.—Marca para distinguir tabacos torcidos, registrada a nombre de la Tabacalera Cubana, S. A., de Agramonte No. 106, Habana, Cuba.

Lions.—Marca para distinguir tabacos torcidos, registrada a nombre de los señores Zamora y Guerra, de Máximo Gómez No. 810, altos, Habana, Cuba.

Lomas.—Subzona de Vuelta Abajo, que comprende los términos municipales de Guane (parte), Mantua (parte), Pinar del Río (parte), San Juan y Martínez (parte) y Viñales (parte).

Lo Mejor.—Marca para distinguir cigarrillos, registrada a nombre de los señores Calixto López y Cía., de Agramonte No. 702, Habana, Cuba.

Lo Mejor.—Marca para distinguir tabacos torcidos, registrada a nombre de los señores Calixto López y Cía., de Agramonte No. 702, Habana, Cuba.

López Hermanos.—Marca para distinguir tabacos torcidos, registrada a nombre de los señores Calixto López y Cía., de Agramonte No. 702, Habana, Cuba.

Lord Beaconsfield.—Marca para distinguir tabacos torcidos, registrada a nombre de The Fernández-Havana Cigar Co., de Martí No. 64, Guanabacoa, Habana Cuba.

Lords of England.—Marca para distinguir tabacos torcidos, registrada a nombre de la Tabacalera Cubana, S. A., de Agramonte No. 106, Habana, Cuba.

Los Reyes de España.—Marca para distinguir tabacos torcidos, registrada a nombre de los señores Calixto López y Cía., de Agramonte No. 702, Habana, Cuba.

Los Statos de Luxe.—Marca para distinguir tabacos torcidos, registrada a nombre de los señores Martínez y Cía., de Real No. 200, Marianao, Habana, Cuba.

Lurline.—Marca para distinguir tabacos torcidos, registrada a nombre de la firma Castañeda-Montero-Fonseca, S. A., de Galiano No. 466, Habana, Cuba.

Ll

Llano.—Subzona de Vuelta Abajo, que comprende los Términos Municipales de Consolación del Sur (parte), Pinar del Río (parte), San Juan y Martínez (parte) y San Luis (parte).

M

Macabeus.—Marca para distinguir tabacos torcidos, registrada a nombre del señor Manuel Fernández Argudín, de la Calle Norte No. 25, Marianao, Habana, Cuba.

Machete.—Máquina donde, en las fábricas de cigarrillos, se pica el tabaco para convertirlo en hebras.

Macho.—El "macho" o "mosaico" es una enfermedad muy corriente en el tabaco de Cuba. Esta enfermedad, que se presenta en otras muchas plantas, está siendo objeto de un estudio intenso en todas partes, habiéndose comprobado ya que es producida por un virus. Se manifiesta la enfermedad en las hojas en dos formas. En una, las hojas se vuelven matizadas de amarillo o verde claro; y en otra, la yema terminal y las hojas próximas a ésta se arrugan, suspendiéndose el crecimiento de la planta. La enfermedad se presenta a veces en el semillero, otras en el trasplante y muchas veces después del desbotonado. Como no se conoce ningún procedimiento de cura, los remedios tienen que ser preventivos. Esta enfermedad puede reducirse a un mínimum en el tabaco, siguiendo las siguientes prácticas: primeramente recogiendo semillas de plantas sanas cosechadas bajo cubierta de papel y de "principal"; no usando nunca semilla de "capadura". Los semilleros deben regarse en terrenos nuevos, donde no se haya sembrado nunca tabaco. El arranque de las posturas debe hacerse estando la tierra suficientemente húmeda, a fin de que no sufra la raíz y reciban el menor daño posible las plantas. El Ingeniero Agrónomo señor Román Pérez, Director de la Estación Experimental del Tabaco en San Juan y Martínez (Pinar del Río, Cuba), ha comprobado, durante varios años, que todas las plantas atacadas por el mosaico tenían las raíces lesionadas por causa del arranque, de los insectos o del dedo del sembrador. Se deben arrancar las plantas que presenten la enfermedad después de sembradas. No se debe desbotonar ni tocar plantas sanas después de haber tocado las enfermas. Tan pronto se haya recogido la cosecha, deberán arrancarse los tallos, pues está demostrado que la mayor parte de las plantas son invadidas por el mosaico después de cortadas las hojas.

Maduro.—En el aspecto agrícola, se dice del tabaco que ha llegado a su completo desarrollo. Color oscuro del tabaco. Maduro es también uno de los tiempos en la clasificación del tabaco; y corresponden a éste las hojas de mayor cuerpo y calidad.

Magnolia.—Marca para distinguir tabacos torcidos, registrada a nombre del señor Rogelio Cuervo Aguirre, de E. Barnet No. 318, Habana, Cuba.

Majagua.—Hay dos especies que reciben este nombre. El Pariti tiliaceum (L.) St. Hil y el Pariti grande, Britton, de la familia de las Malváceas. La primera es la majagua común o hembra y la segunda es la majagua azul. La majagua común es un valiosísimo árbol que existe en toda la Isla, formando grandes majaguales en los terrenos bajos, las cercanías de las ciénagas y costas pantanosas. En Oriente le dicen Demajagua. Alcanza 18 m.

de altura y tiene los renuevos aterciopelados tomentosos; las hojas largamente pecioladas, con el limbo de 7 a 20 cm. de ancho, casi orbicular, acorazonados en la base, abruptamente acuminadas en el ápice, con dientes poco marcados o subenteras, la venación prominente en el envés; flores grandes, terminales o axilares, solitarias o poco numerosas, con los pétalos amarillos, que luego se vuelven rojos. Invólucro 10-partido, como de 12 mm. de largo, cáliz 5-dentado, como de 2 cm. de largo, pétalos obovales, de 5 a 6 cm. de longitud. Estilo pubescente en la parte superior, con 5 ramas, los estigmas anchos. Cápsula ovoide, tomentosa, de 15 a 18 mm. de largo, loculícita, 5-locular, con muchas semillas lampiñas y diminutamente tomentosas. Su madera es muy apreciada, resistente y flexible, de color cenizo, azulado o verdoso. Con ella se construyen muebles de lujo y además se utiliza en la construcción de barras de catre, bates de pelota y en la fabricación de carruaje. El líber suministra una excelente fibra, llamada majagua, para hacer sogas con que amarrar los tercios de tabaco. Esta corteza se arranca de las ramas jóvenes, las que se reproducen conservándose siempre los majaguales. En la Península de Guanahacabibes casi todos sus habitantes se dedican a este tabajo.

Mamones.—Hijos que brotan en la planta del tabaco y que se les deja desarrollar.

Manchado.—En la clasificación de las escogidas de la Zona de Remedios, son las hojas pesadas de inferior calidad. Se destinan a tripas.

Mancha negra de los semilleros.—(Véase pudrición.)

Mancuerna.—Porción de la mata de tabaco, que se corta cuando se sigue el sistema de cortar con palo.

Manojeador.—Obrero encargado de hacer los manojos en las escogidas de tabaco.

Manojear.—Acción de formar manojo. Cada manojo se compone de cuatro gavillas, y ochenta manojos forman un tercio.

Manojo.—Se le da el nombre de manojo a un atado de cuatro gavillas. El manojo se prepara alisando o planchando las hojas que han de quedar hacia afuera, como si fuesen de cubierta. Se les amarra con una fibra, que unas veces es producida en el País—guana o seibón—y otras veces se importa de la India: "raffia-bast".

Mantequillas (Prodenia ornithogalli Guenés, P. dolichos Fab., P. latifascia Walker, y P. eridania Cram.).—Según los datos que tenemos, las orugas conocidas en este país y también en Puerto Rico por el nombre de "mantequillas" no son generalmente de mucha importancia como plagas del tabaco. Se alimentan de diversas clases de plantas, cultivadas y silvestres, y son más numerosas al principio de la temporada. Se ven más en campos pequeños que no se han mantenido limpios de malas yerbas. En los meses de febrero y marzo del presente año (1936) buscamos ejemplares para fotografiar, sin resultado, durante varias semanas, encontrando finalmente una sola oruga en Consolación del Sur.

El tabaco cosechado bajo cobertura de la tela cheese cloth no es desde luego atacado.

Aunque las "mantequillas" son muy afines a los "cachazudos" (de la misma familia Noctuidae) son algo distintos en hábitos y también en aspecto, como se puede apreciar al comparar las figuras 3 y 18. Suben a las plantas: alimentándose de las hojas entre las cuales se pueden encontrar escondidas y, a veces, hasta en lugares expuestos. La "mantequilla" típica del tabaco en Cuba parece ser la Prodenia ornithogalli: pero, se sabe que las otras especies mencionadas lo atacan, aunque personalmente, con excepción de P. latifascia. no la hemos visto en tabaco en Cuba. Las dos últimas son bastantes comunes en este país, sobre todo la P. latifascia. La segunda especie mencionada, Prodenia dolichos Fab. (P. commelinae S. & A.) se alimenta también del tabaco, pero no es común, por lo menos según nuestras observaciones y no tenemos ejemplares criados por nosotros de esta planta. No obstante, en el Bol. No. 1 de la Estación Experimental Agronómica de Santiago de las Vegas (págs. 9-10; fig. 8) se menciona ésta (con el nombre de P. commelinae), como común en tabaco en este país y pudiera ser que abundara más en esa época (1905).

El único parásito observado por nosotros es la mosca Taquínida Zenillia blanda O. S. obtenida de P. ornithogalli (Número 9,988 a.) Se ha encontrado esta "mantequilla" parasitada por la avispa calcídida Euplectrus platyhypenae How. en las Antillas Menores (Myers) y en los Estados Unidos (Crumb), la cual existe también en Cuba y seguramente la ataca aquí en igual forma.

Una **mantequilla** (Prodenia latifascia); tamaño natural (Fig. 18).

(Foto: E. E. A.)

La especie indicada en dicho Boletín No. 1 como Prodenia eudiopta Guenée se refiere a Prodenia ornithogalli pues es nombre sinónimo de ésta.

Remedio.—El remedio para las "mantequillas" es esencialmente lo mismo que para los "cachazudos", pero será rara la ocasión en que se necesite emplear un cebo envenenado el cual en todo caso, como señala el Dr. G. N. Wolcott, será más efectivo cuando las plantas estén pequeñas o mejor todavía sería usarlo un poco antes de trasplantar el tabaco, distribuyéndolo por todo el campo al voleo. Las pocas "mantequillas" que comúnmente se encuentran sobre el tabaco son recogidas a mano en la actualidad, lo que parece ser la única medida necesaria. Desde luego el aplicar cualquier veneno arsenical a las plantas con el fin de matar otros insectos destruirá al mismo tiempo muchas de estas orugas y, como decimos, las vegas que se mantienen bien cuidadas y limpias de malas yerbas son muy pocas veces invadidas por las mismas.

Manuel Fernández.—Marca para distinguir tabacos torcidos, registrada a nombre del señor Manuel Fernández Argudín, de Calle Norte No. 25, Marianao, Habana, Cuba.

Manuel García Alonso.—Marca para distinguir cigarrillos, registrada a nombre de la Tabacalera Cubana, S. A., de Princesa No. 202, Luyanó, Habana, Cuba.

Manuel García Alonso.—Marca para distinguir tabacos torcidos, registrada a nombre de la Tabacalera Cubana, S. A., de Agramonte No. 106, Habana, Cuba.

Manuel López y Cía.—Marca para distinguir tabacos torcidos, registrada a nombre de la Tabacalera Cubana, S. A., de Agramonte No. 106, Habana, Cuba.

Mañanita.—Este nombre se aplica en Vuelta Abajo a ciertas hojas de inferior calidad que se recolecta aprovechando el frescor de la mañana. No se comercia con este tabaco que recogen para su uso las familias de escasos recursos económicos.

Mapa Mundi.—Marca para distinguir tabacos torcidos, registrada a nombre de los señores Martínez y Cía., de Real No. 200, Marianao, Habana, Cuba.

María Guerrero.—Marca para distinguir tabacos torcidos, registrada a nombre de Romeo y Julieta, Fábrica de Tabacos, S. A., de Padre Varela No. 152, Habana, Cuba.

Marqués de Rabell.—Marca para distinguir tabacos torcidos, registrada a nombre de los señores Cifuentes, Pego y Cía., de Industria No. 520, Habana, Cuba.

Marquilla.—Se le da este nombre al distintivo que registran para sus distintos tipos de cigarrillos las fábricas de los mismos.

Maruga.—Aparato de lata que utilizan nuestros vegueros para espolvorear, sobre las matas de tabaco, una mezcla de harina de maíz y Verde París o arseniato de plomo, para combatir al cogollero (Fig. 5).

Mascota.—Marca para distinguir tabacos torcidos, registrada a nombre de The Fernández-Havana Cigar Co., de Martí No. 64, Guanabacoa, Habana, Cuba.

Masimbo.—(Véase pasador.)

Matul.—Es un atado de 420 hojas, cuando se trata de capas; y de unas tres libras brutas de peso, si se trata de tripas. En el primer caso está formado por hojas solamente; en el segundo contiene, además de las hojas, los palos que se han cortado con éstas.

Media rueda.—Un mazo de 50 tabacos.

Medio tiempo.—Tiempo que, además de los fundamentales de Seco, Fino, Ligero y Maduro, se considera en las escogidas de tapado y de sol de Vuelta Abajo.

Metida de nuevo.—Nueva o mayor actividad funcional de la planta. Se produce cuando llueve, se riega, se aplica abono o la luna está en creciente.

Mi Ideal.—Marca para distinguir tabacos torcidos, registrada a nombre del señor C. Rivero Alvarez, de la Calle 8 No. 92, Santiago de las Vegas, Habana, Cuba.

Milésimos (1/1000).—Significa 1,000 cajones el millar. Envases de un tabaco cada uno.

Minador de la hoja del tabaco.—(Véase candelilla.)

Mi Necha.—Marca para distinguir tabacos torcidos, registrada a nombre de los señores Cifuentes, Pego y Cía., de Industria No. 520, Habana, Cuba.

Minerva.—Marca para distinguir tabacos torcidos, registrada a nombre del señor Julio González, de Salud No. 113, Habana, Cuba.

Mi Virginia.—Marca para distinguir cigarrillos, registrada a nombre de los señores Calixto López y Cía., de Agramonte No. 702, Habana, Cuba.

Modelo de Cuba.—Marca para distinguir tabacos torcidos, registrada a nombre de los señores Cifuentes, Pego y Cía., de Industria No. 520, Habana, Cuba.

Mogolla.—Sobrantes de tripa que deja el operario torcedor, y que después se convierten en picadura.

Mogollero.—Calificativo que se le aplica al operario que aprovecha poco la tripa.

Moja.—Departamento de las escogidas y de las fábricas de tabaco, donde la rama es rociada con agua, bien al natural o con betún, para facilitar la escogida y el laboreo de la hoja. La cantidad de agua que hay que aplicarle en cada oportunidad es la indispensable para suavizar el tabaco, evitando el peligro de las manchas y de la pudrición.

Mojador.—Obrero encargado de mojar el tabaco.

Mojar.—Rociar el tabaco con agua pura o con betún, para facilitar su escogida, o su laboreo en las fábricas.

Monte Cristo.—Marca para distinguir tabacos torcidos, registrada a nombre de los señores Menéndez, García y Cía. Ltda., de Virtudes No. 609, Habana, Cuba.

Morro Castle.—Marca para distinguir cigarrillos registrada a nombre de los señores Calixto López y Cía., de Agramonte No. 702, Habana, Cuba.

Mosaico.—(Véase "macho".)

Mosca chupadora.—(Véase chinchita de la hoja del tabaco.)

Mosquitero.—(Véase "cheese cloth".)

Mundial.—Marca para distinguir tabacos torcidos, registrada a nombre de los señores Daniel Blanco y Co., de San Miguel No. 463, Habana, Cuba.

N

Nada Más.—Marca para distinguir tabacos torcidos, registrada a nombre de los señores Cifuentes, Pego y Cía., de Industria No. 520, Habana, Cuba.

Negro Bueno.—Marca para distinguir cigarrillos, registrada a nombre de la Tabacalera Cubana, S. A., de Princesa No. 202, Luyanó, Habana, Cuba.

Nené.—Marca para distinguir tabacos torcidos, registrada a nombre de los señores J. F. Rocha y Cía., S. en C., de San Miguel No. 364, Habana, Cuba.

Nueva Era.—Marca para distinguir cigarrillos, registrada a nombre del señor Antonio Mauri Urquiola, de Calle de la Boca, Trinidad, Santa Clara, Cuba.

Ñ

Ñeque.—El obrero apartador de tabaco, procura pasar su tiempo, mientras trabaja, lo mejor posible, cuando el lector no ocupa su atención, se entretiene haciendo chistes, comentando las noticias de actualidad o bromeando con sus compañeros. Al que resulta ser el blanco de todas las bromas se le dice que es el "ñeque" de la escogida.

O

Octava (8ª).—Clasificación correspondiente a las escogidas de la Zona de Remedios. Son hojas ligeras de corto tamaño; se utiliza como tripas en fábricas que abastecen en parte el consumo local, y también se exportan principalmente a los Estados Unidos, con destino a las ligas de la industria tabacalera en ese país.

En la Zona de Vuelta Abajo es, en las escogidas de sol, la hoja grande que no sirve para capa. Se emplea para tripa o picadura. Pertenece al grupo de rezagos y se subclasifica en Seco, Viso, Ligero, Medio tiempo y Maduro.

O. K.—Marca para distinguir cigarrillos, registrada a nombre de Cienfuegos Industrial, S. A., de Santa Elena y Concordia, Cienfuegos, Santa Clara, Cuba.

Oliver.—Marca para distinguir tabacos torcidos, registrada a nombre de los señores Oliver y Hno., de Segunda del Sur y Martí, Placetas, Santa Clara, Cuba.

Operar un tabaco.—Se da este nombre a la labor que realiza el tabaquero para dejar formado el bombache o huevo en el tabaco figurado.

Oreja de chivo.—Se da este nombre a las hojas afinadas, deficientes, producidas generalmente por plantas que se "apuyaron".

Oreo.—Después de mojado el tabaco, se colocan los matules o las gavillas en un lugar adecuado para que eliminen el exceso de agua. A esto es a lo que se llama oreo.

Oriente.—Los Términos Municipales de Alto Songo, Bayamo, Jiguaní, Mayarí y Sagua de Tánamo, de la Provincia de Oriente, integran la Zona tabacalera de este nombre. Al tabaco de Oriente se le denomina también, generalmente, tabaco de Mayarí y de Guisa (Guisa es un barrio de Bayamo) y es destinado en su casi totalidad a la exportación a España, Alemania y Holanda, para abastecer Monopolios tabacaleros europeos. La producción durante los últimos diez años ha sido, en esta Zona, la siguiente:

AÑOS	TERCIOS	LIBRAS
1930	17,853	3.035,010
1931	28,686	4.876,628
1932	16,530	2.810,232
1933	13,103	2.227,545
1934	13,273	2.123,676
1935	12,269	1.962,972
1936	10,744	1.880,352
1937	12,315	2.093,495
1938	8,673	1.474,352
1939	7,583	1.289,184

		3 y 4 Rayas (Capa)
CLASIFICACION DEL TABACO DE ORIENTE	BAYAMO Y MAYARÍ	1 Raya (Capadura)
		2 Rayas (Tripa)
	SAGUA DE TÁNAMO	B 1a. y B 2a. (Capas)
		D 1a. y D 2a. (Tripas)

Oriente.—Marca para distinguir cigarrillos, registrada a nombre de Trinidad Industrial, S. A., de Santo Domingo No. 55½, Trinidad, Santa Clara, Cuba.

Osceola.—Marca para distinguir tabacos torcidos, registrada a nombre de los señores Cifuentes, Pego y Cía., de Industria No. 520, Habana, Cuba.

Ovalado.—Tipo de cigarrillo de forma ovalada.

Ovalado Fino.—Tipo de cigarrillo de forma ovalada, equivalente al llamado superfino.

Ovalado Grueso.—Tipo de cigarrillo de forma ovalada, equivalente al redondo grueso.

Ovaladoras.—Obreras encargadas, en las fábricas de cigarrillos, de colocar en las cajetillas los cigarrillos del tipo ovalado.

Ovalo Rojo.—Marca para distinguir tabacos torcidos, registrada a nombre del señor José L. Piedra, de Simón Bolívar No. 404, Habana, Cuba.

P

Paca.—Bala o fardo de tabaco en rama que no ha recibido el proceso de la selección. Las pacas se hacen de "botes", matules de hojas sin abrir, o de hojas abiertas y planchadas, separadas por tamaños o en principal y capa dura. Tienen, por lo regular, un peso de 200 libras o más.

Pajizo.—Tabaco sin calidad, sin jugo.

Palicio.—Marca para distinguir tabacos torcidos, registrada a nombre de los señores Fernández, Palicio y Cía., S. en C., de Máximo Gómez No. 51, Habana, Cuba.

Palito.—Vena central de la hoja del tabaco.

El palito de tabaco, que figura en nuestro vigente Arancel de Aduanas entre los artículos de exportación prohibida, constituye una riqueza inexplotada en nuestro país.

Con el palito de tabaco la industria química prepara el sulfato de nicotina; especialmente para aplicar como insecticida agrícola contra trips o bichos de candela, afidos o pulgones, etc.

Como una sustitución del sulfato de nicotina se prepara una emulsión casera a base de palitos de tabaco con la siguiente fórmula:

> 4 libras de palitos de tabaco frescos.
> 4 libras de jabón amarillo corriente.
> Agua hasta cubrir con ella el jabón y los palitos en una lata de 5 galones.

Se pone a fuego, no muy vivo, el agua con los palitos y el jabón picados y esta mezcla se va revolviendo poco a poco; y cuando va a romper el hervor se aparta de la candela y se deja enfriar.

Esta mezcla debe emplearse el mismo día de hecha, a razón de un galón de la misma para ocho galones de agua.

El palito de tabaco se utiliza también para combatir el piojillo en los gallineros. Unas veces se coloca en los nidos de las gallinas y en otras se prepara en infusión para regar los lugares infestados por el piojillo y hasta para bañar en ella las aves afectadas.

Es útil como abono.

Palma cana.—Palma muy común en toda la Isla en las sabanas estériles, arcillosas y en particular en las próximas a las costas bajas, donde forma extensas colonias llamadas canales. Abunda mucho en las provincias de Pinar del Río y Santa Clara. Es una palma alta y robusta con hojas en forma de abanico con el raquis central muy grueso y prominente. La hoja no es plana sino algo ondulada y de entre los segmentos salen filamentos largos. Tienen un color verde pálido y algo plateado en el envés. Estas pencas u hojas son las preferidas para techar las casas de tabaco, por ser las más duraderas y las que mejor se prestan. El tronco es usado como horcones y tablas y el fruto lo comen los cerdos. También le dicen guano cana. Es el Sabal parviflora, Becc. Hay otras dos especies menos abundantes, el Sabal florida, Becc., y el S. mexicana, Mart.

Palma Real.—Roystonea regia (H. B. K.) O. F. Cook. Es la celebrada palma, ornamento de nuestros campos cubanos y objeto de admiración para los extranjeros; árbol elevado, inerme, de 40 a 50 pies de altura, de hojas pinnatisectas; pennas bífidas en el ápice y segmentos lineales acuminados; pecíolo largo, envainador; espádice en la base del cilindro formado por las vainas de las hojas, tres veces doblemente dividido, igualando en longitud a la espata leñosa interior; flores sesiles, lanceoladas, perigonio exterior e interior 5-fido. este último valvar en la flor femenina; estambres 9-6; ovario trilocular, rodeado por una cápsula 6-dentada; estigmas 3, sesiles, suprabasilares en el fruto; baya drupácea ovoide, de 1 semilla, putamen adherido a la testa; albumen entero, embrión basilar.

Además de ser bellísima la palma real es una planta muy útil; de su tronco se hacen tablas para las casas del campesino y también preciosos bastones; las pencas u hojas sirven para techar las casas y para dar sombra en las vegas al tabaco; con las espatas se hacen catauros y con las yaguas, que son las bases ensanchadas de las hojas, se hacen los tercios para envasar el tabaco en rama, el cual mejora notablemente en su interior; también sirven para las paredes de las casas de campo; las flores son muy visitadas por las abejas; los frutos, numerosísimos, llamados palmiche, son un excelente alimento para la ceba de los cerdos. Estos racimos, una vez despojados de los frutos, constituyen buenas escobas, muy empleadas en el campo; el cogollo y el corazón tiernos de la planta se llaman palmito y muchas personas lo comen en sopas y ensaladas. En la época de las guerras de independencia constituía uno de los alimentos de los revolucionarios en armas. La palma real florece y fructifica todo el año y cada planta da dos, tres, cuatro y hasta ocho racimos de palmiche al año, que pesan como mínimo dos arrobas cada uno y en algunos casos llegan a pesar hasta ocho arrobas. Este palmiche se está utilizando en la fabricación de jabones. A cada palma se le asigna en las tasaciones un valor de $5.00 y un producto mínimo anual de $1.00, de modo que una finca que tenga 10,000 palmas, y hay muchas que tienen mayor número, puede obtener un producto anual de $10,000.00, casi sin costo alguno.

Pan.—A la especie de masa compacta que se forma en las fábricas de cigarrillos con las hojas de tabaco, antes de someterlas a la acción de los machetes o cuchillas, se le da el nombre de pan.

Panetelas.—Tipo de cigarrillo redondo y grueso.

Paño.—Cuerpo de la hoja. Cuando la hoja presenta elasticidad y buen aspecto se dice que tiene buen paño.

Papeleta.—Litografía con la marca o emblema del fabricante de tabacos, que se fija a un costado del cajón o envase.

Para Mí.—Marca para distinguir tabacos torcidos, registrada a nombre de la firma Castañeda-Montero-Fonseca, S. A., de Galiano No. 466, Habana, Cuba.

Parejo.—El tabaco que tiene el grueso uniforme en toda su longitud (Figs. 13, 14, 15 y 17).

Parihuela.—Angarillas; mueble para transportar las hojas de tabaco en las vegas y los matules en las escogidas.

Parrillas.—Se llama parrillas a unos compartimentos o tarimas de madera, sobre los cuales se colocan las hojas del tabaco ya despalillado, para que eliminen la humedad que les sobra.

Partagás.—Marca para distinguir tabacos torcidos, registrada a nombre de los señores Cifuentes, Pego y Cía., de Industria No. 520, Habana, Cuba.

Partagás.—Marca para distinguir cigarrillos, registrada a nombre de los señores Ramón Rodríguez, S. en C., de 23 entre 14 y 16, Vedado, Habana, Cuba.

Partagás y Cía.—Marca para distinguir tabacos torcidos, registrada a nombre de los señores Cifuentes, Pego y Cía., de Industria No. 520, Habana, Cuba.

Partagás & Co.—Marca para distinguir tabacos torcidos, registrada a nombre de los señores Cifuentes, Pego y Cía., de Industria No. 520, Habana, Cuba.

Particulares.—Marca para distinguir tabacos torcidos, registrada a nombre de los señores Menéndez, García y Cía. Ltda., de Virtudes No. 609, Habana, Cuba.

Partido.—La Zona de Partido (Fig. 19) comprende la Provincia de la Habana y la porción oriental de la Provincia de Pinar del Río. Es decir, los términos de Guanajay y Artemisa en esta Provincia, y los de Alquízar, Bejucal, Caimito del Guayabal, Güines, Güira de Melena, La Salud, Madruga, San Antonio de los Baños y Santiago de las Vegas en la de la Habana. En esta Zona se produce especialmente capas.

Su producción, en los últimos diez años, ha sido como sigue:

AÑOS	TERCIOS	LIBRAS
1930	19,941	1.595,280
1931	18,629	1.490,320
1932	12,552	1.004,160
1933	17,198	1.375,840
1934	17,700	1.416,000
1935	17,855	1.428,400
1936	14,224	1.137,920
1937	14,424	1.153,920
1938	19,161	1.532,880
1939	18,414	1.473,120

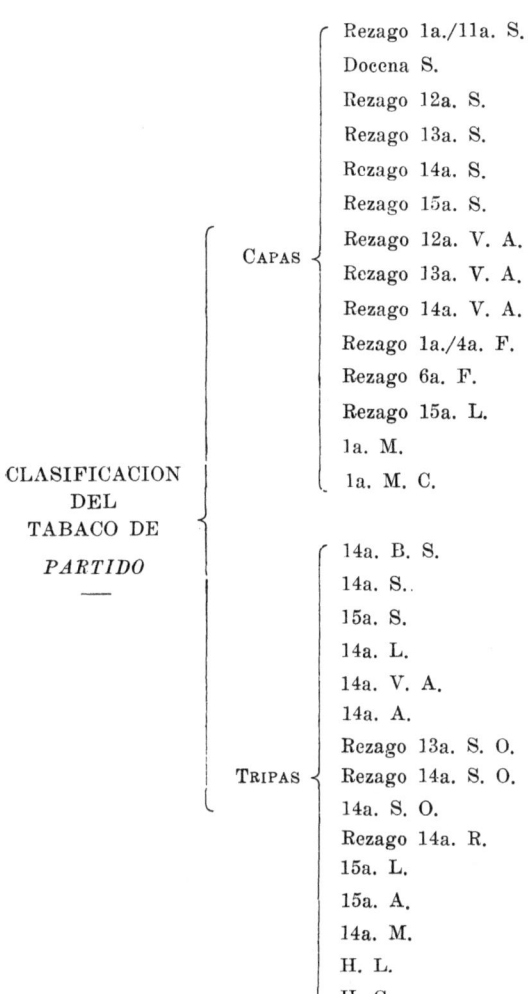

Pasado de sudor.—Cuando el tabaco por exceso de calor comienza a sahornarse, se dice que está pasado de sudor.

Pasador (Larvas de Elateridae).—Con el nombre de "pasador" designa el campesino cubano a unos gusanos duros, que pueden ser cilíndricos, de color ambarino (Fig. 20) o algo achatados y dorados o grisáceos por encima, con la parte ventral de color blancuzco, pero en ambos casos con el cuerpo visiblemente segmentado, que constituyen una importante plaga del tabaco en Cuba y con la cual todos los vegueros están familiarizados. Aunque el nombre de "pasador" es el más generalizado, hemos encontrado que en los alrededores de Pilotos, Pinar del Río, los conocen por "masimbo" y en Santo Domingo, Santa Clara, reciben el nombre de "calador". En los Estados Unidos les dan el gráfico nombre de "wireworms" que significa "gusano de alambre". Estos gusanos son las larvas, o estado joven de los in-

sectos conocidos por "cocuyitos ciegos" (Fig. 20), pertenecientes a la familia Elateridae, del orden de los Coleópteros.

El daño causado por los "pasadores" se produce al efectuarse el trasplante del tabaco cuando atacan sus raíces, perforándolas, comiendo la corteza o bien tronchándolas completamente, lo que puede ocasionar la muerte hasta de un 75% de las posturas; además muchas plantas que aparentemente se han respuesto de sus ataques, pierden gran parte de su vigor y como resultado la vega queda muy dispareja. El Sr. P. Cardín dice que al parecer el ciclo de vida de las especies que atacan al tabaco, dura más o menos un año. Aunque no hemos hecho cría de ellos, tenemos la evidencia de que por el mes de marzo difícilmente se puede encontrar una larva de pasador, aun en las vegas donde abundaron al principio de la temporada y en cambio se encuentran los adultos al pie de las matas o escondidos bajo piedras, etc. Los adultos salen durante la primavera y ponen sus huevos al pie de las hierbas y otras plantas que se encuentran creciendo entonces en las tierras donde estuvieron las vegas. Al nacer las larvitas se alimentan de las raíces que allí se encuentran y al llevarse a cabo el trasplante del tabaco, como la demás vegetación ha sido destruída por las labores necesarias para la preparación de la vega, concentran su ataque en las posturas. Es entonces cuando son particularmente dañinos, pues una vez que la planta se ha endurecido ya puede resistir mejor sus ataques.

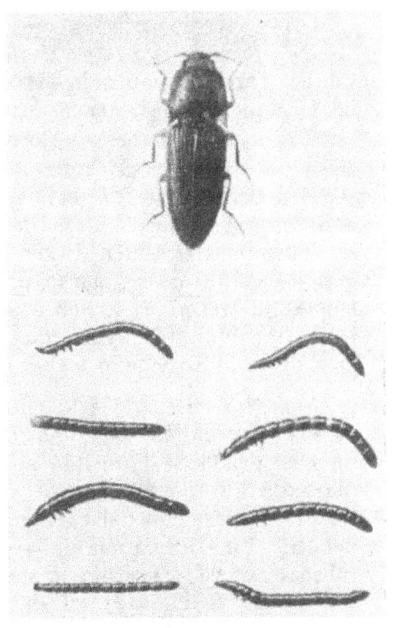

Pasadores del tabaco: arriba, el **cocuyito ciego**, Heterodes laurenti, estado adulto del insecto (aumentado 3 veces); debajo, pasadores de un tipo dañino pertenecientes a otra especie común (tamaño natural) (Fig. 20).

(Foto: E. E. A.)

Los daños se manifiestan especialmente en los terrenos sueltos, arenosos de drenaje rápido, mientras en los suelos compactos, o en los que retienen la humedad no son nunca tan perjudiciales.

Aunque varias clases de pasadores han sido reportadas atacando al tabaco, la más comúnmente encontrada parece ser Heteroderes laurenti Guerin. Esta especie, cuya determinación exacta hemos obtenido gracias a la cortés colaboración de los especialistas Sres. E. D. Quirsfeld y W. S. Fisher, del Museo Nacional de los Estados Unidos, es la misma que fuera reportada como Heteroderes amplicollis Gyll., que al parecer no existe en Cuba. La especie H. laurenti es originaria de Sud-América y las Antillas y ha sido reconocida como dañina por distintos investigadores. Existe también en los Estados Unidos donde parece haberse introducido recientemente, ya que fué encontrado allí por primera vez en 1927. Sin embargo, se ha multiplicado rápidamente en los Estados del extremo suroeste y es hoy día conocida allí con el nombre común de "Gulf Wireworm" (el gusano de alambre del Golfo).

Otras especies citadas como dañinas al tabaco en Cuba son las siguientes: Monocrepidius bifoveatus P. de B., Monocrepidius sp. y Anchastus opaculus Cand. También han sido mencionadas como enemigos del tabaco, las larvas de Pyrophorus havanensis Cherr. y P. noctilucus Cherr., pero en realidad éstas son beneficiosas, siendo enteramente carnívoras, alimentándose de toda clase de gusanos. El hecho de haber sido encontradas en las vegas junto con los verdaderos "pasadores" es, a nuestro entender, un indicio de que estaban allí alimentándose de éstos. Las larvas de las especies carnívoras se distinguen fácilmente por ser de color del marfil, cuerpo algo achatado y tener el último segmento provisto de dientes dirigidos hacia arriba en el borde, que termina en una especie de horquetillas. En estado adulto son los bien conocidos "cocuyos" que emiten luz por medio de órganos situados en el protórax. Su estado larval dura varios años.

Remedio.—De todos los procedimientos ensayados para evitar los daños de los "pasadores", el que ha resultado más efectivo consiste en mantener un alto grado de humedad en la tierra que rodea a la postura recién trasplantada durante los primeros días. Este procedimiento es debido a la inteligente observación del Sr. Jacinto Argudín, de San Juan y Martínez, Pinar del Río. Su eficacia sin embargo, ha impuesto su adopción en todas las zonas tabacaleras con regadío, habiendo originado un sistema de siembras que se conoce con el nombre de "siembra a dedo".

Esta operación consiste en regar el terreno de manera que mientras el agua corre por el surco se efectúa el trasplante, el que se hace enterrando la postura con el dedo en un costado del surco: de ahí su nombre.

Cuidando de mantener suficiente humedad durante los diez días subsiguientes, lo que generalmente se logra con otros dos riegos, las posturas estarán en gran parte a salvo de los ataques del "pasador". Parece que el exceso de humedad tiene un efecto repelente sobre los "pasadores", que se alejan durante cierto tiempo, permitiendo a las posturas endurecerse lo suficiente como para que éstos ya no puedan troncharlas. Aunque el insecto pueda después cortarles algunas raíces y hasta comerles algunos trozos de corteza, estos ataques a las plantas ya endurecidas resultan de poca importancia.

En marzo de 1935, fuimos informados por un hijo del referido Sr. J. Argudín, que antes de practicar este procedimiento se perdía en esas vegas hasta un 75 por ciento de las posturas trasplantadas y esta pérdida era causada en su gran mayoría por el "pasador", pero que actualmente, con la "siembra a dedo", esas pérdidas no llegan a un 5 por ciento; además, con este sistema no se pierde casi ninguna postura y al eliminar las continuas resiembras, se logra obtener como resultado final una vega pareja en su desarrollo, detalle éste de capital importancia.

En las zonas donde no existe regadío, el único procedimiento practicable que conocemos contra estos insectos, consiste en atraerlos a un cebo de su preferencia para luego recogerlos y destruirlos. En este caso se pueden emplear trozos de papas enterrándolos a poca profundidad distribuídos por los surcos, usándose un alambre o una estaquita de madera para saber dónde están. Estos cebos se deben revisar diariamente para recoger y destruir los "pasadores" que hayan acudido a los mismos. Sabemos que este procedimiento ha sido utilizado en Cuba en una siembra experimental de una valiosa caña de azúcar, con muy buen resultado. Al recoger los "pasadores", es muy aconsejable no destruir los de color marfil, citados al principio de este capítulo, por ser como se ha dicho, beneficiosos.

Existe además otro enemigo natural de los "pasadores" que ha sido reportado por el Sr. Cardín. Se trata de una pequeña avispa icneumonida Nototrachys basalis Cress. que los parasita. Dice Cardín que crió un adulto de la misma de un "pasador" en el laboratorio; pero que eran abundantes en el campo en San Juan y Martínez donde pudo recoger varios ejemplares.

Pectoral.—Papel de color chocolate oscuro, que se utiliza en la confección de los cigarrillos.

Pedro Murias.—Marca para distinguir cigarrillos, registrada a nombre de la Tabacalera Cubana, S. A., de Princesa No. 202, Luyanó, Habana, Cuba.

Pedro Murias y Ca.—Marca para distinguir tabacos torcidos, registrada a nombre de la Tabacalera Cubana, S. A., de Agramonte No. 106, Habana, Cuba.

Pega-Pega (Pachyzancla periusalis Walker).—Según nuestras observaciones este insecto es de escasa importancia como plaga del tabaco. Prefiere las plantas sombreadas y lo hemos observado sólo en pequeña cantidad en plantas grandes de capa, bajo cubierta de la tela cheese cloth, pero cuando ésta estaba en mal estado. El Dr. Wolcott dice. no obstante, que en Puerto Rico el insecto logra penetrar con aparente facilidad en las coberturas de esta tela. Los Dres. Cooke y Horne y el Sr. Cardín dicen que ha sido una plaga destructiva en los semilleros, en ciertos años. Es conocida por la mayoría de nuestros vegueros y encontramos que algunos le llaman "Entre-tela", siendo otro nombre vulgar el de "volador".

Este insecto es más bien lo que los norteamericanos llaman "leaf-folder" o doblador de hoja, ya que dobla el margen de la hoja, generalmente hacia abajo, y lo pega o ata con finos hilos de seda blanca, formando así un bolsillo dentro del cual se alimenta, comiendo la hoja hasta la epidermis opuesta en forma irregular y a través de la cual se ven pelotitas oscuras, siendo similar el daño al de la "pega-pega" de los frijoles (Lamprosema). Estos escondites varían en tamaño según el de la larva y su posición en la hoja, etc., pero en el caso de orugas grandes son de unos 6 a 12 cm. de largo. Las larvas u oruguitas son de forma estrecha (Fig. 21) y cuando completamente desarrolladas miden unos 2 cm. de largo. Son aparentemente desnudas, de aspecto algo lustroso y translúcidas, y su color general es verde olivaceo, más o menos bañado de vináceo por el dorso y pálido por debajo. Detrás de la cabeza, en la parte superior o dorsal se ve a cada lado una manchita negruzca conspicua, algo angulosa, y entre éstas, un espacio pálido. Las orugas de tamaño mediano suelen ser más verdosas. Cada segmento de su cuerpo tiene cuatro manchitas de color pardo claro. poco notables, por arriba, dos de estas manchas más pequeñas que las otras. Las orugas son activas, y se mueven nerviosamente, brincando al ser tocadas. Las crisálidas de color pardo amarillento son atadas con dicha seda blanca entre las mismas hojas, sin hacer capullo. El estado pupal o de crisálida, en los casos que observamos, ha durado 8-12 días (promedio 10 días, mes de marzo). El Dr. Wolcott dice que su ciclo entero de vida requiere poco más de un mes. La mariposa adulta de la "pega-pega" del tabaco (Fig. 21) es de color gris con un ligero viso parduzco, con las alas cruzadas por líneas negruzcas

La mariposa de la **pegapega** (Pachyzancla periusalis) y sus orugas, aumentadas dos veces (Fig. 21).
(Foto: E. E. A.)

y onduladas, no muy definidas. Mide de 19 a 21 mm. entre las puntas de las alas abiertas (Familia Pyralidae).

Este insecto no se alimenta solamente del tabaco, pues ataca a otras varias Solanáceas, como "yerba mora" (Solanum nigrum. L.) "Prendedera" (Solanum torvum Sw.) y el tomate.

En algunas publicaciones de la Estación Experimental Agronómica de Santiago de las Vegas este insecto aparece con el nombre de Micromina olivia L., pero en 1918 fué identificado de nuevo por el malogrado Dr. H. G. Dyar como Pachyzancla periusalis Walker. También se clasifica en el género Psara.

No hemos tenido la oportunidad de hacer observaciones sobre los enemigos naturales de este insecto, pero en Puerto Rico ha sido encontrado parasitado por la mosca Taquínida Argyrophyla albincisa Wied., la cual es muy común en Cuba y la hemos observado atacando otras varias especies de "pega-pega".

Remedio.—Cuando la "pega-pega" no se ha desarrollado mucho, se puede destruir rociando las posturas con arseniato de plomo en agua a razón de 2 libras en 50 galones, como se ha sugerido en el Boletín No. 12 de la Estación. Más tarde, cuando los bolsillos o escondites que forman las orugas en las hojas son grandes, semejantes tratamientos no son tan efectivos y puede ser necesario destruir las mismas apretándolas entre los dedos, especialmente en plantas bastante crecidas. En realidad, como el insecto no suele abundar, la práctica corriente entre los vegueros visitados por nosotros es combatir así a los pocos que encuentran al cultivar el tabaco. De no ocurrir brotes excepcionales, no creemos que pueda ser necesario hacer tratamientos especiales con un insecticida.

Pelo de oro.—(Véase grano de oro.)

Peluquilla.—Tipo de picadura de hebra fina que se consume en nuestro país, especialmente por parte de la Colonia China.

Perfectos.—Marca para distinguir cigarrillos, registrada a nombre de José L. Piedra, de Avenida de Bolívar No. 404, Habana, Cuba.

Perforador del tabaco (Lasioderma serricorne Fabr.).—El único insecto muy dañino al tabaco almacenado encontrado en Cuba hasta el presente, es el Coleóptero perforador, Lasioderma serricorne Fabr. (Familia Ptinidae), con frecuencia llamado "gorgojo del tabaco". De distribución cosmopolita, es conocido por "Tobacco beetle" en los Estados Unidos y "Carcoma del tabaco" en Puerto Rico.

Este insecto, como es sabido, ataca al tabaco seco en todas sus formas, tanto en rama como elaborado, practicando a través del mismo numerosas y pequeñas perforaciones o galerías que lo dañan seriamente o lo inutilizan para el mercado. En el tabaco infestado se le encuentra en todos sus estados: huevecillo, larva, pupa y adulto. Los huevecillos, de color blanco y como de ½ mm. de largo, son puestos en el tabaco en almacén y las larvitas nacen a los 5 ó 10 días (datos de Cayo Hueso). Estas larvas o "gusanitos" se alimentan del tabaco durante un período de 30 a 60 días, según la temperatura; pero en Cuba será generalmente cerca del mínimo indicado. Son de color blanco amarillento, cubiertas de finos pelos parduzcos, alcanzando unos 4 mm. de largo al completar su desarrollo. Este es el estado más dañino del insecto. Se transforman en pupas dentro de delicados capullitos, pasando en ellos unos 9 a 20 días. Todo el ciclo de vida, de huevo a adulto, requiere de 45 a 70 días. El Coleóptero adulto es un insecto de cuerpo duro, de forma abultada, con la cabeza dirigida hacia abajo y de color pardo mate, midiendo de 2.5 a 3 mm. de largo. Se conocen varios enemigos naturales del insecto pero ninguno es de valor práctico. El único de éstos que hemos observado en Cuba—que a la vez es el más importante de todos los conocidos—es un Coleóptero rapaz de la familia de los Cléridos: el Thaneroclerus girodi Chevrolat, al que algunas veces es bastante numeroso en tabaco almacenado que se haya descuidado y que se encuentre muy infestado por el perforador. Los adultos miden unos 6 mm. de largo—mucho más grandes que su presa—y las larvas y pupas del mismo se distinguen fácilmente por su color rosáceo y forma alargada. También hemos encontrado en tabaco con el "gorgojo", una avispa cálcida, Aplastomarpha sp. que pudiera ser parásito de éste.

En distintas ocasiones hemos encontrado perforando al tabaco almacenado, en la Habana y en Falcón, Santa Clara, otro Coleóptero de la misma familia que la especie común y de hábitos muy parecidos: el Catorama tabaci Guerin. Este parece ser nativo de Cuba y los primeros ejemplares conocidos para la ciencia procedían de este país. Podemos llamarlo el "Perforador mayor del tabaco", ya que mide 4 a 4.5 mm. de largo. Debido a su mayor tamaño, si fuera más abundante, sería aún más destructivo que Lasioderma.

Aunque, como decimos, no sabemos que exista en Cuba actualmente otro insecto que dañe seriamente al tabaco, pudiera encontrarse cualquier día una polilla cuyas larvas causan daños severos al tabaco seco y que en recientes años ha aparecido en el Sur de los Estados Unidos, conociéndose además, en algunas de las otras Antillas. Esta es la "Polilla del tabaco", Ephestia elutella Hbn. (Familia Phycitidae). Este insecto consume todas las partes de las hojas secas, salvo las venas más gruesas.

Remedio.—Para impedir los ataques por el Coleóptero perforador y otros insectos que se alimentan de tabaco seco, es aconsejable en primer término mantener una limpieza escrupulosa en los locales donde se deposita éste. No se debe colocar tabaco nuevo junto a los remanentes de cosechas anteriores o donde queden basuras de las mismas que pudieran estar infestadas. Es necesario tomar en cuenta, también, que no obstante su preferencia por el tabaco, puede subsistir en muy diversas clases de materias vegetales secas y al almacenar tabaco no debe dejarse en el local ningún producto que pudiera servir como fuente de infestación. Creemos que en la actualidad nuestros cosecheros no suelen guardar semejantes materiales en sus casas de tabaco. En los almacenes modernos correctamente construídos no se dejan hendiduras, etc., en donde puedan acumularse restos de tabaco y servir de criaderos a estos insectos. Además, muchos almacenistas tienen una cámara de fumigación para tratar el tabaco al recibirlo, antes de ir al almacén, o lo mandan a fumigar en plantas comerciales de fumigación al vacío. De todos modos, el tabaco infestado o que haya estado expuesto a infestación debe ser tratado si se va a guardar algún tiempo y la fumigación es el procedimiento más satisfactorio conocido.

En la fumigación del tabaco se emplean principalmente dos gases: el bisulfuro de carbono y el gas del ácido cianhídrico, aunque también se utilizan algo para el mismo fin, especialmente en los Estados Unidos, el óxido de etileno y una mezcla de éste con bióxido de carbono.

Para una fumigación efectiva de tabaco con uno u otro gas, es necesario llevarla a cabo dentro de una cámara o local cuyo cierre sea prácticamente hermético. Aunque es posible utilizar para esto un cuarto o cajón cualquiera de tamaño apropiado, sellando las hendiduras con papel engomado, etc., generalmente lo más práctico es tener una cámara de fumigación construída especialmente. Si en ésta se va a emplear el gas de bisulfuro de carbono es recomendable situarla en una caseta hecha a propósito y separada de otros edificios. En su construcción se puede utilizar ladrillos, ladrillo hueco, cemento, metal, madera u otro material que se pueda hacer prácticamente hermético. Si se utiliza ladrillo o ladrillo hueco será necesario revestirlo con una capa de cemento fino especial (Keen) en el interior. Las de madera son más económicas y se construyen con doble pared de tabla machiembrada con papelón grueso entre sí. Se obtienen paredes bien herméticas pintando las uniones de las tablas en el momento de unirlas. Se debe proveer la cámara de fumigación con una o dos puertas que cierren perfectamente, siendo muy satisfactorias las del tipo que se usa en las neveras. Pueden tener, también, uno o más ventanillas según requiera su tamaño, las que se podrán abrir desde afuera, procurando que ajusten perfectamente. Las cámaras de fumigación situadas en la misma fábrica o almacén en que se vaya a emplear el gas cianhídrico, deben equipararse con un expulsor de aire para sacar el gas después de haber sido usado, mediante un tubo que lo conduzca al techo u otro punto en el exterior del edificio, a mayor altura que las ventanas que pueda haber en edificios adyacentes.

El fumigante más satisfactorio para tratar tabaco en lotes pequeños o medianos es el bisulfuro de carbono, en caso de que pueda evitarse el peligro de incendios y explosiones. La propiedad altamente inflamable y explosiva de los vapores de este líquido es bastante bien conocida, siendo suficiente cualquier llama, o chispa de maquinaria en movimiento, etc., para que estalle. Manejado con precauciones razonables, su uso no es peligroso, no siendo muy venenoso para el que lo manipula, aunque, como decimos, es recomendable aislar la cámara de fumigación de otros edificios. Este gas no es apropiado para la fumigación de fábricas y nunca se debe emplear en un edificio en donde haya maquinaria en movimiento, a pesar de estar situada en otra parte del mismo. La dosis más recomendada actualmente para el tabaco es mayor que la que se utiliza para otros muchos productos. Se ha venido usando bastante a razón de 4 libras del líquido para cada 1,000 pies cúbicos de espacio, es decir, 1,000 pies cúbicos de capacidad del local, dejándolo actuar durante 24 horas, por lo menos, cuando la temperatura reinante sea de 70° F. o más. No obstante ser bastante efectiva esta dosis con frecuencia, a fin de asegurar una perfecta fumigación, que será suficiente para toda una temporada, se recomienda usar 10 libras del fumigante para cada mil pies cúbicos de espacio y una exposición de dos o tres días. Si la Cámara es pequeña, se puede introducir el líquido vertiéndolo simplemente en una vasija ancha y llana, colocada sobre el tabaco. En cambio, si es de gran tamaño puede resultar más conveniente suspender una o más vasijas llanas, de evaporación, cerca del cielo raso en las cuales descarguen tuberías para conducir el líquido desde afuera, conectadas con embudos por los cuales se introduce el mismo.

El gas del ácido cianhídrico es el más rápido y mortífero de los fumigantes que se usan, tanto para los insectos y demás animales como también para el hombre, a la vez que resulta relativamente económico. No es explosivo y es apropiado para la fumigación de edificios, fábricas, tabaco y otros varios productos. No obstante, debido a su propiedad tan altamente venenosa, su empleo debe ser limitado exclusivamente a personas bien familiarizadas con el mismo. El método más corriente y al mismo tiempo menos peligroso de producirlo es por medio de una mezcla de cianuro de sodio, ácido sulfúrico y agua en las siguientes proporciones:

Cianuro de sodio.	453 grs.	(1 libra)
Acido sulfúrico (grado comercial).	710 cc.	(1½ pintas)
Agua.	1,420 cc.	(3 ,,)

Para la fumigación de cámaras que no pasen de unos cuantos miles de pies cúbicos de capacidad, el gas se genera en una vasija profunda de barro vidriado, en forma de pote, puesta dentro de una tina de hierro galvanizado con unos cuantos litros de agua y un poco de soda de lavar, para evitar daños al piso en caso de que la vasija se raje, ya que el ácido es altamente corrosivo. Una vasija de 3 galones de capacidad puede servir hasta para dos libras de cianuro. Se procede de la manera siguiente: échese primero el agua y agréguese entonces el ácido lentamente, describiendo círculos. Téngase cuidado de no hacerlo al revés puesto que la reacción sería violenta, y pudiera producir quemaduras al salpicar el líquido. El cianuro de sodio se prepara por último pesándolo y colocándolo al lado de la vasija en cartuchos de papel fuerte, siendo recomendable usarlos dobles en cada caso, doblados en tal forma que resulten paquetes compactos, que se atarán con un cordel. Debido a que el cianuro es tan sumamente venenoso se debe manejar con un cucharón o con las manos provistas de guantes. La clase de cianuro de sodio que se usa para fumigar viene en forma de "huevos" o terrones de media a una onza cada uno. La dosis recomendada para tabaco es de 2 libras de cianuro por cada 1,000 pies cúbicos de espacio, con una exposición de dos o tres días. Para fábricas y edificios se emplea la mitad de esta dosis, siendo suficiente una exposición de sólo 24 horas.

Cuando todo esté listo, se bajan cuidadosamente los paquetes de cianuro a las vasijas de agua con el ácido, retirándose la persona inmediatamente y cerrando la puerta. El mortífero gas cianhídrico es generado tan pronto como el líquido tiene contacto con el cianuro, de modo que no se debe respirarlo en lo más mínimo. Cuando se tiene que usar más de dos vasijas para generar el gas en un local, se recomienda proveerse de máscaras de gas, pero no creemos recomendable que aquellas personas que no hayan tenido una preparación especial intenten realizar fumigaciones en locales grandes.

También se emplea para la fumigación del tabaco y fábricas de tabaco el gas cianhídrico líquido que se vende en cilindros de metal. No trataremos aquí sobre su uso, ya que, debido a lo peligroso que resulta su manipulación en esa forma, debe ser aplicada exclusivamente por expertos. La dosis de gas cianhídrico líquido para el tabaco es de 10 onzas por cada 1,000 pies cúbicos de espacio. Igualmente se encuentra en el mercado unos discos de materia inerte impregnada con el gas cianhídrico, que usan algo en los Estados Unidos, y se recomiendan especialmente para la fumigación de pequeñas cámaras o locales. Vienen envasados en latas y el fumigante se aplica simplemente abriendo los envases y repartiendo los discos sobre papeles gruesos colocados en el piso de la cámara. El gas cianhídrico se desprende de los mismos inmediatamente. Los envases vienen con instrucciones para la aplicación, pero no deben ser usados por personas no familiarizadas con tan venenoso producto.

La fumigación al vacío es el procedimiento más rápido y efectivo que se conoce y se indica especialmente para tratar los tercios de tabaco, que son difíciles de fumigar por otro método. sin abrirlos. En éste, generalmente, se emplea el gas cianhídrico que, aplicado al vacío, penetra perfectamente. En cambio, la dosis necesaria es relativamente grande, pero la exposición es mucho más corta. La cantidad recomendada para el tabaco es de 3 a 5 libras del gas, líquido por cada 1,000 pies cúbicos de espacio y una exposición de 2½ horas, procurando obtener un vacío inicial de 28 ó 29 pulgadas. La fumigación por este método está en manos de compañías especializadas en el mismo, ya que el equipo necesario es costoso. La Habana cuenta actualmente con varias plantas modernas de esta clase. Se emplea también la mezcla de óxido de tileno y bióxido de carbono aplicada por el mismo procedimiento, a razón de 45 libras para igual espacio y exposición; pero este método es más costoso. No se ha podido apreciar efecto perjudicial alguno en el tabaco por el uso de ninguno de estos gases anteriormente mencionados.

Perilla.—La parte por donde se fuma el tabaco (Fig. 14).

Perla del Océano.—Marca para distinguir tabacos torcidos, registrada a nombre de los señores Roberts and Co., de Neptuno No. 167, Habana, Cuba.

Permanente.—Clasificación de tabaco, perteneciente a las escogidas de Remedios. Las hojas de este tabaco presentan un color amarillo. La primera vez que aparecieron hojas con estas características en las vegas de Remedios, fué el año en que se fundó en Cuba el ejército permanente y. del color del uniforme de los miembros de ese ejército, se deriva el nombre citado.

Pesada.—Se llama así la hoja de tabaco de mucho jugo o calidad.

Pesada de capa.—Se le dice a las veinticinco medias hojas de capa que se le dan al tabaquero, pero la mayoría de los torcedores las conocen por gavillas. Estas veinticinco medias hojas se denominan, pues, de dos maneras: pesada y gavilla, siendo este último nombre el más común.

Petaca.—Estuche de bolsillo para guardar cigarrillos o tabacos.

Petronio.—Marca para distinguir tabacos torcidos, registrada a nombre de Por Larrañaga, Fábrica de Tabacos, S. A., de Carlos III No. 713, Habana, Cuba.

Picadura.—Pequeñas partículas que se obtienen cortando o picando menudamente las hojas del tabaco. Se presenta en el mercado en paquetes o cajas, y se emplea para liar o hacer cigarrillos o para quemar en pipas o artefactos semejantes. A los residuos que quedan en las fábricas de tabacos, formados por recortes de tripa u hojas deterioradas se acostumbra llamar también picadura.

Picadura al cuadrado.—Picadura que se obtiene sometiendo las hojas de tabaco seco a cortes que las convierten en pequeñas partículas. La picadura así elaborada se destina en su casi totalidad a la exportación. Se utiliza para fumar en pipas, y también en cigarrillos que confecciona el propio consumidor.

Picadura de despalillo.—Sobrantes de tripa al despalillarse ésta.

Picadura de mesa.—Sobrantes de la tripa al hacer el tabaco.

Picadura de recortes.—Pedazos de capas sobrantes al dar el tabaquero a la capa los cortes necesarios para hacer un tabaco.

Picadura granulada.—(Véase picadura al cuadrado.)

Picudo Verde-Azul (Pachnaeus litus Germar).—El "Picudo Verde-Azul del Naranjo", o mejor dicho las larvas o "gusanos" del mismo, son en algunas ocasiones bastante dañinos al tabaco. El primer record que tenemos de los mismos atacando a esta planta es del Prof. W. T. Horne, quien dejó en la colección que en la Estación Experimental Agronómica de Santiago de las Vegas se mantiene, ejemplares del picudo adulto acompañados por una nota de fecha abril 28 de 1908 informando que encontró las larvas alimentándose de las raíces del tabaco, las que después fueron criadas en el laboratorio. Cardín en 1915 también dice que encontró al insecto atacando raíces del tabaco, en La Salud y en Santiago de las Vegas, Provincia de la Habana. Nuestras observaciones respecto al mismo se refieren igualmente a la Provincia de la Habana donde conocemos de algunos casos de considerable importancia ocurridos cerca de San Antonio de los Baños y de Anafe. En este último lugar el dueño de una finca nos aseguró que tuvo que resembrar alrededor del 50% de las plantas a causa de los destrozos ocasionados por larvas de esta clase, que allí llaman "cochinitos". En efecto, cuando visitamos la finca en marzo 13, logramos encontrar algunas de éstas en el campo, a una distancia de 50 metros de los naranjos más cercanos.

El adulto del Picudo Verde-Azul es activo solamente en el verano, desde mayo hasta noviembre, cuando desaparece mayormente, siendo ésta la época de la siembra del tabaco en Cuba: de manera que esas larvas ya debían estar en el campo al trasplantar éste. Como no es posible que éstas hayan podido trasladarse desde los naranjos al lugar del ataque, es evidente que los picudos pusieron sus huevecillos en otras plantas, y las larvitas al introducirse en la tierra se iban alimentando de las raíces que encontraban, atacando al tabaco al ser limpiado el terreno y sembrado aquél.

Las larvas (Fig. 7) del Picudo Verde-Azul son de color blanco amarillento, de unos 10 a 12 mm. de largo, una vez desarrolladas, y se asemejan a los gusanos blancos, pero se pueden distinguir de éstos por no poseer patas algunas y tener la cabeza de color más claro. Las pupas se forman en pequeñas celdas en la tierra a fines del invierno y los Coleópteros adultos emergen en gran parte durante los meses de mayo y junio y, como su nombre lo indica, son de un color verde-azuloso, bastante pálido o blancuzco, generalmente con un poco de amarillo en los costados (Familia Curculionidae).

Los únicos enemigos naturales observados hasta ahora son las hormigas, que destruyen muchas de las larvitas antes que puedan penetrar en la tierra y dos avispitas Calcídidas obtenidas de los huevecillos en la Estación Experimental Agronómica de Santiago de las Vegas, en naranjos: Ufens osborni Dozier y Tetrastichus haitiensis Gahan (det. Prof. A. B. Gahan, '32).

El Sr. Cardín menciona otro picudo, una especie del género Sphenophorus, que en Vuelta Abajo daña de modo incidental a las raíces del tabaco en la misma forma que el anterior. Hemos examinado los ejemplares criados de larvas encontradas en vegas de tabaco por Cardín y son de Calendra n. sp., pues concuerdan con ejemplares así determinados recientemente por el Prof. Buchanan en Washington.

Como dice Cardín, deben alimentarse del tabaco de modo incidental ya que el alimento usual de estos picudos lo constituyen las raíces de yerbas Gramíneas y Ciperáceas, y hemos criado una especie de los bulbos de una "cebolleta".

Remedio.—Es evidente que no sería practicable tratar de combatir las larvas del Picudo Verde-Azul en las vegas por otro procedimiento que no fuera la búsqueda y destrucción a mano de los individuos responsables del daño, antes de efectuar la resiembra de los fallos que ocasionen, en vista de que el primer indicio que tiene el cosechero de su presencia, es la marchitez de las plantas cuando el insecto ya ha consumido las partes subterráneas de las mismas. La abundancia de esta plaga fluctúa grandemente de año en año y pueden haber varias temporadas sin daños apreciables. Además, las infestaciones en los campos suelen ser muy salteadas. Es de creer, pues, que las medidas preventivas serían las más indicadas, en caso de ser necesaria alguna.

El malogrado señor P. Cardín, afirmó que los naranjos atraen a estos insectos a las vegas. Siendo dicha planta su hospedera predilecta, estimamos, también, que eso es lo que sucede. Hemos observado vegas en la Provincia de la Habana en que se encuentran estos frutales distribuídos por todo el terreno. Sin embargo, no es siempre en sitios cercanos a los mismos donde más se observan las larvas atacando al tabaco y a veces, como ya señalamos, están a considerable distancia. Parece que los picudos no tienen mucho discernimiento al seleccionar las plantas para efectuar la ovipostura y, después de reunirse y alimentarse durante algunas semanas sobre los naranjos y demás plantas cítricas, donde también depositan huevos, se esparcen al vuelo y hacen otras posturas en diversas clases de plantas. Mientras existan frutales en la finca que atraigan a los Coleópteros, es de esperar brotes de los mismos a intervalos irregulares que causarán algún daño al tabaco, a no ser que se mantengan los campos destinados a este cultivo libres de yerbas en el verano cuando más abundan los picudos.

Piedra.—Marca para distinguir tabacos torcidos, registrada a nombre del señor José L. Piedra, de Avenida Simón Bolívar No. 404, Habana, Cuba.

Pierrot.—Marca para distinguir tabacos torcidos, registrada a nombre de los señores C. del Peso y Cía., de San Ignacio No. 314, Habana, Cuba.

Pilón.—Después que el tabaco ha curado suficientemente en los cujes, se amarra, cuando la humedad del tiempo lo facilita, y se coloca en montones dentro de las casas de curar. A estos montones es a lo que se da el nombre de pilón.

Pinta Blanca.—(Véase pinta de ajonjolí.)

Pinta de ajonjolí.—Se caracteriza, como su nombre indica, por unas manchas más o menos circulares, pardas cuando son pequeñas, que pasan a un color blancuzco, según se hacen mayores, y se deben al hongo "Cercospora nicotianae". Estas manchas se presentan generalmente en forma de anillos concéntricos que van oscureciendo de la periferia hasta el centro. Esta enfermedad, aunque algunas veces ataca las hojas de la corona, generalmente se presenta en las inferiores y más ligeras, cuando el tiempo es húmedo y caluroso. Bastan unas horas de viento al Sur, para que comience el ataque de este hongo. No existen medios preventivos directos para combatir esta enfermedad, ya que no es posible aplicar el caldo bordelés sobre las hojas que más tarde han de utilizarse. En la Estación Experimental del Tabaco se ha contenido bastante el ataque de este hongo cuando el viento se sitúa al Sur, quitando a las plantas las hojas inferiores, raspando la corteza del suelo y dando a continuación un riego. Debe llamarse la atención sobre el consejo que se da en algunas publicaciones en Cuba sobre enfermedades del tabaco para evitar el ataque y propagación de este hongo, que consiste en mantener el terreno lo más seco posible. Este sistema resulta perjudicial, pues si es cierto que cuando no se riega la humedad alrededor de la planta es menor, también es no menos cierto que entonces la temperatura es mayor, la cual, con la cantidad de agua que contiene la atmósfera, forma un medio fácil para la propagación del hongo.

Pinta de hierro.—La "pinta de hierro", así llamada por el color rojizo de óxido de hierro que toma la mancha en la hoja, se presenta principalmente en las hojas de la corona y semicorona. Es una enfermedad poco dañina y se ha podido observar que se presenta generalmente en los tabacos tardíos y en años secos. Por las mismas razones que con la "pinta blanca" no es posible combatir ni evitar la enfermedad con aplicaciones de caldo bordelés.

Pipa.—Utensilio para fumar picadura de tabaco. Las pipas presentan variadísimas formas, según los países y gustos del fumador.

Pirata.—Marca para distinguir tabacos torcidos, registrada a nombre de Compañía Industrial Tabacalera, S. A., de Cuba No. 801, Habana, Cuba.

Pita.—Marca para distinguir tabacos torcidos, registrada a nombre de los señores Pita Hnos., de Estévez No. 67, Habana, Cuba.

Pita Hnos.—Marca para distinguir tabacos torcidos, registrada a nombre de los señores Pita Hnos., de Estévez No. 67, Habana, Cuba.

Pitillera.—Nombre que también se aplica, especialmente por los españoles, a la petaca para cigarrillos.

Pitillo.—Nombre que algunos, especialmente los españoles, le dan al cigarrillo.

Planchado.—Tabaco abierto, generalmente por el veguero y sus familiares, sin someterlo a una cuidadosa selección. No obstante, en estos últimos tiempos, se han venido exigiendo, por parte de los compradores en la Zona de Vuelta Arriba, ciertos requisitos de selección en los tabacos planchados.

En algunos casos la selección difiere muy poco de la que se hace en las escogidas, separándose el mismo número de clases que en éstas. En otros se mezclan unas clases con otras, como por ejemplo la quinta con la segunda. El planchado no recibe a veces clasificación alguna, separándose las hojas atendiendo solamente al tamaño y calidad.

Plancha.—Vara de madera dura que se utiliza para alisar las yaguas con que se forran los tercios de tabaco. En los talleres de despalillo se colocan las hojas de tabaco una vez que han sido despalilladas en montoncitos prensados entre dos tablas. A esto llaman plancha.

Planchar.—Acción de abrir las hojas de tabaco, colocándolas en camadas sin la escrupulosa selección que reciben en las escogidas.

Planchas.—Nombre que, en las escogidas de Partido y Vuelta Abajo, se les da a los montones o pilas en que las obreras encargadas de esta operación, colocan las hojas de tabaco abiertas.

Pocker.—Marca para distinguir cigarrillos, registrada a nombre de los señores Yarza, San Miguel y Cía., de Belascoaín No. 968, Habana, Cuba.

Poner gorro.—Cuando una hoja de capa no es suficiente para completar la envoltura de un tabaco, es necesario hacerle un añadido o empate. Esto se llama poner un gorro. Nunca se hace esto en vitolas finas.

Popular.—Marca para distinguir cigarrillos, registrada a nombre de los señores Yarza, San Miguel y Cía., de Belascoaín No. 968, Habana, Cuba.

Por Larrañaga.—Marca para distinguir tabacos torcidos, registrada a nombre de Por Larrañaga, Fábrica de Tabacos, S. A., de Carlos III No. 713, Habana, Cuba.

Posturas.—(Véase semilleros.)

Postureros.—Se aplica este nombre a los que se dedican al tráfico o comercio de la postura.

Precinta de garantía.—(Véase Sello de Garantía.)

Prensa.—Aparato que se utiliza para prensar el tabaco después de torcido. También se utiliza para hacer las pacas.

Prensar.—Someter el tabaco a la acción de la prensa.

Primavera (Phlegethontius sextus jamaicensis Butler).—Esta gran oruga o "gusano" verde (Fig. 22) es bien conocido por todo agricultor cubano. Ataca al tomate, papa, prendedera y algunas otras Solanáceas, además del tabaco, pero entre nosotros parece ser más frecuente en este último, a pesar de que su nombre inglés es "gusano del tomate". En los Estados Unidos el insecto (o mejor dicho una variedad del mismo) y otra especie muy afín, constituyen con frecuencia plagas del tabaco tan serias (Fig. 23) que en algunas regiones, como Kentucky y Tennessee, se afirma que no se puede cosechar esta planta con provecho sin usar medidas para dominarlos; sin embargo, según nuestras observaciones, la "primavera" no abunda mucho aquí y por lo tanto los daños no son grandes, a no ser que se trate de brotes excepcionales. Según lo que se ha observado en esta zona, suele verse más hacia el final de la temporada del tabaco o al aproximarse la primavera. Los huevos de la mariposa son depositados aisladamente en las hojas y otras partes verdes de la planta. Al completar su desarrollo al cabo de unas dos o tres semanas, la oruga se entierra a poca profundidad y allí se transforma en crisálida y más tarde en una mariposa crepuscular (Familia Sphingidae) de color gris jaspeado con manchas de color amarillo intenso en los lados del abdomen (Fig. 22). Su ciclo de vida de huevo a adulto requiere unos 50-70 días en el invierno—unos 35 ó 45 en el verano—. En los casos observados por nosotros el estado larval duró en abril y mayo de 24 a 27 días

La **primavera** del tabaco (Phlegothontius sextus jamaicensis): arriba, la mariposa y debajo la oruga. Tamaño natural aproximadamente (Fig. 22).
(Foto: E. E. A.)

y el estado pupal de 20-23 días en abril y 40 días en diciembre. Los Dres. Coock y Horne dicen que este estado duró por lo menos 42-45 días, según algunas observaciones que efectuaron. En Cuba este insecto es activo durante todo el año.

Los únicos parásitos de esta plaga observados en el país hasta ahora, son una mosca Taquínida. Sturmia inca Towns. (Det. por J. R. Malloch de ejemplares criados por A. R. Otero) y la avispita Bracónida Apanteles flaviventris Cress. (Det. Dr. Muesebeck, '36), que destruyen la larva. Esta última es la especie que hace el muy conocido "algodón de la yuca", siendo parásito corriente de la "primavera" (Erinnyis) de esa planta. Es bastante común en la "primavera" que nos ocupa cuando ataca al tomate, pero no lo hemos visto en el tabaco, acaso porque los vegueros siempre recogen este insecto antes de completar su desarrollo.

Planta de tabaco completamente deshojada por una sola **primavera** (P. sextus jamaicensis) en seis días. A la derecha, una hoja de tabaco arruinada por un ataque severo de la **candelilla** (Phthorimaea); usualmente los daños están limitados a algunas áreas a lo largo de las venas mayores (Fig. 23).

(Foto: E. E. A.)

Se ha encontrado que la chinchita de la hoja del tabaco, Cyrtopeltis varians Dist., destruye algunas de las larvitas de la "primavera" al nacer, pero poco después se defienden bien de sus ataques.

El Prof. S. T. Danforth recientemente (Diciembre de 1935) ha señalado lo beneficioso que es el pájaro conocido por "arriero" (Sourothera merlini) en la destrucción de estas "primaveras", habiendo encontrado en Guane, Pinar del Río, hasta 16 de estas orugas, de tamaño grande, en el buche de un solo ejemplar.

Es de esperarse que futuros estudios revelen la existencia de otros enemigos naturales, ya que evidentemente deben existir poderosos agentes naturales que impidan la mayor multiplicación de esta especie.

Remedio.—Debido al tamaño y hábitos de las "primaveras", que las hacen fáciles de encontrar y al hecho de que el tabaco sea un cultivo intensivo, la recolección a mano de las mismas resulta practicable en Cuba y ésta ha sido la costumbre establecida entre nuestros agricultores desde hace largos años. Sin embargo, si las orugas jóvenes se observaran excepcionalmente abundantes, pudiera resultar más satisfactorio combatirlas con un veneno, como se hace en los Estados Unidos. A pesar de que el verde París puede emplearse, el arseniato de plomo es menos propenso a quemar las hojas y es superior también por otros motivos. Se aplica mejor a las plantas en polvo, con una máquina espolvoreadora. Este arsenical puede usarse puro o mezclado con una parte igual de harina o cenizas tamizadas. Se recomienda aplicarlo al tabaco a razón de 7.5 a 12 libras del veneno por hectárea, según se trate del producto puro o mezclado, de acuerdo con el tamaño de las plantas. Es decir, si se diluye el arseniato al 50 por ciento, habrá que aplicar doble cantidad de polvo. El tratamiento se hace mejor cuando no hay viento y habrá que efectuarlo de manera que las plantas queden cubiertas con el polvo uniformemente, siendo preferible hacerlo cuando las mismas están humedecidas por el rocío. Generalmente lo más indicado son dos aplicaciones, la segunda unos 10-14 días después de la primera, que se hará según decimos cuando las orugas sean aún pequeñas. Es necesario usar arseniato de plomo de calidad apropiada; es decir, que no tenga más de 1 por ciento de arsénico soluble en agua. El cosechero debe tener cuidado en especificar esto al comprar el veneno para evitar la posibilidad de quemar sus plantas, como podría suceder usándolo de calidad inferior. También se puede emplear el arseniato de calcio en la misma forma y es menos costoso.

En casos en que fuera necesario aplicar el arseniato de plomo como un rocío, se preparará a razón de 2 libras en 50 galones de agua. La "primavera" de Cuba fué tratada en el Boletín No. 1 de la Estación Experimental Agronómica de Santiago de las Vegas como Protoparce carolina Linn., que era el nombre técnico generalmente empleado en esa época.

Primera C. (1ª/C.).—En las escogidas de la Zona de Remedios se clasifican de esta manera las capas claras pertenecientes a la clase ligera.

Primera Maduro (1ª M.).—En la clasificación de la Zona de Partido son las hojas de color colorado maduro, tamaño grande y bastante cuerpo. Se destinan a capas para vitolas corrientes en el país.

Primera Maduro de Corona (1ª M. C.).—Son, en la clasificación de la Zona de Partido, hojas de color colorado oscuro, de tamaño grande y mucho cuerpo, que se destinan para capas en vitolas corrientes que se venden en el país.

Primera O. (1ª/O.).—En las escogidas de la Zona de Remedios, se clasifican o marcan de esta manera las capas maduras, de calidad.

Primera Once (1ª/11ª).—En la clasificación de tabaco tapado de Vuelta Abajo son las hojas de mayor tamaño, con buen fondo y perfectas. Pertenecen al grupo de rezagos y se subclasifican en Ligero, Seco, Viso y Viso Seco.

Primera Siete (1ª/7ª).—En la clasificación de tabaco de sol de Vuelta Abajo, son las hojas más grandes, limpias, de buen fondo y que dan por lo menos un tabaco. Pertenecen al grupo de rezagos. Se emplean para vitolas grandes en el consumo doméstico; el Medio Tiempo en la fabricación de brevas, y se subclasifican en Seco, Viso, Ligero y Medio Tiempo.

Primera Trecena (1ª/13ª).—En la clasificación de tabaco tapado de la Zona de Vuelta Abajo, pertenecen al grupo de caperos, son hojas más pequeñas que el (Rezago 1ª/11ª), pero que reúnen las mejores condiciones para vitolas muy finas. Se subdivide en Medio Tiempo y Maduro, en las capas grandes; y en Ligero, Seco y Viso Seco en las capas chicas.

En la clasificación de tabaco de sol en la Zona de Vuelta Abajo son hojas más pequeñas que los rezagos, pero que, por su calidad y paño, pueden dar por lo menos un tabaco. Pertenecen al grupo de caperos y se subclasifican en Seco, Viso, Ligero y Medio Tiempo.

Principal.—Se da el nombre de principal al tabaco procedente del primer corte que se le da a la mata.

Privilegio.—Marca para distinguir tabacos torcidos, registrada a nombre de la Tabacalera Cubana. S. A., de Agramonte No. 106, Habana, Cuba.

Prudencio Rabell.—Marca para distinguir tabacos torcidos, registrada a nombre de los señores Cifuentes, Pego y Cía., de Industria No. 520, Habana, Cuba.

Prueba de Combustión.—(Véase arder a la vela.)

Puck.—Marca para distinguir tabacos torcidos, registrada a nombre de la Tabacalera Cubana, S. A., de Agramonte No. 106, Habana, Cuba.

Pudrición.—Esta enfermedad producida por el hongo Rhizoctonia specifica ataca a las plantas en el semillero y en el surco cuando están recién sembradas. Las condiciones favorables para el ataque y desarrollo de este hongo es un tiempo húmedo y caluroso. Esto sucede generalmente cuando reinan los vientos del Sur. Esta enfermedad se manifiesta principalmente en los semilleros tempranos y en los terrenos bajos y húmedos o en los ricos en materia orgánica. El hongo se desarrolla sobre la materia orgánica que se encuentra en descomposición en la superficie del suelo, atacando rápidamente a las plantas en el cuello de la raíz, asciende por el tallo y llega hasta las hojas. Bastan cuatro o seis horas de vientos calurosos y húmedos del Sur para que la enfermedad se manifieste rápidamente. Los primeros síntomas de la enfermedad son: la aparición de un color verde oscuro y un aspecto húmedo en las hojas. Según avanza la enfermedad se van marchitando y al fin muere. Los remedios preventivos y curativos para esta enfermedad se ha comprobado que son ineficaces. Ni el sulfato de cobre básico ni el caldo bordelés nos han dado resultado como preventivos de la enfermedad. Si ésta se manifiesta en los semilleros cuando se encuentran de ''a real'' o ''a peseta'' todavía y la enfermedad se halla localizada en pequeños ''cayos'' es aconsejable quitar del terreno las plantas enfermas y entresacar o ''aclarar'' las partes donde estén sanas, a fin de que tengan buena ventilación. Cuando la enfermedad se presenta en semilleros crecidos, donde la circulación del aire es difícil, lo aconsejable es abandonar el semillero, ya que es muy difícil detener la enfermedad.

Pudrición de la raíz.—La ''pudrición de la raíz'', como su nombre indica, se presenta en esta parte de la planta, generalmente cuando está próxima a su completo desarrollo. Se caracteriza por comenzar las hojas a amarillarse y marchitarse, el tallo se va oscureciendo hasta que al fin muere la planta. Si se arranca se encuentra la raíz negra y completamente podrida. Esta enfermedad es muy poco abundante en Cuba, habiendo años que no se encuentra una planta enferma en una vega. Es recomendable arrancar las plantas enfermas y destruirlas por el fuego.

Pulga.—(Véase pulguilla del tabaco.)

Pulgón.—(Véase pulguilla del tabaco.)

Pulguilla del tabaco (Epitrix parvula Fabr.).—La pulguilla del tabaco, a veces llamada "pulga", es una plaga de importancia variable en Cuba. Hemos encontrado que muchos de los vegueros de la Provincia de Pinar del Río y en la de la Habana no la consideran muy dañina y en las siembras que se efectúan todos los años en esta Estación Experimental, generalmente no lo es, aunque tenemos informes de algunos casos en que ha resultado bastante perjudicial en esta zona, destruyendo completamente los semilleros. En cambio, en Vuelta Arriba, provincia de Santa Clara, prácticamente todos los cosecheros nos manifestaron que causa estragos importantes y allí, en efecto, la observamos en abundancia excepcional en las vegas, a principios de abril. En esta zona los agricultores la conocen por "pulgón", nombre inapropiado ya que se aplica correctamente a unos pequeños insectos chupadores muy distintos (los áfidos) que no suelen encontrarse en el tabaco. También en la Habana algunos vegueros la conocen por este nombre.

El ataque de la pulguilla comúnmente se nota primero en el semillero, donde produce pequeñas perforaciones redondeadas o agujeros en las hojas de las plantitas. Este daño a las posturas (Fig. 24) usualmente no es de gran importancia cuando las plantas tienen algún tamaño (unas 3 pulgadas); pero si el insecto es abundante cuando son muy chicas, éstas pueden ser completamente arruinadas. Los semilleros situados cerca de las vegas pueden servir de focos de infestación para éstas. Después del trasplante, la pulguilla puede seguir alimentándose del tabaco de igual manera durante todo su desarrollo, pero con frecuencia limita sus ataques a las hojas más inferiores o "libra de pie", especialmente en la Habana, no siendo el daño en tal caso de importancia. Cuando, por el contrario, ataca también a las partes superiores de la planta, como hemos visto en Santa Clara, las pérdidas pueden ser grandes al tratarse de tabaco de capa. Si el insecto hace los agujeros en hojas no completamente desarrolladas, aquéllos se ensanchan al crecer éstas y así se aumenta el daño. En tabaco de "capadura" o "tripa" no reviste importancia la existencia de algunas de estas perforaciones.

La pulguilla del tabaco es un insecto de amplia distribución, existiendo en casi todas las regiones de América donde se cultiva el tabaco, además de algunos países del Lejano Oriente. Los norteamericanos la conocen por Tobacco Flea-Beetle y constituye una plaga de primera categoría en algunos estados del sureste. El nombre vulgar se debe a su tamaño pequeño y al hecho de que el insecto puede saltar como las verdaderas pulgas, aunque no tiene parentesco con las mismas, siendo en realidad un Coleóptero (Familia Chrysomelidae).

En estado adulto mide 1½ a 1¾ mm. de largo y es de color pardo con una mancha borrosa más oscura a través de los élitros (Fig. 24). Está provisto de alas por medio de las cuales puede emigrar a distancias considerables. Ha sido bien estudiado en los Estados Unido (por Chamberlin y Tenhet y otros). Los huevecillos son puestos en depresiones del suelo, debajo de las plantas. De éstos nacen diminutas larvas alargadas o "gusanos" que penetran en la tierra y se alimentan de las raíces del tabaco, pero el daño que ocasionan en este estado no es apreciable. Completado su desarrrollo, cuando miden alrededor de 5 mm. de largo, se transforman en pupas en una celda en la tierra y pocos días después en pulguillas adultas. El ciclo de vida, desde el huevo al adulto, requiere de 3½ a 6½ semanas, según la temperatura. En estado adulto pueden vivir varios meses.

Aunque el tabaco es una planta hospedera predilecta de esta pulguilla, no es la única, pues ataca a otras varias, pero principalmente a las de la

Hojas de posturas de tabaco dañadas por la **pulguilla** (Epitrix parvula). Debajo el insecto, vista aumentada (figura de Morgan & Gilmore) (Fig. 24).
(Foto: E. E. A.)

familia de las Solanáceas, como "chamicos" (Datura spp.), "farolitos" o "tomatillos" (Physalis spp.), "yerba mora" (Solanum nigrum), "prendedera" (Solanum Torvum), la berenjena, la papa y el tomate, etc.

La pulguilla del tabaco (E. parvula) es la única especie que hemos observado en Cuba dañando a este cultivo, pero tenemos otras clases que son comunes y algunas de éstas son importantes plagas del tabaco en otros países. Por ejemplo, la "Pulguilla de la papa" (Epitrix cucumeris Harris) es la especie más dañina al tabaco en el Estado de Connecticut, E. U. y en Puerto Rico; pero, curiosamente, no la hemos encontrado atacando a esta planta aquí. Es de color negro y del tamaño de la Pulguilla del tabaco. Tenemos otra especie mucho mayor (3 a 4 mm.) que es también importante en Puerto Rico en el tabaco y donde la conocen por "pulga americana": la Systena basalis J. D. La hemos visto en Cuba alimentándose de las habas de Lima y otras plantas, exclusivamente. Es de color negro con una raya amarillenta longitudinal en el medio de cada élitro o enteramente negra. El Dr. Wolcott (1927) dice que esta puguilla tampoco es dañina al tabaco en Haití, aunque prefiere esta planta en Puerto Rico. Estas últimas especies de pulguillas agujerean las hojas del tabaco en forma parecida a la primera.

Remedio.—La pulguilla del tabaco, a la vez que es el más pequeño de los insectos que en Cuba dañan a esa planta, resulta uno de los más difíciles de combatir de manera satisfactoria por medio de insecticidas, especialmente después del trasplante. Por fortuna, generalmente no abunda tanto en la mayor parte del país como para constituir un problema muy serio. La hemos observado como plaga muy importante tan sólo en Vuelta Arriba, como hemos dicho, y ésta es una zona donde las condiciones no son propicias para el empleo de métodos costosos contra las plagas del tabaco.

Hay varias medidas preventivas culturales, no obstante, que todo agricultor puede adoptar y que le serán beneficiosas para reducir infestaciones por este insecto en años sucesivos. Estas medidas consisten en: 1ra. Destruir las plantas viejas de tabaco inmediatamente después de hecho el último corte, arando el terreno y enterrándolas bien. Hemos encontrado que algunos vegueros dejan estas plantas en el campo por meses, hasta que les sea más conveniente destruirlas y así constituyen criaderos para ésta y otras plagas del tabaco. Este particular no parece tener tanta importancia en algunas zonas, como Semi-Vuelta, pero estimamos que sea práctica perjudicial en otras, como Santa Clara. 2da. Arrancar y destruir de manera sistemática las otras plantas solanáceas alrededor de los semilleros y de las vegas en las cuales la pulguilla igualmente puede subsistir y hacer crías. Estas plantas se han señalado ya en los primeros párrafos de este capítulo.

Además de lo anterior, se considera beneficioso el cultivar frecuentemente la vega para remover la tierra alrededor de la base de las plantas. En adición, es conveniente situar los semilleros lo más lejos posible de las vegas. pues los Coleópteros suelen multiplicarse mucho en los mismos para luego emigrar a los campos, después del trasplante. Creemos, no obstante, que los semilleros en Cuba comúnmente se sitúan en lugares bien apartados de las vegas.

Vamos a tratar ahora sobre la destrucción directa de las pulguillas: No hemos tenido oportunidad de hacer ensayos con insecticidas contra esta plaga, ya que no abunda lo suficiente en esta zona como para poder obtener resultados de valor, de modo que presentaremos una reseña del trabajo realizado sobre este particular en el extranjero. Debido a su amplia distribución y abundancia destructiva en algunos países, sobre todo en el extremo Sur de los Estados Unidos, se han efectuado bastantes experimentos con muy diversas sustancias insecticidas, especialmente en años muy recientes.

Se recomendó primero el verde París contra la pulguilla del tabaco mezclado preferentemente con alguna materia inerte, como cal en polvo, cenizas de madera tamizadas, harina de maíz muy fina, harina de trigo, etc., a razón de 1 libra del veneno en unas 30 libras de ésta. Se usaba en las plantas pequeñas en el semillero o campo, espolvoreándolas ligeramente dos o tres veces por semanas. Este arsenical es bastante efectivo para destruir las pulguillas, pero en hojas para capa de plantas grandes tiene el grave inconveniente que suele producir quemaduras muy perjudiciales. También se ha recomendado espolvorear las plantas con una mezcla compuesta de 1 libra de Verde París y 5 libras de arseniato de plomo, tanto en el semillero como más tarde en el campo, pero esto tampoco ha resultado completamente satisfactorio.

El caldo bordelés corriente, aunque es un fungicida, tiene un efecto repelente contra las pulguillas y rociando cuidadosamente los semilleros con el mismo se puede protegerlos algo de estos insectos; su uso tiende a impedir al mismo tiempo el desarrollo de las enfermedades fungosas comunes como la "pudrición", que suelen causar estragos importantes en ellos. Si se le agrega a cada 50 galones del fungicida 2 libras de arseniato de calcio y 2 ó 3 libras más de cal, será todavía más efectivo para combatir las pulguillas en el semillero. Sin embargo, la fórmula recomendada como la más efectiva de todas para usar en los semilleros de tabaco contra las pulguillas se compone de 50 galones de caldo bordelés, 2 libras de arseniato de plomo y 1 pinta (473 cc.) de sulfato de nicotina de 40%, aplicada a las planticas cada 3 a 5 días desde que tengan las primeras hojas hasta que las plantas alcancen unas 3 pulgadas de alto (Beinhart, 1932). Desde luego, resulta más costoso que otros tratamientos. Se aplica como rocío a razón de un galón por cada 35 yardas cuadradas del semillero.

Para combatir la pulguilla del tabaco en la vega, son más satisfactorios otros materiales, aunque todavía no están de acuerdo todos los investigadores respecto al particular. La mayoría de los más recientes de ellos, no obstante, han señalado que el fluosilicato de bario es efectivo para este fin,[1] siendo varias las fórmulas recomendadas. Chamberlin, del Departamento de Agricultura de los Estados Unidos, recomienda como resultado de sus investigaciones en la Florida, un polvo compuesto de 4 partes de fluosilicato de bario y 1 parte de polvo de tabaco (por peso), aplicándolo a razón de 10 a 20 libras de la mezcla por hectárea (4 a 8 libras por acre) según el tamaño del tabaco, siendo suficiente generalmente de dos a tres aplicaciones. En cambio Lacroix, de la Estación Experimental de Connecticut (Bol. 379) recomienda el fluosilicato de bario en polvo, mezclado a razón de 1 parte (por volumen) en 5 partes de polvo de tabaco y de 4 hasta, posiblemente, 10 libras por acre, según el tamaño del tabaco. Aunque este último tratamiento fué empleado contra otra especie de pulguilla (E. cucumeris), ésta es esencialmente igual a la que nos ocupa. Expone que el polvo resulta de color pardo y no deja residuo visible en el follaje. Estas substancias se aplican mediante una máquina espolvoreadora de mano, de la cual existen tipos apropiados en el mercado y pueden usarse igualmente para las posturas en el semillero.

En uno de los trabajos más recientes sobre medios de combatir la pulguilla del tabaco (Stanley y Marcovitch) se informa que de todos los insecticidas ensayados, el arseniato de calcio resultó ser el más satisfactorio por motivos de economía, eficiencia, eliminación de residuos de plomo y ausencia de daños al follaje; que su efecto sobre la plaga es prácticamente igual al del fluosilicato de bario. Se aplica también en forma de polvo, a razón de 18.5 libras aproximadamente por hectáreas (7.5 libras por acre) como promedio por aplicación, cuando se usa puro. Si se prefiere, se puede mezclar con 50% de cal hidratada, en cuyo caso, la cantidad a usar será el doble de la indicada. El insecto se puede mantener en jaque con dos o tres aplicaciones durante la temporada. Para las primeras que se efectúen, cuando esté pequeño el tabaco, se necesita como la mitad de lo que se usa cuando están bastante desarrolladas las plantas.

Punch.—Marca para distinguir cigarrillos, registrada a nombre de los señores Calixto López y Cía., de Agramonte No. 702, Habana, Cuba.

---

(1) Como S. Marcovitch (1931), F. S. Chamberlin (1933), W. W. Stanley y S. Marcovitch (Oct., 1935) y D. S. Lacroix (Dic., 1935).

Punch.—Marca para distinguir tabacos torcidos, registrada a nombre de los señores Fernández, Palicio y Cía., de Máximo Gómez No. 51, Habana, Cuba.

Punta.—Parte de arriba de la hoja o extremo más estrecho.

Punta de Lanza.—Nombre vulgar que se aplica a cierta variedad de tabaco que produce hojas estrechas, largas y puntiagudas. Esta variedad de tabaco era muy común en la Zona de Remedios antes de que la Comisión Nacional de Propaganda y Defensa del Tabaco Habano iniciara en la misma la distribución de semilla de tabaco seleccionada por la Estación Experimental del Tabaco en San Juan y Martínez. Esta variedad es conocida también con el nombre de "Puerto Rico".

Puntilla.—Se da este nombre en las Zonas de Semi-Vuelta y Vuelta Abajo a las tripas limpias de calidad y corto tamaño.

Q

Quebrado Primera (Qdo./1ª).—En las escogidas de tabaco de sol y tapado en Vuelta Abajo son las hojas grandes que carecen de elasticidad y tienen la vena gruesa o blanca. Se emplea para relleno en vitolas de bajo precio y para picar en las cigarrerías. Se subdivide en Ligero, Seco, Fino, Medio Tiempo y Maduro.

Quebrado Rezago (Qdo. Rzgo.).—Pertenece al grupo de tripas en la clasificación de tabaco de sol de Vuelta Abajo; se destina principalmente a cigarrería.

Quebrado Segunda (Qdo./2ª).—Pertenecen al grupo de tripas en la clasificación del tabaco de sol y del tabaco tapado en la Zona de Vuelta Abajo, son hojas más pequeñas y de peor calidad que las de (Qdo./1ª). Su empleo principal es en cigarrerías.

Quincena (15ª).—En las escogidas de tabaco tapado y tabaco de sol en la Zona de Vuelta Abajo pertenece al grupo de tripas, son hojas más pequeñas que las de (14ª), y que no pueden dar capas por su tamaño, pero sirven para capotes. Las (15ª) caperas se subdividen en Seco, Viso y Ligero. Las tripas en Medio Tiempo y Maduro.

Quincena amarillo (15ª A.).—En la clasificación de la Zona de Partido son las hojas de tamaño chico y color amarillo. Se destinan a capotes corrientes.

Quincena ligera (15ª L.).—En la clasificación de Semi-Vuelta es la tripa más corta, de menos calidad y limpieza que la (14ª L.)

Quincena ligero (15ª L.).—En la clasificación de tabaco de Partido son las hojas de tamaño chico, de tipo ligero y color gris verdoso. Se utilizan para capotes corrientes.

Quincena pesada (15ª P.).—En la clasificación de Semi-Vuelta, es la tripa de calidad, más corta y menos limpia que la (14ª P.)

Quincena seco (15ª S.).—En la clasificación de la Zona de Partido son hojas sanas, de tamaño chico, que se destinan a capotes corrientes.

Quinta (5ª).—En la clasificación de las escogidas de Remedios, se marca de esta manera la tripa limpia de calidad y buen tamaño. La (5ª) constituye la clase de más valor en las escogidas de la Zona de Remedios. Algunos pequeños fabricantes que abastecen el consumo local la emplean como capas en vitolas de tamaño chico, pero su destino es principalmente la exportación, enviándose a las fábricas de los Estados Unidos, para ligas. Antiguamente, fué la República Argentina un magnífico mercado para nuestra (5ª)

Quintero y Hno.—Marca para distinguir tabacos torcidos, registrada a nombre de los señores Agustín Quintero y Cía., de D'Clouet No. 16, Cienfuegos, Santa Clara, Cuba.

R

Rabo de cochino.—Tabaco que tiene la perilla torcida. Generalmente los hacen los vegueros para su propio consumo.

Raffia-Bast.—En sustitución de la guana se emplea también para amarrar los manojos un hilo o junquillo, que se importa y se denomina generalmente *rafia*.

Rallones.—Marca para distinguir tabacos torcidos, registrada a nombre de los señores Cifuentes, Pego y Cía., de Industria No. 520, Habana, Cuba.

Rama.—Denominación que se aplica al tabaco mientras no es sometido al proceso industrial.

Ramón Allones.—Marca para distinguir tabacos torcidos, registrada a nombre de los señores Cifuentes, Pego y Cía., de Industria No. 520, Habana, Cuba.

Rapé.—Polvillo de tabaco que se usó mucho en la antigüedad para aspirar por la nariz. En Cuba existieron molinos de tabaco que producían gran cantidad de rapé.

Reajuste.—Palabra usada en Vuelta Abajo para denominar la clase de tabaco conocida por Volado o Malo.

Real Carmen.—Marca para distinguir tabacos torcidos, registrada a nombre de la firma Castañeda-Montero-Fonseca, S. A., de Galiano No. 466. Habana, Cuba.

Reata.—Cuerda de majagua que amarra los tercios.

Rebujo.—A lo que en las fábricas de tabaco se le llama liga, esto es, a la mezcla de distintas clases de tabaco formada en parrillas sobre el suelo antes de someterlas al proceso de elaboración, es, en las fábricas de cigarrillos, a lo que se da el nombre de rebujo.

Recolección.—Se le da este nombre a la labor de recoger el tabaco de los campos de cultivo para trasladarlo a las "casas de curación", conocidas también con el nombre de "casas de tabaco". Son dos las maneras con que puede llevarse a cabo esta operación: el "ensartado" o el "cortado en palo o mancuernas". El "ensartado" se emplea para recoger los tabacos sembrados bajo tela, con lo cual se aprovechan más las hojas, porque se recolectan a medida que van estando en condiciones. Las primeras en madurarse son las de la parte baja de la planta, llamadas "libras de pie"; luego las del centro, o sea, las "capas", y finalmente las dos hojas superiores llamadas "coronas", debiendo ensartarse por separado de acuerdo con su posición en la planta, porque su calidad y condiciones son distintas, y distinto también el tratamiento a que han de ser sometidas durante el proceso de la fermentación. Ambas maneras de recolectar se emplean indistintamente para la recogida de los tabacos cosechado al sol, teniendo cada una sus ventajas, además de la ya indicada en la primera, por el mayor aprovechamiento de las hojas, y, también, sus desventajas.

Cual sea la mejor, en cualquier caso, deben decidirlo las condiciones climatológicas del año y las condiciones locales de cada vega, tales como la abundancia o escasez de jornaleros y su eficiencia en el trabajo; el número de casas de curar y el de cujes con que se cuenta, y, sobre todo, el valor intrínseco de la cosecha. Para conocer la diferencia en el rendimiento y bondades del producto recolectado por uno u otro método, es preciso recordar el movimiento, o pase de elementos nutritivos de la hoja al tallo. Este pase, o pérdida de materias, continúa por varios días después de la recolección, cuando ésta se hace por el método de "corte en palo", resultando que por este sistema las hojas serán más ligeras que aquéllas recolectadas por el otro.

Deben, pues, los vegueros, emplear el "ensartado", en años de agua, cuando las circunstancias se lo permitan, para los tabacos cosechados al sol, evitando con ello que la hoja continúe desgastándose, y obteniendo, por otra parte, que conserve la poca vida o calidad que le haya permitido el exceso de lluvias. El "corte en palo" se recomienda en años de seca, en que los tabacos son de excesiva calidad, pues así se aligeran.

Recortes.—Partes de la hoja del tabaco, que sobran después que se le dan a la capa los cortes precisos para utilizarla en el torcido.

Redondo.—Tipo de cigarrillo de circunferencia perfecta. Existen el grueso, el fino y el superfino, así denominados según el diámetro de la circunferencia.

Refuerzo.—Se da este nombre a las hojas de tabaco de calidad, que utilizan algunas fábricas en sus ligas, para darle fortaleza al producto.

Regalía.—Se le aplica este nombre a la vitola de lujo.

Regalías.—Marca para distinguir cigarrillos, registrada a nombre de los señores Domingo Méndez e Hijos, de Cárdenas y Gloria, Habana, Cuba.

Registro.—Los registros consisten en abrir, tercio por tercio, para que los compradores examinen la rama contenida en cada uno. Es costumbre en Cuba colocar, en los patios de los almacenes, la cantidad de tercios que en los mismos tengan cabida, para que los compradores puedan, con la minuciosidad que a este examen dedican, comprobar las cualidades de la materia prima que van a adquirir.

Remates.—Subzona de Vuelta Abajo, que comprende parte del Término Municipal de Guane.

Remedios.—Es la más extensa de las Zonas tabacaleras (Fig. 25) que se consideran en la Isla. Su tabaco es dedicado a la industria que abastece en parte el consumo local, exportándose en rama la casi totalidad de sus cosechas. Por ese motivo, al tabaco en rama de Remedios se le conoce con los nombres de *tabaco de liga y tabaco de exportación*.

Esta Zona comprende los Términos Municipales de Cabaiguán, Camajuaní, Cienfuegos, Encrucijada, Esperanza, Fomento, Placetas, Ranchuelo, Remedios, Sancti Spíritus, San Diego del Valle, San Juan de los Yeras, Santa Clara, Santo Domingo, Trinidad, Vueltas y Yaguajay, en la Provincia de Santa Clara, y los de Camagüey, Ciego de Avila, Jatibonico, Morón y Santa Cruz del Sur, en la de Camagüey. A este tabaco producido en la Provincia de Camagüey se le denomina también *de Tamarindo,* por encontrarse el mayor centro productor en el barrio de este nombre en el Término Municipal de Morón.

La producción de esta Zona de 1930 a 1939 ha sido:

AÑOS	TERCIOS	LIBRAS
1930	339,091	50.863,590
1931	309,616	46.442,433
1932	129,241	19.386,231
1933	122,928	18.439,221
1934	168,894	25.334,049
1935	130,393	19.558,971
1936	109,210	16.381,530
1937	200,763	30.114,432
1938	178,748	26.812,272
1939	140,374	21.056,052

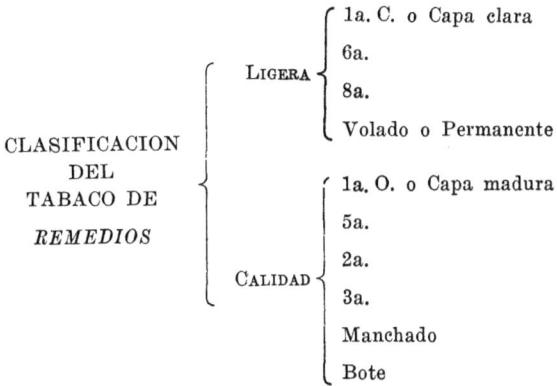

CLASIFICACION DEL TABACO DE REMEDIOS
- LIGERA
  - 1a. C. o Capa clara
  - 6a.
  - 8a.
  - Volado o Permanente
- CALIDAD
  - 1a. O. o Capa madura
  - 5a.
  - 2a.
  - 3a.
  - Manchado
  - Bote

Repasar.—Cuando la planta ha sido desbotonada, en su esfuerzo natural por reproducirse, da salida a los hijos o yemas, que se desarrollan con gran rapidez, tomando de la planta grandes cantidades de elementos nutritivos, razón por la cual hay que eliminarlos cuanto antes. Para evitar el desarrollo de esos hijos o yemas, los vegueros recorren los campos una y otra vez, arrancando los mismos con la uña del pulgar y el dedo índice. A esas repetidas operaciones se les da el nombre de "repaso".

Repaso.—Acción de repasar.

Resembrar.—A los diez días de sembrado el tabaco, se reponen las matas que hayan enfermado o muerto. La resiembra debe hacerse con sumo cuidado, escogiendo matas vigorosas que lleven desarrollo parejo con la totalidad de la siembra, es decir, igual al de las posturas que quedaron vivas y saludables de la primera plantación.

Resiembra.—Acción de resembrar.

Restrojear.—Cuando los compradores de tabaco comienzan a pesar los matules de tabaco en las vegas, apartan, para dejar por cuenta del veguero, aquellos que se encuentran en malas condiciones o son de calidad muy inferior. Esta operación se llama "restrojear".

Restrojo.—El tabaco inferior, de escaso valor comercial, que queda en las vegas, recibe el nombre de "restrojo".

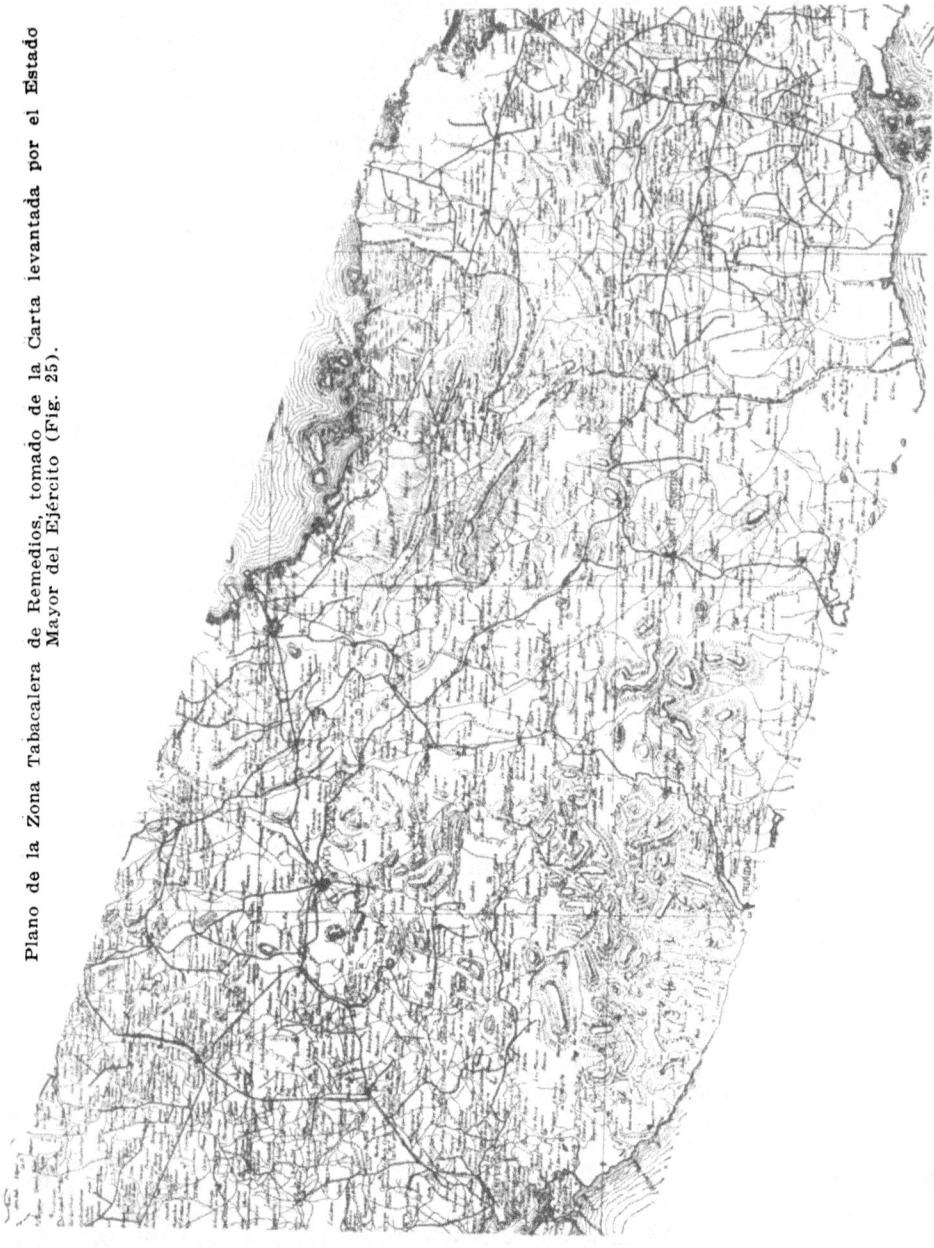

Plano de la Zona Tabacalera de Remedios, tomado de la Carta levantada por el Estado Mayor del Ejército (Fig. 25).

Reva.—Marca para distinguir tabacos torcidos, registrada a nombre de los señores Eduardo Suárez Murias y Cía., de Luz No. 3, Arroyo Naranjo, Habana, Cuba.

Revisador-a de tarea.—Se da este nombre al encargado de examinar el trabajo que se realiza en el departamento de abertura y comprobar que cada obrero ha realizado correctamente el trabajo. En la Zona de Remedios se le denomina capataz.

Rezagado.—Selección de las hojas de capa, en tamaño, clase y color. Se practica en las escogidas y en las fábricas de tabaco.

Rezagador.—Se da este nombre en las escogidas al encargado de hacer la selección de las capas. En las fábricas de tabaco, el rezagador hace una nueva selección de la capa despalillada. Esta selección se hace atendiendo al tamaño, importancia y color de las vitolas. El color varía según los mercados a que se destina el producto, desde el claro pajizo, claro, claro de vida, colorado claro, colorado, colorado maduro, hasta el maduro.

Rezagar.—Operación que realiza el rezagador.

Rezago catorcena (Rzgo. 14ª).—Clasificación de tabaco tapado de la Zona de Vuelta Abajo. (Véase Catorcena.)

Rezago catorcena rosado (Rzgo. 14ª R.).—Clasificación correspondiente a la Zona de Partido, que comprende hojas de color sonrosado (colorado pálido), de tipo ligero y tamaño grande. Se usan para capotes.

Rezago catorcena seco (Rzgo. 14ª S.).—Esta clasificación pertenece a la Zona de Partido. Son hojas de tamaño mediano, de color pálido y con algunas manchas, que se destinan a capas de vitolas corrientes.

Rezago catorcena seco oscuro (Rzgo. 14ª S. O.).—En la Zona de Partido esta clasificación comprende hojas de color oscuro, de tipo ligero y tamaño grande. Se utilizan para capotes.

Rezago catorcena viso amarillo (Rzgo. 14ª V. A.).—Clasificación perteneciente a la Zona de Partido, que agrupa hojas de color amarillo verdoso, enteras, de tamaño grande, de vida o cuerpo y algunas manchas. Estas hojas se emplean como capas.

Rezago docena (Rzgo. 12ª).—Clasificación del tabaco tapado de la Zona de Vuelta Abajo. (Véase Docena.)

Rezago docena seco (Rzgo. 12ª S.).—Son, en la clasificación de la Zona de Partido, hojas de tamaño grande, de vida o cuerpo, de color sonrosado pálido (colorado muy claro) y con algunas manchas. Se destinan a capas para vitolas de regalías.

Rezago docena viso amarillo (Rzgo. 12ª V. A.).—Clasificación correspondiente a la Zona de Partido. Son hojas de fondo limpio, sin manchas, de color amarillo verdoso, de tamaño grande y enteras, y de vida o cuerpo. Se destinan a capas.

Rezago octava (Rzgo. 8ª).—Clasificación del tabaco de sol de la Zona de Vuelta Abajo. (Véase octava.)

Rezago primera cuarta fino (Rzgo. 1ª/4ª F.).—Clasificación correspondiente a la Zona de Partido. Son hojas de color sonrosado (colorado pálido) parejo o limpio, de tamaño grande y bastante cuerpo. Se utilizan para capas en vitolas finas del país.

Rezago primera once (Rzgo. 1ª/11ª).—Clasificación del tabaco tapado de la Zona de Vuelta Abajo. (Véase Primera once.)

Rezago primera oncena seco (Rzgo. 1ª/11ª S.).—Esta clasificación pertenece a la Zona de Partido, y comprende hojas de vida o cuerpo, de color sonrosado pálido (colorado muy tenue) parejo o uniforme, de tamaño grande, que se usan para capas en vitolas de regalías.

Rezago primera siete (Rzgo. 1ª/7ª).—Clasificación del tabaco de sol de la Zona de Vuelta Abajo. (Véase primera siete.)

Rezago quincena ligero (Rzgo. 15ª L.).—Clasificación de la Zona de Partido. Son hojas que se destinan a capas, intermedias entre las capas secas y las capas finas, de tamaño mediano y grande, sanas, y en ellas no se atiende al color, sino sólo al cuerpo de la hoja. Se usan, en el país, en vitolas corrientes.

Rezago quincena seco (Rzgo. 15ª S.).—Clasificación de la Zona de Partido. Son hojas de tamaño mediano, tienen algunas manchas y no presentan mucha vida o cuerpo. Se utilizan para capas en vitolas corrientes.

Rezagos de capa.—Se da este nombre, en las fábricas de tabacos, a las hojas de capa que, por estar manchadas, rotas o presentar cualquier otro defecto, no pueden utilizarse en el torcido.

Rezagos de escogida.—El tabaco ya torcido que, por su color o hechura, se considera defectuoso.

Rezago sexta fino (Rzgo. 6ª F.).—Clasificación de la Zona de Partido; son hojas de color sonrosado (colorado pálido), de tamaño mediano, de bastante cuerpo y color parejo. Se emplean en capas para vitolas corrientes.

Rezago trece (Rzgo. 13ª).—Clasificación del tabaco tapado de la Zona de Vuelta Abajo. (Véase trece.)

Rezago trecena seco (Rzgo. 13ª S.).—Clasificación de la Zona de Partido, que comprende hojas de tamaño grande, de color sonrosado pálido (colorado muy tenue), con algunas manchas y no mucha vida o cuerpo. Se utilizan en capas para vitolas de regalías.

Rezago trecena seco oscuro (Rzgo. 13ª S. O.).—Clasificación de la Zona de Partido. Son hojas de color oscuro, tipo ligero y tamaño grande. Se utilizan para capotes.

Rezago trecena viso amarillo (Rzgo. 13ª V. A.).—Clasificación correspondiente a la Zona de Partido. A ella pertenecen hojas de fondo limpio, sin manchas, de color amarillo verdoso, enteras, de tamaño grande y de vida o cuerpo, que se destinan a capas.

Ricoro.—Marca para distinguir tabacos torcidos, registrada a nombre de los señores Martínez y Cía., de Real No. 200, Marianao, Habana, Cuba.

Riego.—No es el tabaco planta de mucha agua, y ésta debe emplearse como un recurso, para asegurar la cosecha en años de sequía. No es posible fijar regla que deba seguirse todos los años, porque la temperatura no es siempre la misma ni son iguales todos los terrenos. El constante estudio de sus terrenos y de sus siembras, la comparación del resultado obtenido un año tras otro, le dará a los vegueros la mejor regla a seguir en su caso determinado.

La aplicación del riego no puede ni debe ser caprichosa, empleándose sólo cuando la planta misma indique la necesidad de humedad para seguir su desarrollo; éste continúa en tanto la planta conserva el cogollo blanco, y ella no se marchita o duerma demasiado durante las horas del día. Los excesivos riegos darán por resultado un mayor crecimiento, pero no es precisamente por su tamaño por lo que se aprecia la bondad del tabaco, sino por sus condiciones de aroma, arder, elasticidad y limpieza después del desecado, y en todas estas propiedades tiene un efecto desastroso el empleo del riego en demasía, sin regla fija y sólo por el placer de ver crecer la planta.

En las siembras al sol, en la zona de Vuelta Abajo, en las más de las veces, un buen riego—además de aquél para la siembra y resiembra—es suficiente para que la planta alcance el tamaño preciso. Sin embargo, siendo el tiempo demasiado seco y áspero puede que sea conveniente otro riego. La misma planta, y solamente ella, lo indicará.

Es necesario aumentar el número de riegos en los tabacos sembrados bajo tela, siendo generalmente tres, sin contar los de siembra y resiembra.

El último riego debe darse cuando el tabaco va entrando de hecho a maduro y en condiciones tales, que pueda recolectarse dentro del tercero al octavo día después de este último riego, porque la siembra bajo tela se hace para obtener el máximum de rendimiento en capas, y que éstas reúnan los requisitos que exigen los mercados consumidores, es decir, ligeras y de colores claros, condiciones que debe procurarse conseguir por medio de los riegos. No debe utilizarse, en el riego del tabaco, agua que no haya sido previamente analizada, al objeto de evitar el uso de las que contengan elementos nocivos a la planta.

Rigoletto.—Marca para distinguir tabacos torcidos, registrada a nombre de Rogelio Cuervo Aguirre, de E. Barnet No. 318, Habana, Cuba.

Ripios.—Hojas de tabaco muy rotas, que sólo sirven para picadura.

Romeo y Julieta.—Marca para distinguir tabacos torcidos, registrada a nombre de Romeo y Julieta, Fábrica de Tabacos, S. A., de Padre Varela No. 152, Habana, Cuba.

Rosquilla del tabaco.—(Véase Pega-Pega.)

Rotario.—Marca para distinguir tabacos torcidos, registrada a nombre de la firma Castañeda-Montero-Fonseca, S. A., de Galiano No. 466, Habana, Cuba.

Royal.—Marca para distinguir cigarrillos, registrada a nombre de los señores Villaamil, Santalla y Cía., de Campanario No. 1,002, Habana, Cuba.

Rueda.—Un mazo de 100 tabacos. Paquete de 25 cajetillas de cigarrillos.

S

Sahorno.—Especie de pudrición que ataca a las hojas de tabaco cuando en el período de curación sufren de humedad excesiva.

Saint Luis Rey.—Marca para distinguir tabacos torcidos, registrada a nombre de los señores Zamora y Guerra, de Máximo Gómez No. 810, altos, Habana, Cuba.

Sajorno.—(Véase Sahorno.)

Sancho Panza.—Marca para distinguir tabacos torcidos, registrada a nombre de Rey del Mundo Cigar Co., de Padre Varela No. 852, Habana, Cuba.

Sand Drawn.—El *Sand Drawn*, que se viene observando con mayor o menor intensidad en las vegas de Vuelta Abajo, es una clorosis por deficiencia de magnesio en el suelo. Las características de esta enfermedad son manchas amarillentas, jaspeadas, más o menos redondeadas, rodeadas por líneas verdes. Se manifiesta en las plantas pequeñas, las cuales se encogen y amarillan. Rara vez esta clorosis se presenta en las plantas desarrolladas. Cuando las plantas enfermas adquieren su tamaño normal pierden poco a poco las manchas amarillentas y las hojas se vuelven lisas y uniformes, aunque esto se nota pocas veces, esta clorosis le da al tabaco un aspecto muy parecido al del mosaico o "macho". El Sand Drawn se presenta en todos los tipos de tierra de Vuelta Abajo, lo mismo en las arenosas que en las areno-arcillosas, en las sabanas que en las "cuchillas" y tiene tendencia a ir aumentando por el agotamiento de las tierras en magnesio, que se repone con fertilizantes adecuados. El Sand Drawn se combate en la Estación Experimental del Tabaco en San Juan y Martínez, con buen éxito, aplicando sulfato de magnesio disuelto en agua, cuando las plantas no habían adquirido todavía gran desarrollo.

San Sebastián.—Marca para distinguir tabacos torcidos, registrada a nombre de Rey del Mundo Cigar Co., de Padre Varela No. 852, Habana, Cuba.

Santa Damiana.—Marca para distinguir tabacos torcidos, registrada a nombre de la Tabacalera Cubana, S. A., le Agramonte No. 106, Habana, Cuba.

Santa Felipa.—Marca para distinguir tabacos torcidos, registrada a nombre de los señores Fernández, Palicio y Cía., S. en C., de Máximo Gómez No. 51, Habana, Cuba.

Santa Gertruda.—Marca para distinguir tabacos torcidos, registrada a nombre de los Sres. Zamora y Guerra, establecidos en Máximo Gómez No. 810, altos, Habana, Cuba.

Santa Rosalía.—Marca para distinguir tabacos torcidos, registrada a nombre de los señores Martínez y Cía., de Real No. 200, Marianao, Habana, Cuba.

Santos Suárez.—Marca para distinguir tabacos torcidos, registrada a nombre del señor C. Rivero Alvarez, de Calle 8 No. 92, Santiago de las Vegas, Habana, Cuba.

Sazón.—Cuando el terreno se encuentra debidamente preparado para recibir las posturas y el tiempo le ha sido favorable, se dice que está en sazón. Generalmente esto ocurre cuando los nortes largan lloviznas dos, tres, cuatro y hasta ocho días seguidos con frío y sin sol; lo que sucede con frecuencia en los meses de octubre, noviembre y diciembre. Estos son los meses más propicios para la siembra del tabaco, aunque éstas se prolongan a veces hasta febrero. Las primeras siembras se llaman tempranas, las intermedias de medio tiempo y las de enero y febrero tardías. Cuando el tabaco está completamente curado y listo para trabajarse, se dice que está en sazón.

Secado de tripa.—Departamento de las fábricas donde se pone el tabaco en tendales o parrillas, durante unas 24 horas, para que eliminen el exceso de humedad antes de embarrilarlo. En los talleres de despalillo la tripa se seca de igual manera.

Secante.—Cuando el tiempo es seco y el tabaco consecuentemente pierde suavidad, tornándose en áspero y frágil, se dice que hace secante.

Seco.—Uno de los tiempos que se consideran en la clasificación de tabaco de Vuelta Abajo y de Partido. El seco, comprende las hojas de menos calidad, poca consistencia, sin jugo y de colores claros.

Seibón.—(Véase Ceibón.)

Selección.—(Véase escogida.)

Sello de Garantía.—Por Real Orden de 13 de febrero de 1889, se autorizó a la Unión de Fabricantes de Tabacos de la Habana—que era como se titulaba entonces la actual Unión de Fabricantes de Tabacos y Cigarros de Cuba—para inscribir, a su nombre, una precinta para garantizar la procedencia de los tabacos contra las falsificaciones y competencia desleal que se hacía a las marcas cubanas en el extranjero.

Esa Real Orden se publicó en la Gaceta de 26 de marzo del propio año 1889. De acuerdo con esa autorización, se inscribió la precinta, en cuyo diseño figuraba el Escudo de España y el Sello del Gobierno General de la Isla.

La precinta fué usada con ese diseño hasta la instauración de la primera República, en que se pidió autorización al Presidente, Don Tomás Estrada Palma, para variarlo, lo que fué concedido, inscribiéndose el nuevo diseño en el que se sustituyó el Escudo de España por el de Cuba, y el Sello del Gobierno General, por el retrato de Cristóbal Colón.

Ese sello se estuvo usando hasta que se votó la Ley Valdés Carrero, en 16 de julio de 1912, que autorizó al Presidente de la República para crear un sello de garantía (Figs. 26 y 27) para los tabacos, cigarros y picadura que se exporten de Cuba, con la misma finalidad de amparar la industria en el extranjero contra las falsificaciones e imitaciones de marcas y del producto.

El diseño de este sello de garantía fué modificado posteriormente por Decreto No. 165, de 27 de enero de 1931, en la forma que actualmente se está usando.

Semillerero.—Individuo que se dedica a regar semilleros para comerciar con las posturas.

Semillero.—Sitio donde se riegan las semillas de tabaco que después de germinadas han de trasplantarse a las vegas. Los semilleros se hacen en canteros preparados al efecto en sitios apropiados, y, principalmente en la zona de Remedios en las llamadas "tumbas de monte".

Todo el tabaco torcido que se exporta de Cuba se encuentra protegido por una precinta o sello de garantía, (fig. Nº 26) que se fija en el exterior de los envases. No es habano genuino el que se ofrece en envases que carecen de esa precinta o sello de garantía, que se fija también a los paquetes de picadura.

Every cigar exported from Cuba is protected by a warranty stamp or band (Nº 26) which is placed on the outside of the boxes or packings. The cigars which are offered in boxes without this warranty stamp or band are not geunine Havana cigars. This stamp or band is also placed on cut tobacco packings.

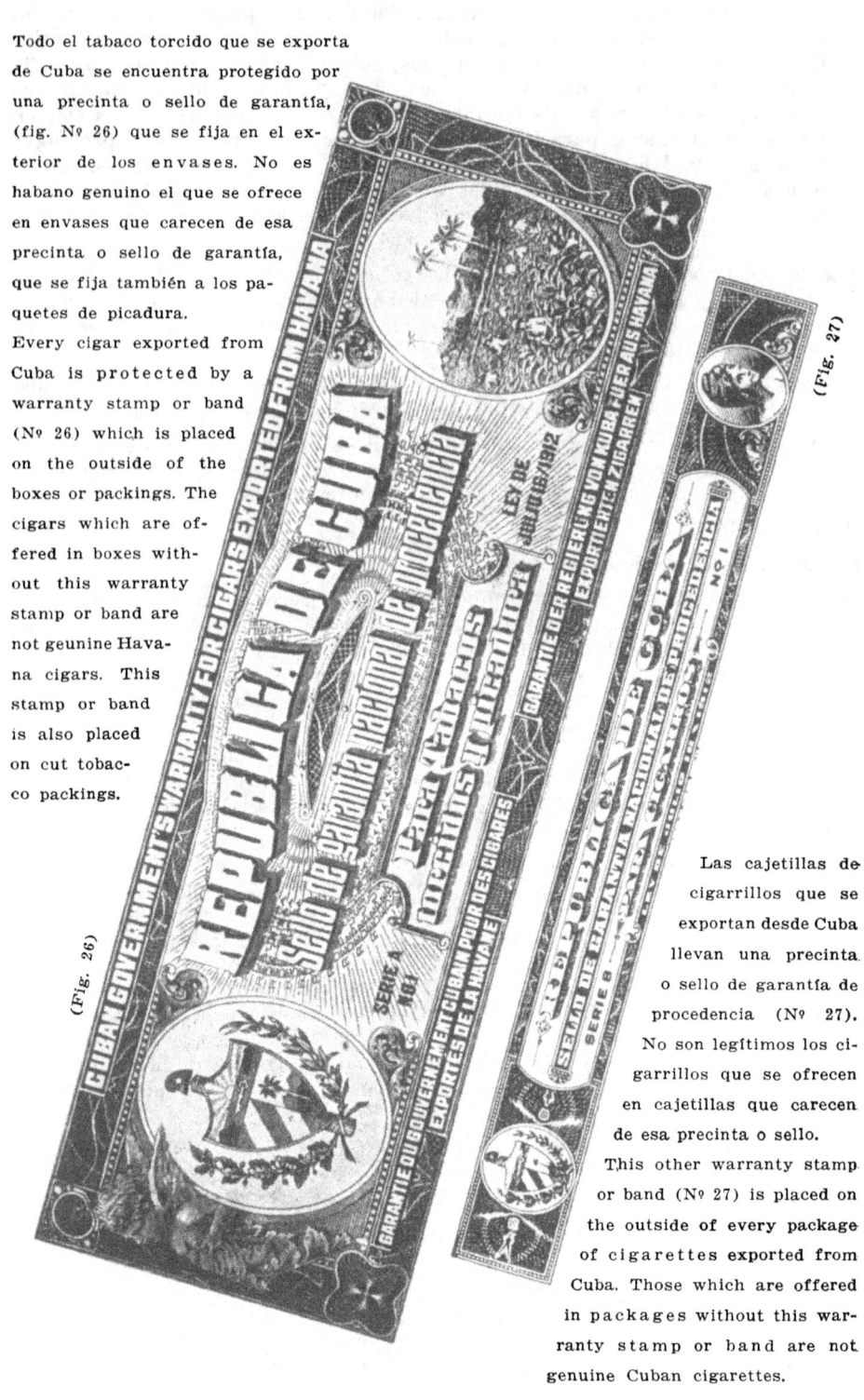

Las cajetillas de cigarrillos que se exportan desde Cuba llevan una precinta o sello de garantía de procedencia (Nº 27). No son legítimos los cigarrillos que se ofrecen en cajetillas que carecen de esa precinta o sello.

This other warranty stamp or band (Nº 27) is placed on the outside of every package of cigarettes exported from Cuba. Those which are offered in packages without this warranty stamp or band are not genuine Cuban cigarettes.

El semillero es a la cosecha de tabaco lo que son los cimientos a un edificio.

De nada valen los cuidados que el veguero preste a su cosecha, si la postura que ha sembrado no es por todos conceptos vigorosa y sana.

Debe escogerse el terreno mejor apropiado para semillero y proceder desde temprano a su preparación.

Es buena costumbre hacerlo en los meses de marzo o abril, repitiendo esta labor cada vez que las hierbas comiencen a desarrollarse, obteniéndose así que la tierra tome del aire la mayor cantidad posible de oxígeno, y que se esterilice en parte, evitándose para más tarde las repetidas escardas.

Próxima la fecha de la riega, que debe ser generalmente en la primera decena de septiembre, se darán dos o tres pases de arado y uno de picadora o rastrillo.

Habilitado el terreno, se procede a levantar canteros de veinte metros de longitud y de cuatro pies de ancho, dejando entre ellos un espacio para facilitar la escarda y regadío. En el mismo momento de regar la semilla se liga con el abono, empleando treinta gramos por cuarenta libras de abono, cantidad suficiente para dos canteros, que debe distribuirse uniformemente en todas las superficies de los mismos, y para mejor conseguirlo se usarán medidas de latas o cubos con capacidad para diez libras, que es la cantidad necesaria para la mitad, al largo de un cantero.

La primera riega debe hacerse en la primera decena de septiembre, pero por la fecha temprana resultará más que probable el no poder aprovecharse el semillero, aún lográndolo, por no estar tal vez las tierras en condiciones debidas para recibir las posturas. Debe, pues, hacerse esta primera riega de acuerdo con las necesidades de primera hora, teniendo presente que un cantero preparado en la forma dicha rendirá de diez a quince mil posturas.

Veinte o veinticinco días después se procederá a una segunda riega de semillas en doble cantidad de canteros que la primera, porque, ya más adelantada la estación, no se corre tanto riesgo de pérdida.

Con más o menos diferencia en tiempo, se harán otras dos o tres riegas, para asegurar así las posturas que fueren necesarias y sembrarlas en dos o tres tiempos; práctica ésta que ha de seguirse siempre evitándose con ella el excesivo trabajo y el gasto que significa atender y recoger toda la cosecha de una vez, lográndose, además, la positiva ventaja que una parte de la siembra aprovechará siempre los beneficios de la buena temperatura en cualquier período que se presente.

Hecha cada riega, es conveniente tapar los canteros respectivos con tela cheese cloth usada, o en su defecto, con pajón o guanito de costa, para evitar que los rayos solares quemen los tiernos brotes. Acto seguido se procede al riego abundante, que se repetirá diariamente con objeto de mantener la necesaria humedad para una pronta germinación. Cuando las posturas estén suficientemente fuertes para resistir el calor del sol, se retirará la tela o el material usado en su lugar. En estas condiciones debe aminorarse la cantidad de agua; ya las posturas de a peseta es conveniente dejarlas sufrir la seca para que desarrollen sus raíces.

Un semillero violentado por el regadío rendirá posturas de tamaño, pero demasiado tiernas, de raíz de mota, malas prendedoras y presas fáciles para el gusano llamado pasador.

Estando el semillero de a peseta, o antes, si se estima necesario, debe procederse a irrigar harina ligada con verde de París o Arseniato de plomo, evitando las distintas plagas que lo atacan.

Esta irrigación medicinal debe hacerse en las horas del mediodía, porque si las hojas conservan agua del rocío o del regadío, lo que generalmente sucede en las primeras horas de la mañana, se corre el riesgo de quemarlas.

Estando el tiempo húmedo debe irrigarse con caldo bordelés, aplicándolo con un atomizador o bomba de presión para evitar la mancha o gangrena negra.

La práctica ha demostrado que estos remedios, los venenos y el caldo, son más eficaces como preventivos que como curativos.

A los 35 ó 40 días después de haberse regado el semillero, las posturas entrarán a siembra.

Para que no se dañen sus raíces al desprenderlas, se procede a regarlo la noche anterior al trasplante, si la tierra está endurecida; no debiendo nunca arrancarse un semillero hasta tanto no se haya evaporado el rocío de la noche o el agua que el regadío pudo haber dejado sobre las hojas.

Si se hace la siembra con regadío, poco importa que la postura esté o no metida de nuevo, porque trasplantándose a un medio igual o mejor que aquél en que se encontraba, continúa su progresivo desarrollo sin interrupción ni daño alguno. No sucede lo mismo cuando la siembra se hace en seco, debiendo en este caso esperarse, si fuera posible, que la postura haya pasado ese período, o bien arrancarla antes que se encuentre en tal estado. Las posturas meten de nuevo a los tres días de una lluvia o de un riego fuerte, tomando entonces un color verde amarillo y se desarrollan infinidad de nuevas raicecillas de color blanquecino.

Para que los semilleros den el máximo del rendimiento es preciso arrancar las posturas diariamente escogiendo cada día las más adelantadas. Si se aprietan los primeros arranques, muchas de las posturitas, aún demasiado tiernas, se doblan y se caen al faltarles el apoyo de las arrancadas, mermando considerablemente el rendimiento.

Semilleros de canteros.—Reciben este nombre los semilleros que se hacen en canteros. Se escogen para ello las faldas de las colinas o terrenos de fácil drenaje.

Semilleros de monte.—(Véase semilleros de tumba.)

Semilleros de tumba.—Se les da este nombre a los semilleros que se hacen en terrenos recién desmontados.

Semi-Vuelta.—Nombre que recibe la Zona tabacalera que ocupa la parte central de la Provincia de Pinar del Río (Fig. 28), desde Herradura hasta las Martinas. Comprende los Términos Municipales de Candelaria, Consolación del Sur (parte), Los Palacios y San Cristóbal.

La producción de Semi-Vuelta, desde el año 1930 hasta 1939, ha sido la siguiente:

AÑOS	TERCIOS	LIBRAS
1930	35,164	4.362,600
1931	35,872	4.488,064
1932	7.906	988,627
1933	9,966	1.245,806
1934	11,453	1.431,627
1935	14,486	1.810,729
1936	20,562	2.570,273
1937	17,586	2.198,248
1938	19,463	2.432,912
1939	14,236	1.779,458

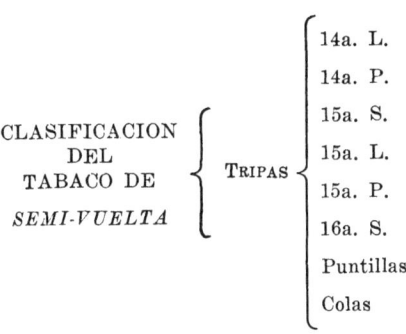

Sentido.—En la clasificación del tabaco tapado y de sol de la Zona de Vuelta Abajo, pertenece al grupo de tripas. Son hojas de cualquier clase, pero con algunas partes podridas. Se emplea principalmente en cigarrerías.

Sexta (6ª).—En la clasificación de tabaco de Remedios corresponde a la tripa limpia, ligera, de tamaño grande, procedente del rezago de las capas.

Shakespeare.—Marca para distinguir tabacos torcidos, registrada a nombre de la Tabacalera Cubana, S. A., de Agramonte No. 106, Habana, Cuba.

Siboney.—Marca para distinguir cigarrillos, registrada a nombre de la Tabacalera Cubana, S. A., de Princesa No. 202, Luyanó, Habana, Cuba.

Siembra a la mano.—Es el sistema seguido para la siembra del tabaco en las zonas de cultivo donde no existe regadío.

Siembras.—En Vuelta Abajo—dice don Jacinto Argudín—, el método seguido hoy es el de siembra al dedo. Con este sistema se reducen a su mínimum los daños del gusano llamado pasador, que trabaja bajo la tierra perforando el tallo de la postura recién sembrada por su parte más próxima a la raíz. Consiste en dejar correr agua por el surco, y una vez lleno en toda su longitud, pero después de haber cambiado la corriente del agua para el surco siguiente, enterrar la postura en tierra mojada, teniendo mucho cuidado de colocar la raíz debajo de la punta o yema del dedo (de aquí toma su nombre el método), para que le sirva de guía y la raíz no se lastime. Para que las posturas queden colocadas a debida distancia unas de otras, puede utilizarse un cordel con nudos hechos en las distancias deseadas, fijándolo por sus extremos a estacas clavadas en las cabezas del surco que se siembra, pasándolo de uno a otro surco a medida que sea necesario.

Cinco o seis días después de sembrado el tabaco, se procede a la resiembra de las fallas, dejando correr nuevamente el agua por el surco si el tiempo estuviera seco y se observa que la tierra está endurecida por haberse evaporado ya la humedad del riego de la primera siembra. Es conveniente práctica tapar el surco mojado con otra tierra seca de la orejera o del camellón, conservando así la humedad por más tiempo.

A los diez o quince días después de la siembra, o antes si el nacimiento de hierbas fuera mucho, se da la primera mano de guataca. El mismo día en que se practique esta labor, y momentos antes de ella, debe regarse el abono químico, dejando caer una pequeña cantidad o medida al pie de cada planta, siendo cantidad suficiente, según la mayor o menor riqueza del terreno y del abono que se emplee, la de 25 a 35 libras de abono químico por cada mil matas.

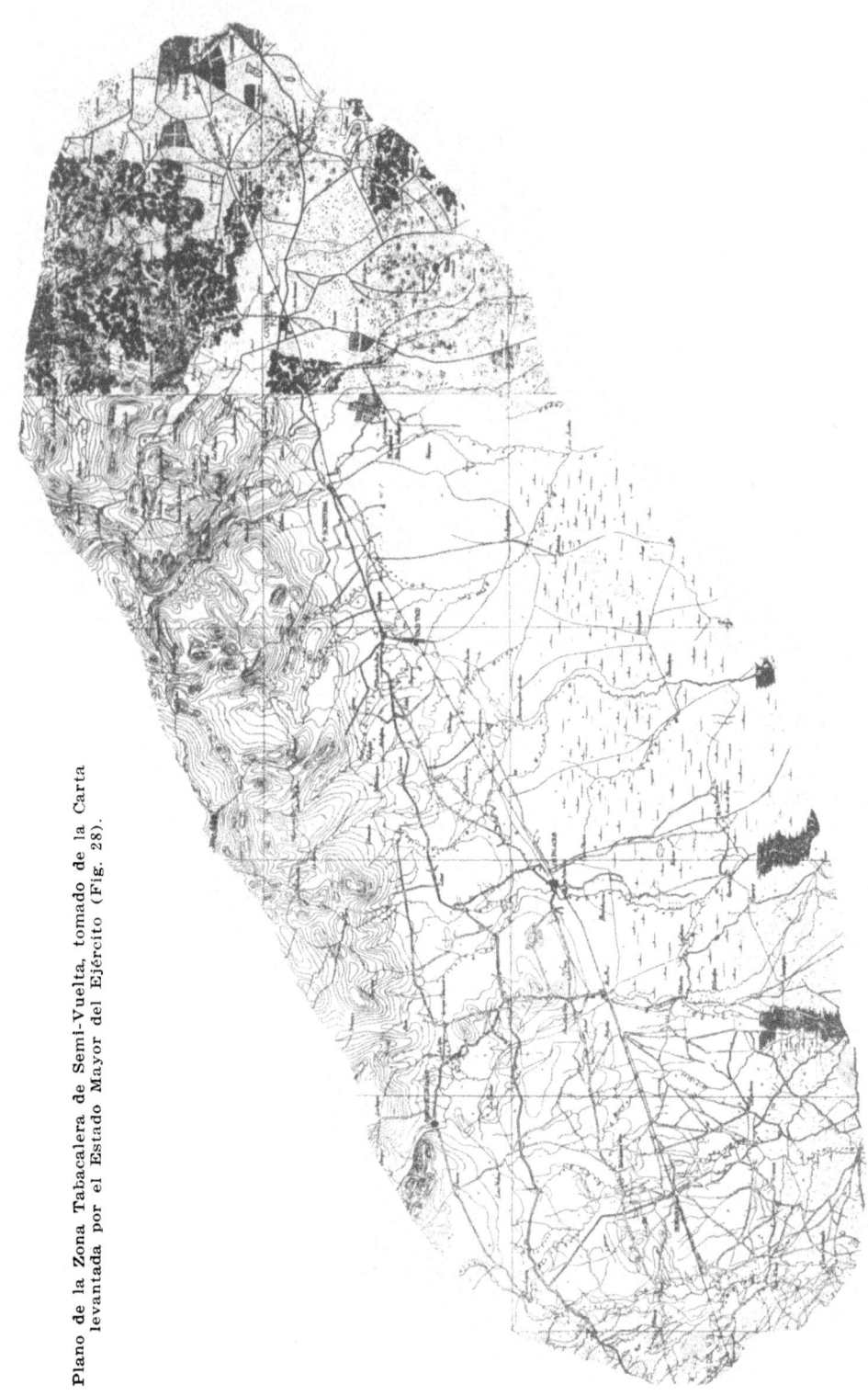

Plano de la Zona Tabacalera de Semi-Vuelta, tomado de la Carta levantada por el Estado Mayor del Ejército (Fig. 28).

Algunos vegueros riegan el abono por el surco en el momento de la siembra, esto no debe hacerse nunca cuando se emplea el sistema de "siembra al dedo", porque el abono sería arrastrado por el agua, quedando en una parte del surco demasiado abono y en la otra muy poco o ninguno. El número de manos de guataca que debe darse a una vega depende de las veces que llueva o de las veces que se riegue, y también de la rapidez con que las hierbas se desarrollen.

El tabaco es una planta que necesita la tierra suelta para el mejor desenvolvimiento de sus raíces, y con esta soltura debe procurarse conservarla durante todo su cultivo.

El método de siembra que don Lisandro Pérez aconseja para la Zona de Remedios, y que debe emplearse por los vegueros, es el denominado *siembra al dedo*. Las ventajas de este método ya han sido explicadas por Don Jacinto Argudín, pero su aplicación en Remedios difiere de la que se practica en Vuelta Abajo y Partido, Zonas de Regadío. Este método, en Remedios, consiste en, una vez dejado asentar el terreno, por lo menos ocho o diez días después del último hierro dado a la tierra, para que su natural fermentación no dañe a las posturas, proceder a arrancarlas del semillero, y, aprovechando esta humedad natural del surco recién abierto, realizar la siembra al dedo, enterrando la postura con el cuidado de colocar la raíz debajo de la yema del dedo, y una vez puesta en la tierra rodearla con ésta.

Es muy importante que las posturas guarden uniformidad en las distancias y que, como término medio, se planten tres por vara lineal; distancia que permite el buen desarrollo de las plantas, y que el sol penetre entre ellas y cubra por igual todas las matas.

Pasados cinco u ocho días de la siembra, y ya reconocidas las fallas que tenga, se procederá a la resiembra, utilizando posturas saludables y de buen tamaño, y si no hay buena humedad, empleando agua para lograr, con una y otra cosa, que estas posturas resembradas adelanten hasta alcanzar, en su crecimiento, a las anteriormente sembradas y ya presas.

Transcurridos de diez a quince días de la siembra, se debe proceder a bajar el surco, término con que se denomina en Remedios la primera mano de guataca que se da al terreno.

No se puede precisar el número de manos de guataca que debe darse al terreno sembrado, pues esto depende del tiempo que haga y de la hierba que en los campos se desarrolle; pero antes que llegue el momento de proceder al desbotonamiento de la mata principal, debe habérsele dado una segunda mano de guataca, teniendo en cuenta que el tabaco es planta que necesita tierra suelta para el mejor desenvolvimiento de sus raíces; soltura que debe conservarse siempre.

Siembras al dedo.—Sistema de siembras que se utiliza en Vuelta Abajo, para salvar la postura de los estragos del pasador. Don Jacinto Argudín, descubridor del sistema, nos hace la historia de éste, de la siguiente manera: "Durante los varios años en que fuí comprador de tabaco, primeramente para almacén y más tarde para las fábricas "Henry Clay" y "Aguila de Oro", nunca hice escogidas. Compraba los tabacos en tercios y no había advertido que en la mayoría de las vegas se registraba una gran pérdida de posturas, al extremo de que a los cuatro o cinco días de sembradas, ya se notaba una falta de un 20 a un 25%. Había que resembrar continuamente, pues a veces dicha falta alcanzaba a un 50 ó un 60%.

En general, los vegueros atribuían esto a deficiencias de la postura por enfermedad en el semillero. "Es que no prende"—decían.

En 1908 me hice cargo del Departamento Agrícola de la Cuban Land and Leaf Tobacco Co.. en San Juan y Martínez y Remates, pudiendo observar pronto que siembras hechas con posturas sanas y estando el terreno en buenas condiciones, presentaban ya en el plazo mencionado—4 ó 5 días—el referido 20 ó 25% de fallas. repitiéndose éstas en las resiembras hasta el extremo de que nunca la plantación resultaba pareja, pues cuando unas matas estaban de corte, otras se desbotonaban y algunas más estaban de guataca. Los vegueros insistían en que todo era debido a defectos de la postura, pero, como yo sembraba posturas seleccionadas, no podía admitir esa causal. Había que buscar otra a que poder atribuir en verdad lo que ocurría. Largo tiempo estuve preocupado con el asunto, hasta que arrancando algunas posturas ya muertas, noté que todas, sin excepción, se hallaban taladradas por el tronco. Era la obra de un gusano que trabaja bajo tierra, el pasador.

Me propuse combatirlo hasta ver si lograba eliminar las resiembras. En uno de los múltiples experimentos que realicé, llegué a envolver cada postura con papel higiénico en el momento de la siembra. Otra vez sembré poniendo dos posturas juntas para luego quitar una. Pero todo era inútil. Ni el riego de regadera a las siembras fué suficiente. Las fallas continuaban y mi desaliento crecía, haciéndome pensar que no había modo hábil de combatir al pasador.

Eminentes entomólogos vinieron a estudiar igualmente la cuestión, sin hallar tampoco ninguna fórmula eficaz para remediar los daños que causaba a las siembras dicho insecto.

La casualidad, únicamente, me dió al fin la solución del problema, con la cual quedaron suprimidas las resiembras y se pudo obtener que las plantaciones resultaran parejas.

Antonio Lorenzo Hernández, veguero que trabajaba en el Hato de San Luis, hallábase un día sembrando con regaderas y mandó llevarse de un lugar para otro una tina de agua; pero tenían hechos surcos al lado de la misma, y al volcarse ésta el agua corrió por ellos. Un muchacho que ayudaba a Lorenzo en la siembra siguió colocando posturas sin preocuparse de nada. Al día siguiente por la mañana fuí al Hato y me enseñaron las sembradas con el surco lleno de agua. Tan lozanas como si estuvieran aún en el semillero, ni una sola de esas posturas se había marchitado.

Esto me dió la clave del asunto. El mismo día, y ante el asombro de muchos, inicié en Vivero lo que muy pronto fué denominado sistema de siembra al dedo, siguiendo ese procedimiento de llenar de agua los surcos para después enterrar con el pulgar y el índice las posturas.

Obtuve tan buenos resultados que hoy día están completamente suprimidas las resiembras.

Smart Set.—Marca para distinguir tabacos torcidos, registrada a nombre de los señores Fernández, Palicio y Cía., S. en C., de Máximo Gómez No. 51, Habana, Cuba.

Sol.—Marca para distinguir tabacos torcidos, registrada a nombre de los señores Martínez y Cía., de Real No. 200, Marianao, Habana, Cuba.

Soplar la mesa.—Aplícase esta frase cuando el torcedor, al contrario del mogollero, no deja ninguna cantidad de sobrantes o mogolla.

Sudor.—Se dice que un tabaco está sudado cuando, por efecto del calor y la humedad de la atmósfera, las hojas se cubren de agua de condensación. Como consecuencia de este fenómeno se presenta inmediatamente el "sahorno".

Superfino.—Tipo de cigarrillo redondo y delgado.

Susini.—Marca para distinguir cigarrillos, registrada a nombre de la Tabacalera Cubana, S. A., de Princesa No. 202, Luyanó, Habana, Cuba.

T

Tabacal.—Sitio sembrado de tabaco.

Tabacalero-a.—Perteneciente o relativo al cultivo, fabricación o venta del tabaco. Dícese de la persona que cultiva el tabaco.

Tabaco (Botánica).—Planta de la familia de las solanáceas (Fig. 29), originaria de América. Es una planta anual, pubescente, viscosa, de olor fuerte, raíz fibrosa, tallo velloso, de dos a cinco pies de altura, con médula blanca, hojas oblongas u oblongas-lanceoladas, alternas, grandes, nerviosas y glutinosas. Las flores que se presentan en forma de ramilletes que coronan la planta son purpurescentes o rosadas con el tubo amarillento o verdoso. Cáliz tubuloso acampanado u ovoide, quinquéfido, como de doce mm. de largo, sus lóbulos ovales persistentes. Corola embudada, como de cinco cm. de largo. rosada con cinco lóbulos triangulares aleznados, extendidos. Estambres largo, rosada con cinco lóbulos triangulares aleznados. extendidos. Estambres cinco, inclusos, a menudo desiguales, insertos en la base de la corola, filamentos filiformes. anteras dehiscentes longitudinalmente. Ovario bilocular, rodeado en la base por un nectario grueso, anular, obscuramente bilobado, estilo delgado, estigma en cabezuela aplastada. provisto interiormente de dos glándulas. Cápsulas bivalvas, más largas que el cáliz. Semillas numerosas remiformes; embrión recto.

Tabaco (Historia).—El tabaco fué descubierto en la parte oriental de la Isla de Cuba, en las cercanías de Gibara, durante el primer viaje de Colón. El descubrimiento se efectuó en uno de los días comprendidos del 2 al 5 de noviembre de 1492, por Rodrigo de Xerez, vecino de Ayamonte y Luis de Torres, judío converso, que había vivido con el adelantado en Murcia. Estos españoles que acompañados de algunos indios habían sido enviados por el Almirante tierra adentro, observaron cómo los habitantes del país usaban esa planta que denominaban "cohiba", "cojiba" o "coviva" pero a la que los descubridores dieron el nombre de tabaco, dicen que por confusión del nombre de la planta con el que los indígenas daban al instrumento en forma de "Y", con que absorbían su humo.

Aunque algunos autores afirman que los indios no fumaban el tabaco sino que lo quemaban sobre carbones encendidos, aspirando su humo por medio de unos tubos largos y expulsándolo después por la boca y las fosas nasales, está demostrado por el relato que en su Historia de las Indias nos hace el Padre de las Casas, que los Siboneyes, si empleaban el tabaco en la forma anteriormente descripta lo fumaban también como se hace en nuestros días. Dice las Casas narrando las observaciones de Xerez y de Torres "hallaron estos dos cristianos por el camino mucha gente que atravesaban a sus pueblos, mujeres y hombres, siempre los hombres con un tizón en las manos y ciertas hierbas secas metidas en una cierta hoja, seca también, a manera de mosquete hecho de papel de los que hacen los muchachos la pascua del Espíritu Santo y encendida por la una parte dél por la otra chupan, o sorben. o reciben con el resuello para adentro aquel humo; con el cual se adormecen

TOBACCO PLANT

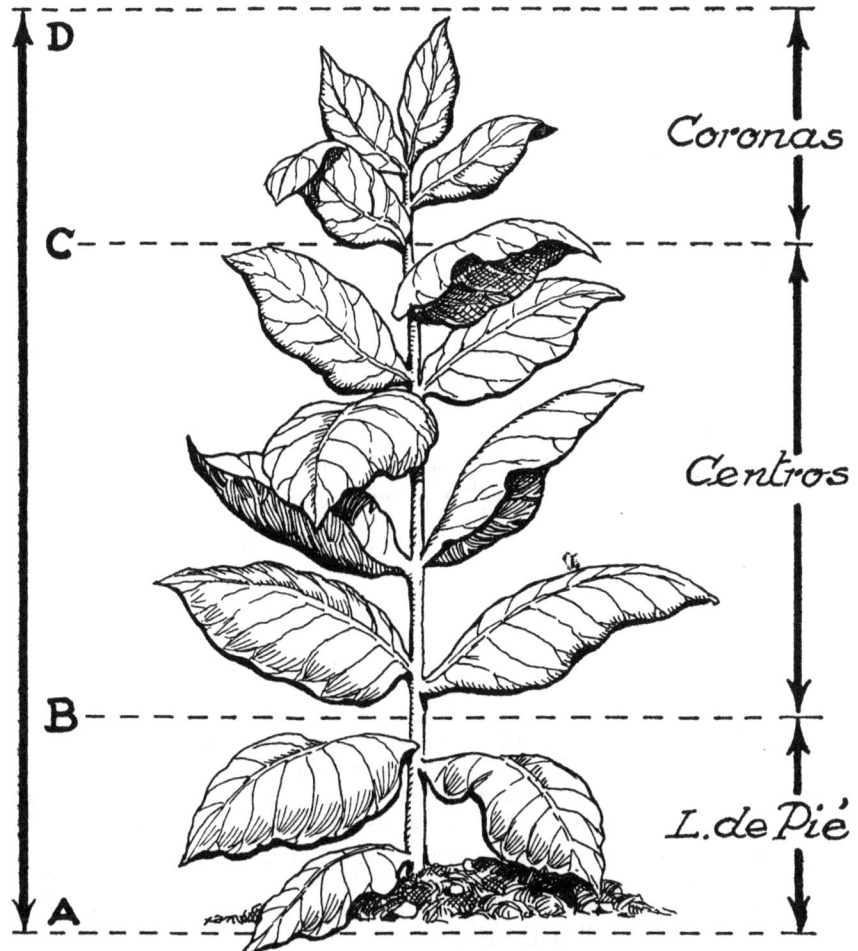

A. B. *BOTTOM LEAVES. Light Fillers.*
B. C. *CENTER LEAVES. The best part of the Plant, yielding Wrappers and CHOICEST FILLERS.*
C. D. *TOP LEAVES. Heavy bodied for strong cigars.*

(Del Museo de la Tabacalera Cubana, S. A.) (Fig. 29).

las carnes y cuasi emborracha, y así diz que no sienten el cansancio. Estos mosquetes o como los llamaremos, llaman ellos tabacos".

A la palabra *tabaco* se le atribuye diverso origen. Algunos autores dicen que se deriva de la isla de Tabago, donde lo encontraron los descubridores de América. Esta afirmación carece de fundamento si tenemos en cuenta que esa isla fué descubierta por Colón en su tercer viaje en el año 1498, atribuyéndose su nombre al de la pipa que usaban los nativos.

No es de aceptarse tampoco la opinión de que el nombre de la planta proviene de Tabasco territorio de México, porque el mismo fué denominado así por Hernán Cortés en el año 1519, derivando el nombre del que tenía el Cacique que lo gobernaba y que luchó contra los españoles durante la conquista de México.

El uso del tabaco estaba también muy generalizado entre los indígenas de la Isla de Guanahaní cuando fué descubierta por Colón y en Brasil donde su descubridor Pedro Alvarez Cabral observó que los indios fumaban una planta a la que llamaban "Petun".

No hemos encontrado unidad de pareceres en cuanto a la persona que introdujo el tabaco en Europa, pero lo más probable es que lo fuera—como afirman muchos autores de crédito—su propio descubridor Rodrigo de Xerez.

Los botánicos denominaron al nuevo ejemplar *Nicotiana Tabacum* en honor de Juan Nicot, Embajador de Francia en Portugal, que no hizo otra cosa sino llevarlo a su país donde también se le llamó Catalina o Yerba de la Reina, en honor de Catalina de Médicis. En marcha triunfal, la yerba americana conquistó el universo entero, con mayor facilidad que la que tuvieron los europeos para llevar a cabo el sometimiento de las tierras recién descubiertas.

Desde 1492 hasta 1614 se extiende un período durante el cual ningún acontecimiento de importancia tiene lugar en nuestra Isla respecto del tabaco, aunque seguramente alguna medida oficial restrictiva de su cultivo hubo de dictarse, a juzgar por la aparición, en octubre 20 de 1614, de una Real Cédula, declarando libre ese cultivo, pero prohibiendo su comercio, que sólo quedaba reservado al Rey. Esta es la primera medida de que tenemos noticias, ligando el tabaco a nuestra economía, en la cual tan importante papel ha desempeñado a través de los tiempos y desempeña todavía.

Gobernaba a Cuba Don Juan de Salamanca, cuando en el año 1650 obtuvieron autorización los agricultores de la provincia de Santa Clara para llevar a cabo siembras de tabaco, las que se iniciaron en el Valle del Agabama, entre las bellísimas lomas de Trinidad. Así dió comienzo el cultivo en lo que es hoy la importantísima zona productora conocida con el nombre de Remedios o Vuelta Arriba.

Desde luego que nos referimos a las siembras autorizadas, porque, según refieren cronistas de la época, Don Juan de Salamanca no hizo otra cosa sino legalizar la situación de los vegueros que, al margen de las disposiciones vigentes, venían sembrando tabaco en los alrededores de Güinía de Miranda, desde principios del año 1600.

El 11 de abril de 1717 se promulgó la Real Cédula estableciendo la Factoría y Estanco del Tabaco. Consecuencia de esta disposición fueron los alzamientos de vegueros, acaecidos en el propio año de 1717 y en los de 1721 y 1723. A estas rebeldías de los sembradores de tabaco de la provincia de la Habana se puso término con la ejecución de un grupo de ellos en la loma donde hoy se levanta la Iglesia de Jesús del Monte. Esto afirman José Elías Entralgo, Emilio Roig de Leuchsenring y otros autores, pero Rivero

Muñiz les sale al paso diciéndoles que los citados vegueros fueron arcabuceados en los alrededores de Santiago de las Vegas y llevados sus cadáveres a la Loma de Jesús del Monte, donde se les colgó, exhibiéndoseles de esta manera para escarmiento de los rebeldes. Algunos historiadores han llamado a estos vegueros los precursores de los movimientos revolucionarios que culminaron con la libertad de Cuba, pero otros han fijado el carácter puramente económico de aquellos movimientos, distanciándolos de las luchas políticas libradas por la emancipación de la Isla.

En el año 1719 comenzaron en Pinar del Río las siembras de tabaco; y, 53 años más tarde, se produjo el acontecimiento que la docta pluma de Fernando Ortiz nos narra de la siguiente manera: "lo que es hoy la provincia de Pinar del Río pertenecía al Ayuntamiento de la Habana. Esta región continuó sin personalidad política hasta 1772, en que don Felipe de Fondesviela, Marqués de la Torre, en reconocimiento de las cualidades inigualables del tabaco que se cosechaba en las márgenes del río Cuyaguateje, juzgó que tan extenso territorio no debía pertenecer al cabildo de la Habana, sino que debía crear su Ayuntamiento, por lo cual comisionó a don José Varea, para que fijara el asiento de un pueblo y los límites de una jurisdicción, que se llamó Nueva Filipinas. Vemos, pues, cómo la región vueltabajera, donde se cosecha el mejor y más sano tabaco del mundo, tuvo personalidad política, debido, precisamente, a las insuperables cualidades del tabaco que se produce en sus magníficas vegas.

El monopolio del tabaco en la Isla de Cuba surgió por Real Cédula de 18 de diciembre de 1740, por el cual se fundó la Real Compañía de Comercio de la Habana. Este monopolio quedó interrumpido en la Habana durante la dominación inglesa, pero se restituyó en el año 1764.

Don Francisco de Arango y Parreño, ilustre economista cubano, abogó en 1805 por la libertad de la siembra, la fabricación y el comercio del tabaco, escribiendo un formidable alegato, en defensa de esa libertad.

La abolición del estanco y la libertad del comercio fueron recomendadas en las Cortes Españolas por el Secretario de Estado de Real Hacienda, don José Cangas, el 2 de noviembre del año 1811.

Fernando VII, por Real Cédula de 23 de junio de 1817, ordenó la abolición de los privilegios de la Factoría, suprimiendo el estanco y decretando la libertad de cultivo y comercio, no sin establecer fuertes gravámenes que pesaron sobre los negocios tabacaleros hasta el 25 de enero de 1827, en que fué derogado el impuesto sobre el cultivo y fabricación, estableciéndose uno sobre exportación de la rama y del tabaco manufacturado.

En el año 1836, la Sociedad Económica de Amigos del País, llevó a cabo un concurso para premiar el mejor trabajo que se presentase referente al problema que todavía se plantea en nuestros días por algunos que desconocen a fondo los negocios tabacaleros, relativo a si debía ser prohibida la exportación de tabaco en rama. Obtuvo el premio Don Antonio Bachiller y Morales, manteniendo la tesis de la no restricción de la exportación de rama. Es éste un trabajo fundamental, que demuestra, de manera terminante, el error en que incurren los que piensan que, prohibiendo la exportación de la rama habremos de resolver las dificultades del torcido. La propia Sociedad Económica de Amigos del País fundó, en el año 1839, una escuela de aprendices para los oficios tabacaleros, que, al siguiente año de fundada, contaba con 853 alumnos, de los cuales 178 se preparaban para torcedores.

El primero de julio de 1857, recibió el tabaco habano el primer ataque exterior, en lo que a tarifas aduaneras se refiere, al quedar elevadas las que tenía fijadas en los Estados Unidos. Este hecho produjo una intensa crisis en la industria y determinó que emigrasen las primeras fábricas cubanas a Cayo Hueso y Tampa, donde quedaron establecidas de los años 1868 a 1877.

El 25 de octubre de 1884. se fundó la Unión de Fabricantes de Tabacos de la Habana, continuadora del Gremio de Fabricantes, establecido en agosto 24 de 1880. Más adelante, el 26 de enero de 1896, se unieron las corporaciones económicas tabacaleras, denominándose, en lo sucesivo, dicha sociedad, "Unión de Fabricantes de Tabacos y Cigarros de la Isla de Cuba"; nombre que, últimamente, en 23 de mayo de 1933, pasó a ser "Unión de Fabricantes de Tabacos y Cigarros de Cuba".

En 1890. como consecuencia del Bill Mac Kinley, se produjo otra crisis económica, que afectó, duramente, a los negocios tabacaleros de Cuba.

El 24 de enero de 1891, dieron publicidad los fabricantes de tabaco a su famoso manifiesto político, que dió, por resultado inmediato, la definitiva división del Partido Español llamado Unión Constitucional.

El Primer Congreso de Obreros del Tabaco se llevó a cabo el 15 de enero de 1892.

El propio Presidente William Mc Kinley, anteriormente citado, durante el Gobierno Interventor, en 8 de marzo de 1901, dispuso la supresión de los derechos que gravaban en Cuba la exportación de tabaco, tanto en rama como manufacturado.

En el Tratado de Reciprocidad entre Cuba y los Estados Unidos, suscrito en 1902, se concedió al tabaco, como a los demás productos del suelo y de la industria de Cuba, un preferencial en las tarifas aduaneras americanas.

Entre ese mismo año de 1902 y el de 1903, quedó constituída la Henry Clay and Co. Ltd., compañía a la que se dió también el nombre de Trust Tabacalero, por haber adquirido 291 marcas cubanas de tabacos y 85 de cigarrillos.

El 4 de noviembre de 1911, fué fundada la "Asociación de Almacenistas, Escogedores y Cosecheros de Tabaco de la Isla de Cuba", que desde el 20 de marzo de 1925 se denominó "Asociación de Almacenistas y Cosecheros de Tabaco de Cuba".

El 16 de julio de 1912 fué promulgada la Ley denominada de la Precinta o Sello de Garantía, presentada a la Cámara por el Representante por la provincia de la Habana Sr. Luis Valdés Carrero, que procedía de las filas de los torcedores de tabaco. Esta precinta o sello de garantía que se adhiere a los envases de los tabacos, a los paquetes de picadura y a las cajetillas de cigarrillos que se exportan, sustituyó a la precinta que venía usando la Unión de Fabricantes de Tabacos de la Habana, autorizada para ello por Real Orden de 27 de marzo de 1889.

Las altas barreras arancelarias, la exagerada política proteccionista puesta en práctica en la casi totalidad de los mercados con que contaba nuestro tabaco, el desarrollo del cultivo en otros países, y otros factores adversos han determinado un notable descenso en nuestro comercio tabacalero exterior.

El 12 de julio de 1927 se promulgó la Ley creando la Comisión Nacional de Propaganda y Defensa del Tabaco Habano, previsora iniciativa del entonces Senador Dr. José Manuel Cortina, merced a la cual la alta tutela de los negocios tabacaleros de Cuba se confía a un organismo oficial que procura no solamente medidas de estabilización interna, sino que también desarrolla una intensa labor para la ampliación de nuestros actuales mercados y para captar otros nuevos.

El tabaco fué llevado a España, según historiadores de crédito—como antes hemos dicho—por su propio descubridor Rodrigo de Xerez; de allí pasó a Portugal y después a Francia, donde en honor de Catalina de Médicis se le llamó "Hierba de la Reina" y "Catalinaria Nuduca". Por Nicot, su introductor en Francia, se le nombró "Nicotiana" y "Hierba Estiana del Embajador".

El Padre Franciscano Andrés Thevet discute a Nicot el honor de haber llevado el tabaco a Francia y le da el nombre de "betún" en una obra publicada por él en 1558.

En Italia recibió la denominación de "Hierba de Santa Cruz y Tornabuona", por ser los Cardenales de estos nombres los que generalizaron su uso en el país.

Los nombres de Sir Francis Drake, Sir Walter Raleigh y Sir Ralph Lane se encuentran unidos a la entrada y difusión del tabaco en Inglaterra. En este país, Jacobo I, en su libro "Misocapnos", se declaró enemigo del tabaco.

En Turquía Amurates IV prohibió el uso del tabaco, estableciendo sanciones tan duras para los infractores de la prohibición, tales, como cortarles la nariz y las orejas. Rusia y Persia también fueron muy severas en la imposición de medidas restrictivas del uso del tabaco.

No obstante los poderosos enemigos que le salieron al paso, la planta indígena realizó la conquista del mundo civilizado y extendió su dominio por los nuevos territorios que fueron surgiendo en el transcurso de los siglos. Bien pronto se dieron cuenta los Gobiernos de la importancia que tenía para bien de la Hacienda Pública, aprovechar el tabaco como un medio de engrosar sus arcas; así fueron creados los monopolios que, en diversos países, tienen la exclusiva explotación del cultivo, manufactura y comercio del tabaco. Donde estas operaciones son libres, los impuestos de consumo y los derechos aduanales nutren a costa de este producto los fondos del Estado, en cuyos presupuestos de ingresos se les reserva una proporción bastante considerable.

El tabaco, estudiado bajo todos sus aspectos, considerado desde los puntos de vista de la economía y del placer, ha sido, sin duda alguna, uno de los más importantes aportes que a la civilización dió el descubrimiento de América. Pero son de tal magnitud las insuperables cualidades del hallado en Cuba por Rodrigo de Xerez, es tan exclusivo el privilegio concedido por la naturaleza a esta preciosísima Antilla, que la marcha triunfal del tabaco a través del Universo, lleva como lábaro un nombre que es la suprema expresión de la exquisitez y del deleite: *Habano*.

Tabaco de sol.—Se da este nombre al que procede de vegas que no han sido cubiertas con toldo (Fig. 4).

Tabaco rubio.—Variedad del tabaco de color amarillo, que se utiliza en cigarrillos en las fábricas del extranjero. Se cultiva especialmente en Virginia (Estados Unidos de América), Turquía y los Balcanes.

Tabaco tapado.—(Véase tapado.)

Tabaco torcido.—(Véase torcido.)

Tabaquería.—Puesto o tienda donde se vende el tabaco. Generalmente se conoce por tabaquería a la pequeña fábrica que detalla su producción.

Tabaquero.—(Véase torcedor.)

Tabla.—Pedazo cuadrado de madera dura de una o dos pulgadas de espesor, que usa el tabaquero para sobre ella dar los cortes a la capa y enrollar el tabaco (Figs. 8, 9, 10, 11, 12, 13, 14, 15 y 17). En las escogidas se llama así al mueble sobre el cual se colocan las hojas de tabaco para la selección. A uno y otro extremos de la tabla se sientan, en taburetes, los escogedores.

Tabla.—Dar tabla a un tabaco consiste mantenerlo por algún tiempo prensado entre dos tablas después de despalillado. El tiempo que se mantiene en esta forma varía según la calidad del tabaco.

Taburete.—Asiento rústico con fondo y respaldo de cuero, generalmente sin curtir, que se usa mucho en escogidas, fábricas y almacenes de tabaco.

Tagarnina.—Tabaco de inferior calidad, de mal arder y sabor amargo.

Taller.—Nombre con que se designa a la fábrica de tabacos. El lugar donde se despalilla el tabaco también recibe este nombre.

Taller de despalillo.—Lugar donde la hoja del tabaco es sometida a la operación de suprimirle parte de la vena central.

Tapado.—Al tabaco que se cosecha bajo toldo (cheese cloth), se le da el nombre de tapado (Fig. 31).

Tapaclavos.—Litografía de forma redonda u oval que se coloca al frente de los cajones o envases para tapar el clavo de cierre.

Tarea.—Al total de la producción de un día en una fábrica de tabaco se le llama tarea. También se aplica este nombre a la cantidad de tabacos que hace el torcedor en una jornada de trabajo. En las escogidas se llama así al trabajo que realiza en un día un obrero apartador. La tarea del tabaquero se cuenta por número de tabacos hechos; la del apartador, por cantidad de libras de tabaco en rama apartado.

Tarifas.—Precio que se fija a cada una de las labores a que en la escogida o fábrica se somete al tabaco. Las tarifas son establecidas por la Comisión de Salarios Mínimos del Ministerio del Trabajo.

Tela.—(Véase Cheese Cloth.)

Telón.—(Véase Cheese Cloth.)

Tendales.—Marcos de madera en los cuales va una tela (arpillera), para formar una especie de bastidor. En esos tendales se coloca la hebra en las fábricas de cigarrillos. Allí permanece más o menos tiempo, según las condiciones atmosféricas, aunque, generalmente, no excede de ocho o diez días en total.

Tercera (3ª).—Clasificación de tabaco de la Zona de Remedios; se aplica este nombre a las tripas, de calidad, procedentes del segundo y tercer corte del tabaco. Se destinan a la exportación, para ligas.

Tercio.—Bala o fardo formado por ochenta manojos de tabaco (Fig. 1). Su forro o cubierta es de yaguas—producto de la palma real—amarradas con sogas o hilos de majagua. Un tercio de tabaco de la Zona de Remedios (tripas) pesa alrededor de 150 lbs. Un tercio de Semi-Vuelta (tripas) unas 125 lbs. Un tercio de capas de Partido, 80 lbs. Un tercio de capas de Vuelta Abajo, 100 lbs. Y un tercio de tripas de Oriente, aproximadamente 170 lbs.

The Derby.—Marca para distinguir tabacos torcidos, registrada a nombre de la Tabacalera Cubana, S. A., de Agramonte No. 106, Habana, Cuba.

Tiempos.—División que se hace de las hojas de tabaco para indicar su mayor o menor calidad; generalmente son cuatro: el ligero, que comprende, como su nombre lo indica, las hojas más ligeras; el seco, las hojas también ligeras, pero con algo más de vida y brillo; el fino, hojas de más cuerpo y vida y generalmente de colores más encendidos, y el maduro las hojas de excesivo cuerpo y calidad.

Toldo.—(Véase Cheese Cloth.)

Tolomeo.—Marca para distinguir cigarrillos, registrada a nombre de los señores Calixto López y Cía., de Agramonte No. 702, Habana, Cuba.

Torcedor.—Recibe este nombre el obrero que hace tabacos. "El poeta nace, no se hace", dice un refrán popular. Podemos decir igual del tabaquero cubano. Su habilidad extraordinaria no consiste solamente en la facilidad que tiene para dar hermosa apariencia a las distintas vitolas, desde las llamadas "parejas" hasta las "figuradas", sino también para la adecuada distribución de la tripa en el tabaco, que prepara de tal manera que jamás dificulta el curso del aire a través de la misma, para que se produzca un buen fumar.

A mediados del siglo pasado, para llevar a cabo el aprendizaje de tabaquero, se fijaban las condiciones mediante una escritura, contrato entre los padres o tutores de los aprendices y el industrial que los admitía en su fábrica. Transcurrido el término del aprendizaje—no menor de cuatro años— se enviaba al aprendiz a otro taller donde se le ordenaba hacer cuatro o cinco tareas, y si de esa prueba resultaba triunfante, se le entregaba un certificado que lo habilitaba como operario.

En la actualidad, la Federación Tabacalera Nacional, de acuerdo con los industriales, ha establecido las reglas para la admisión de aprendices. Estos no pueden exceder del 2% del número de operarios con que cuenta cada fábrica. Los talleres de menos de cincuenta operarios no tienen derecho a mantener aprendices.

Durante el período de aprendizaje, bajo la mirada vigilante de los capataces y el estímulo de los compañeros, se revela el futuro operario de regalías o se da cuenta al aprendiz de que no reúne condiciones para ese arte. Desde los primeros tiempos se manifiestan las aptitudes del tabaquero fino; por eso se dice que esas aptitudes son innatas.

Torcer.—Acción de hacer un tabaco (Figs. 8, 9, 10, 11, 12, 13, 14, 15, 17 y 30).

Torcido.—Se da este nombre al producto elaborado únicamente con hojas de tabaco torcidas o enrolladas sobre sí mismas, formando el interior o tripa, envueltas igualmente por otra hoja de tabaco, que, cubriendo y conteniendo las anteriores, forma el exterior o capa. Las dimensiones de las hojas o parte de ellas estarán en relación con la vitola o tipo del artículo. Es muy usual pedir un tabaco torcido por el nombre de la vitola, por ejemplo, un corona, un petit cetro, una panetela, etc. En el extranjero se les denomina indistintamente habanos, puros, cigarros, etc.

Trabuco.—Con ello se quiere significar que el tabaquero trabaja una vitola grande, gruesa y que la estima mal pagada.

Trece (13ª).—En la clasificación de tabaco tapado de Vuelta Abajo, pertenecen al grupo de rezagos o capas grandes. Son hojas que presentan algún defecto, que les impide ser clasificadas entre las dos anteriores clasificaciones, o sea, el (Rzgo. 1ª/11ª) y el (Rzgo. 12ª). Se subclasifican en Ligero, Seco, Viso y Viso Seco.

Tres rayas.—Clasificación del tabaco de Bayamo y Mayarí, Provincia de Oriente. Corresponde a capas.

Trigo.—Papel de color amarillo fuerte, que se utiliza en la confección de los cigarrillos.

Trinidad y Hno.—Marca para distinguir cigarrillos, registrada a nombre de Trinidad y Hno., de Antonio Núñez y Coronel Acebo, Ranchuelo, Santa Clara, Cuba.

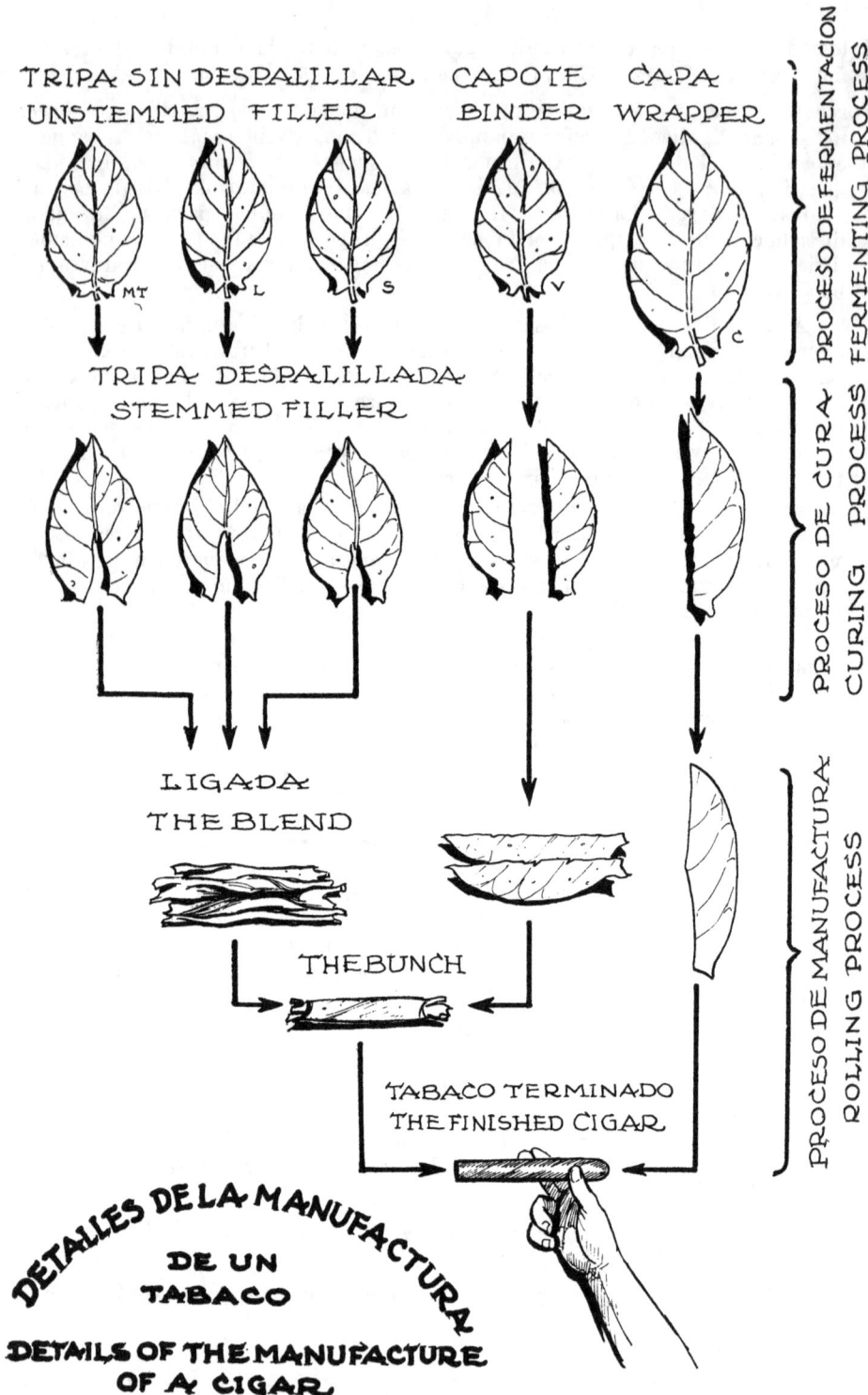
(Del Museo de la Tabacalera Cubana, S. A.) (Fig. 30).

Tripa.—Contenido de un tabaco; lo que forma el cuerpo del tabaco que se enrolla o cubre con la capa. División de la rama, a la que corresponden las hojas de tabaco que no pueden utilizarse como capas.

Tripa cogida.—Se llama así al rollo de hojas de tabaco que ha de ser envuelto en la capa para la formación del torcido, puro o cigarro (Figs. 10, 11 y 12).

Tripero.—Encargado de entregar la tripa a los obreros tabaqueros en las fábricas de tabaco.

Trocadero.—Marca para distinguir tabacos torcidos, registrada a nombre del señor Juan Cano Sainz, de Manrique No. 615, "TROCADERO" Habana, Cuba.

Trompa.—En las escogidas de la Provincia de Santa Clara, cuando no se efectúa una buena selección, el capataz o examinador de la tarea la devuelve al apartador para una nueva y mejor selección. A esto es a lo que se llama dar trompa.

Troya.—Marca para distinguir tabacos torcidos, registrada a nombre de los señores Martínez y Cía., de Real No. 200, Marianao, Habana, Cuba.

Tumbar el surco.—(Véase bajar el surco.)

U

Una raya.—Clasificación o marca que, en los Términos de Bayamo y Mayarí de la Zona de Oriente, se emplea para la capadura.

Uriarte.—Marca para distinguir cigarrillos, registrada a nombre de Luis Uriarte, Apartado No. 101, Santa Clara, Provincia de Santa Clara, Cuba.

V

Vaciado.—Se le da este nombre al tabaco sin ninguna calidad que, al fumarse, no tiene aroma ni sabor alguno.

Vapor.—Es el nombre que reciben varias mesas de tabaquero unidas.

Variedades.—Cuando son varias vitolas en un solo envase, se aplica a éste la denominación de variedades.

Vega.—Terreno sembrado de tabaco. Su nombre le viene de que la explotación agrícola del tabaco en Cuba comenzó en los terrenos bajos y fértiles a orillas de los ríos.

Veguero.—Cosechero de tabaco. Se le aplica también este nombre al tabaco toscamente torcido en la casa del cosechero para uso de éste y los suyos. Oruga que ataca al tabaco (véase primavera).

Vicentésimos (1/200).—Significa 200 cajones el millar. Envase de 5 tabacos.

Víctor Hugo.—Marca para distinguir tabacos torcidos, registrada a nombre de la Tabacalera Cubana, S. A., de Agramonte No. 106, Habana, Cuba.

Vigésimos (1/20).—Significa 20 cajones el millar. Envase de 50 tabacos.

Virar la hebra.—A los cuatro o cinco días de permanecer la hebra en los tendales, en las fábricas de cigarrillos, se remueve bien, para que la que estaba abajo quede arriba y viceversa, perdiendo así la humedad y sazonando de un modo uniforme.

Viso.—Tiempo que además de los fundamentales de Seco, Fino, Ligero y Maduro, se considera en las escogidas de tapado y de sol de Vuelta Abajo. Se subdivide en Viso Seco y Viso Fino.

Vista.—Habilitación litográfica que se fija al interior de la tapa del cajón de tabacos.

Vitola.—Tipo o figura del tabaco torcido. Los nombres de las vitolas varían según las fábricas, aunque algunas, como por ejemplo: la Corona, la Media Corona, el Nacional, el Petit Cetro, la Breva, etc., tienen, con muy poca diferencia, iguales dimensiones en unas fábricas que en otras. Hay fábricas que tienen un vitolario de más de 300 tipos entre figurados y parejos y se denominan Heraldos, Monarcas, Palmas, Victorias, Caramelos, Amatistas, Belvederes, Miniaturas, Perfectos, Panetelas, Macanudos, Lonsdales, etc.

Volado.—En la Zona de Remedios se le aplica también este nombre a la clase conocida con el de permanente. En Vuelta Abajo es la clase de tabaco de menos calidad.

Volado bueno (Vol. Bno.).—En las escogidas de tabaco en la Zona de Vuelta Abajo, pertenecen al grupo de tripas, son hojas grandes de buen aspecto, de menor calidad que el seco, pero no vaciadas. El volado se utiliza como tripa ligado con otras clases. Actualmente se marca con el nombre de (17ª S.).

(Foto: A. P. S.) Una vega bajo toldo (Chesse Cloth) (Fig. 31).

Volado chico (Vol. Ch.).—En la clasificación de tabaco en la Zona de Vuelta Abajo son las hojas más pequeñas o menos calidad que las del volado grande. Se utilizan también para tripas ligadas con otras clases.

Volado grande (Vol. G.).—(Véase Volado bueno.)

Volado malo (Vol. Mlo.).—(Véase Volado chico.)

Volador.—(Véase Pega-Pega.)

Vuelta Abajo.—Nombre con que también se conoce la porción más occidental de la Isla, o sea, la que ocupa la Provincia de Pinar del Río. Si nos referimos a la Zona tabacalera que lleva este nombre (Fig. 32) debemos señalar que su extensión cubre el espacio de tierras de la referida Provincia de Pinar del Río. limitado al Oeste por la península de Guanahacabibes y al Este por una línea imaginaria trazada de Norte a Sur desde Consolación, pasando por la Herradura, hasta Río Hondo. Comprende los Términos Municipales de Consolación del Norte, Mantua, Pinar del Río, Viñales, Guane, San Juan y Martínez, Consolación del Sur y San Luis.

Se subdivide en cinco subzonas llamadas: Costa Norte, Lomas, Llano, Remates y Guane y Costa Sur.

En la subzona denominada el Llano, enclavada en los términos de San Juan y Martínez y San Luis se encuentran las más afamadas vegas de tabaco, donde se cosecha el mejor y más sano tabaco del Mundo. En San Juan y Martínez radica la Estación Experimental del Tabaco, fundada y sostenida por la Comisión Nacional de Propaganda y Defensa del Tabaco Habano.

La producción de Vuelta Abajo ha sido, durante los últimos diez años, como sigue:

AÑOS	TERCIOS	LIBRAS
1930	186,216	22.296,430
1931	195,136	23.372,594
1932	87,925	10.503,707
1933	109,577	13.063,620
1934	128,408	15.413,343
1935	143,328	17.152,233
1936	163,550	19.574,832
1937	159,471	19.055,033
1938	186,445	22.286,628
1939	158,279	18.903,734

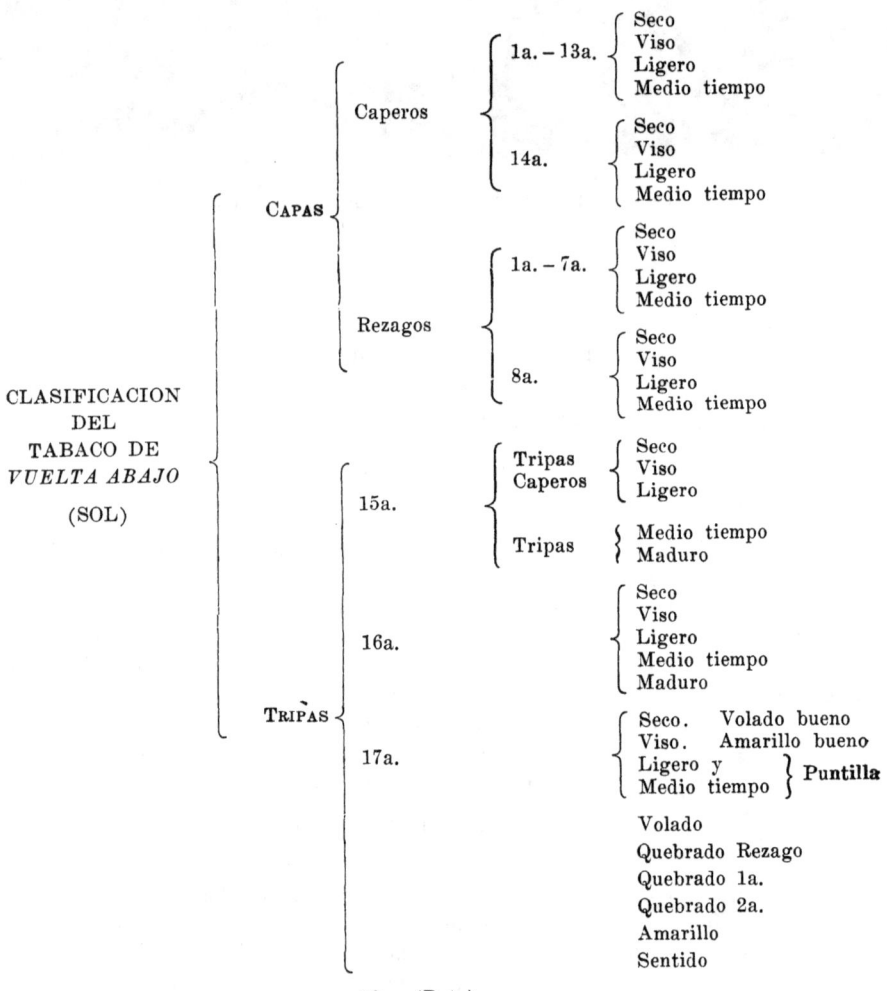

CLASIFICACION DEL TABACO DE *VUELTA ABAJO* (SOL)

CAPAS
- Caperos
  - 1a. – 13a.
    - Seco
    - Viso
    - Ligero
    - Medio tiempo
  - 14a.
    - Seco
    - Viso
    - Ligero
    - Medio tiempo
- Rezagos
  - 1a. – 7a.
    - Seco
    - Viso
    - Ligero
    - Medio tiempo
  - 8a.
    - Seco
    - Viso
    - Ligero
    - Medio tiempo

TRIPAS
- 15a.
  - Tripas Caperos
    - Seco
    - Viso
    - Ligero
  - Tripas
    - Medio tiempo
    - Maduro
- 16a.
  - Seco
  - Viso
  - Ligero
  - Medio tiempo
  - Maduro
- 17a.
  - Seco. Volado bueno
  - Viso. Amarillo bueno
  - Ligero y Medio tiempo } Puntilla
  - Volado
  - Quebrado Rezago
  - Quebrado 1a.
  - Quebrado 2a.
  - Amarillo
  - Sentido
- 18a. (Bote)

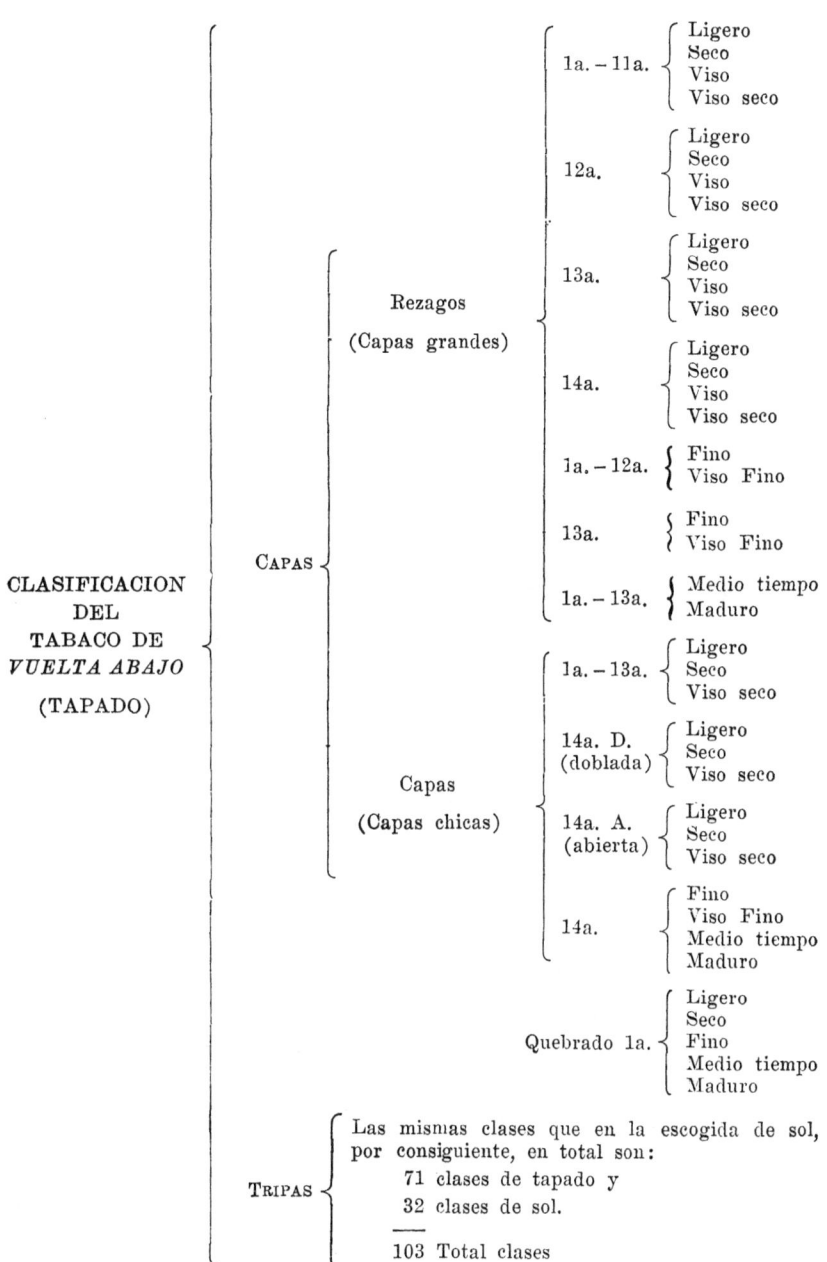

Vuelta Abajo.—Marca para distinguir tabacos torcidos, registrada a nombre de los señores Fernández, Palicio y Cía., S. en C., de Máximo Gómez No. 51, Habana, Cuba.

Vuelta Arriba.—(Véase Remedios.)

Plano de la Zona Tabacalera de Vuelta-Abajo, tomado de la Carta levantada por el Estado Mayor del Ejército (Fig. 32).

W

Waldorf.—Marca para distinguir tabacos torcidos, registrada a nombre de la Tabacalera Cubana, S. A., de Agramonte No. 106, Habana, Cuba.

Waldorf Astoria.—Marca para distinguir tabacos torcidos, registrada a nombre de la Tabacalera Cubana, S. A., de Agramonte No. 106, Habana, Cuba.

Walter Scott.—Marca para distinguir tabacos torcidos, registrada a nombre de la Tabacalera Cubana, S. A., de Agramonte No. 106, Habana, Cuba.

William.—Marca para distinguir tabacos torcidos, registrada a nombre de la Compañía Industrial Tabacalera, S. A., de Cuba No. 801, Habana, Cuba.

X

XXX.—Marca que acostumbra usar la Tabacalera Cubana, S.A., para indicar la fortaleza y finura de cierto tipo de picadura.

Y

Yagua.—Producto de la palma real, que se utiliza para hacer los tercios. Es un alargamiento de la hoja o penca de la palma, que envuelve el tronco de ésta en todo su diámetro, por lo que su ancho depende del grueso de dicho tronco. La altura o tamaño de la yagua es de uno y medio a dos metros. Su contextura fibrosa la hace muy útil, teniendo diversas aplicaciones en las vegas.

Yagüita.—Se da este nombre a cierta vitola de calidad inferior, que se vende en un envase de yagua que tiene la forma de un huso.

Yerbatero.—Nombre que dan los vegueros a los terrenos que, una vez preparados o limpios, muestran tendencia a cubrirse rápidamente de yerbas.

Z

Zafado.—El zafado consiste en quitar los amarres a los matules, para conducir el tabaco al departamento donde se moja. Igualmente se aplica este nombre, en las fábricas, a la acción de zafar los manojos para mojar las gavillas.

Zaydee.—Marca para distinguir cigarrillos, registrada a nombre de los señores R. Palicio y Cía., de Padre Varela No. 965, Habana, Cuba.

Zorullo.—Se da este nombre al tabaco mal hecho. También se le aplica a la tripa cogida (Fig. 12).

APENDICE
(Appendix)

RELACION DE FABRICANTES DE TABACOS INSCRIPTOS EN EL "REGISTRO DE FABRICANTES EXPORTADORES" DE LA COMISION NACIONAL DE PROPAGANDA Y DEFENSA DEL TABACO HABANO ORGANISMO OFICIAL DEL GOBIERNO DE LA REPUBLICA DE CUBA

(Directory of Cigar Manufacturers inscribed in the "Registry of Exporting Manufacturers" of the National Commission for Propaganda and Defense of Havana Tobacco, an Official Organism of the Government of the Republic of Cuba)

●

Lista de Marcas Comerciales y Dirección Postal y Cablegráfica de cada Fabricante. (List of Trade Marks and Postal and Cable Address of each Manufacturer)

(Número de Inscripción)
(Number of Inscription)

1. — Razón social (firm name): Fernández, Palicio y Cía, S. en C.
Dirección postal (postal address): Máximo Gómez 51, Habana, Cuba.
Dirección cablegráfica (cable address): Tabacavana.
Marcas Comerciales Inscriptas (Registered Trade Marks):

Belinda — El Vinyet — Flor de Fernández García — Gener — Gioconda — Gladstone — Habanos — Hoyo de Monterrey — La Emperatriz de la India — La Escepción — La Gloria de Inglaterra — La Iberia — La Sin Par — Las Perlas — Palicio — Punch — Santa Felipa — Smart Set — Vuelta Abajo.

2. — Razón social (firm name): Martínez y Cía.
Dirección postal (postal address): Calle Real No. 200, Marianao, Habana, Cuba.
Dirección cablegráfica (cable address): Marbeck.
Marcas Comerciales Inscriptas (Registered Trade Marks):

Antilla Cubana — C. E. Beck y Cía. — Fine — Flor de Miramar — Frank Halls — King of Havana — La Devesa de Murias — La Feriada — La Flora de Dascall — La Flor de Pedro Miró y Cía. — La Flor de Zavo — La Imperiosa — La Ranesa — Los Statos de Luxe — Mapa Mundi — Ricoro — Santa Rosalía — Sol — Troya.

3. — Razón social (firm name): Por Larrañaga, Fábrica de Tabacos, S. A.
Dirección postal (postal address): Carlos III No. 713, Habana, Cuba.
Dirección cablegráfica (cable address): Larrañaga.
Marcas Comerciales Inscriptas (Registered Trade Marks):

> *El Torcillo — Flor de Cimiente — Flor de Zavo — Habanos 1834 — La Atlanta — La Flor de Alvarez — La Gloria — La Legitimidad — Petronio — Por Larrañaga.*

4. — Razón social (firm name): Calixto López y Cía.
Dirección postal (postal address): Agramonte No. 702, Habana, Cuba.
Dirección cablegráfica (cable address): Mesalina.
Marcas Comerciales Inscriptas (Registered Trade Marks):

> *Calixto López — Edén — Flor de López Hermanos — Francisco C. Bances — Lo Mejor — López Hermanos — Los Reyes de España — Morro Castle.*

5. — Razón social (firm name): Menéndez, García y Cía., Ltda.
Dirección postal (postal address): Virtudes No. 609, Habana, Cuba.
Dirección cablegráfica (cable address): Claros.
Marcas Comerciales Inscriptas (Registered Trade Marks):

> *El Patio — H. Upmann — Monte Cristo — Particulares.*

6. — Razón social (firm name): Rey del Mundo Cigar Company.
Dirección postal (postal address): Padre Varela No. 852, Habana, Cuba.
Dirección cablegráfica (cable address): Curey.
Marcas Comerciales Inscriptas (Registered Trade Marks):

> *Casamóntez — Cuesta-Rey — Don Cándido — Don Ricardo — El Collado — El Uruguay — Fausto — Flor de Allones — Flor de Marqués — Flor de Milamores — Flor de Rafael González — Fragus de Cuba — La Confederación Suiza — La Seductiva — La Solera — Rey del Mundo — Sancho Panza — San Sebastián.*

7. — Razón social (firm name): Romeo y Julieta, Fábrica de Tabacos, S. A.
Dirección postal (postal address): Padre Varela No. 152, Habana, Cuba.
Dirección cablegráfica (cable address): Romeo.
Marcas Comerciales Inscriptas (Registered Trade Marks):

> *Don Pepín — Falman — Flor de Rodríguez, Argüelles y Cía. — His Majesty — La Mar — María Guerrero — Romeo y Julieta.*

8. — Razón social (firm name): Castañeda-Montero-Fonseca, S. A.
Dirección postal (postal address): Galiano No. 466, Habana, Cuba.
Dirección cablegráfica (cable address): Montanera.
Marcas Comerciales Inscriptas (Registered Trade Marks):

> *Castañeda — El Genio — Filoteo — Fonseca — Hamlet — J. Montero y Cía. — Lurline — Para Mí — Real Carmen — Rotario.*

9. — Razón social (firm name): Fábrica de Tabacos F. Solaún, S. A.
Dirección postal (postal address): Figuras No. 106, Habana, Cuba.
Dirección cablegráfica (cable address): Upcigars.
Marcas Comerciales Inscriptas (Registered Trade Marks):

> *Baire — Boccacio — Fígaro — Flor de Solaún — La Nacional.*

10. — Razón social (firm name): Cifuentes, Pego y Cía.
Dirección postal (postal address): Industria No. 520, Habana, Cuba.
Dirección cablegráfica (cable address): Partagás.
Marcas Comerciales Inscriptas (Registered Trade Marks):

> *Caruncho — Cifuentes — Corojo — El Cambio Real — El Marqués de Caxias — Flor de Alma — Flor de Caruncho — Flor de F. Pego Pita — Flor de P. Rabell — Flor de Tabacos — Flor de Tabacos de Partagás y Cía. — Gayarre — La Eminencia — La Flor de J. A. Bances — La Inmejorable — La Insuperable — La Intimidad — La Lealtad — La Tropical — Marqués de Rabell — Mi Necha — Modelo de Cuba — Nada Más — Osceola — Partagás — Partagás & Co. — Partagás y Compañía — Prudencio Rabell — Rallones — Ramón Allones.*

11. — Razón social (firm name): Zamora y Guerra.
Dirección postal (postal address): Máximo Gómez No. 810, Habana, Cuba.
Dirección cablegráfica (cable address): Zague.
Marcas Comerciales Inscriptas (Registered Trade Marks):

> *Belanza — Coranto — La Flor de Santa Gertruda — La Loma — La Noble Habana — Landsdown — La Zona — Lions — Saint Luis Rey.*

12. — Razón social (firm name): Eduardo Suárez Murias y Cía.
Dirección postal (postal address): Luz No. 3, Arroyo Naranjo, Habana, Cuba.
Dirección cablegráfica (cable address): Radiante.
Marcas Comerciales Inscriptas (Registered Trade Marks):

> *La Radiante — Reva.*

(Número de Inscripción)
(Number of Inscription)

13. — Razón social (firm name): Manuel Fernández Argudín.
Dirección postal (postal address): Norte No. 25, Marianao, Habana, Cuba.
Dirección cablegráfica (cable address): Manferan.
Marcas Comerciales Inscriptas (Registered Trade Marks):

>Argudín — Eslava — La Cordialidad — Macabeus — Manuel Fernández.

14. — Razón social (firm name): J. F. Rocha y Cía., S. en C.
Dirección postal (postal address): San Miguel No. 364, Habana, Cuba.
Dirección cablegráfica (cable address): Crepúsculo.
Marcas Comerciales Inscriptas (Registered Trade Marks):

>Bolívar — Flor de Ambrosio — El Crepúsculo — La Gloria Cubana — La Glorieta Cubana — La Navarra — La Petenera — Nene.

15. — Razón social (firm name): Tabacalera Cubana, S. A.
Dirección postal (postal address): Agramonte No. 106, Habana, Cuba.
Dirección cablegráfica (cable address): Tabacuba.
Marcas Comerciales Inscriptas (Registered Trade Marks):

>A. de Villar y Villar — Antonio y Cleopatra — Arlington — Balmoral — Bock & Co. — Cayos de San Felipe — Clara María — Cortina Mora — Cuba — Cubanola — Delmonico's — Don Quijote de la Mancha — Dos Cabañas — El Aguila de Oro — El Aguila Imperial — El Fénix — El Pueblo — El Siboney — Estella — Eureka — Flor de Cortina — Flor de F. de P. Alvarez — Flor de García — Flor de Gumersindo — Flor de J. S. Murias y Cía. — Flor de M. López y Cía. — Flor de Monte Carlo — Flor de Pedro Roger — Flor de Segundo Alvarez — General R. E. Lee — Habana Club — Hamilton Club — H. de Cabañas y Carbajal — José Domingo — Joya de San Luis — Justicia al Mérito — Katherine & Petruchio — La Africana — La Alhambra — La Antigüedad — La Aristocrática — La California — La Capitana — La Carolina — La Comercial — La Corona — La Coronilla — La Crema de Cuba — La Española — La Flor de A. López — La Flor de Cuba — La Flor de Henry Clay — La Flor de Juan Chao — La Flor de Murias — La Flor de Naves — La Flor de Ynclán — La Indiferencia — La Meridiana — La Opulencia — La Paz de China — La Perfección — La Perla de Cuba — La Princesa de Gales — La Prominente — La Prosperidad — La Reina del Oriente — La Reserva — La Rosa Aromática — La Rosa de Santiago — La Savoie — La Selecta — La Tosca — La Traviata — La Vencedora — La Ven-

tana — La Virtud — L. Carbajal — Lincoln — Lords of England — Manuel García Alonso — Manuel López y Cía. — Pedro Murias y Ca. — Privilegio — Puck — Santa Damiana — Shakespeare — The Derby — Víctor Hugo — Waldorf — Waldorf Astoria — Walter Scott.

16. — Razón social (firm name): The Fernández-Havana Cigar Co.
Dirección postal (postal address): Martí 64, Guanabacoa, Habana, Cuba.
Dirección cablegráfica (cable address): Mascota.
Marcas Comerciales Inscriptas (Registered Trade Marks):

Amor de Cuba — Casco de Oro — Don Alfonso — El Bataclán — Flor del Todo — José Jiménez Pérez — La Bonita — La Democracia — Lord Beaconsfield — Mascota.

17. — Razón social (firm name): José L. Piedra.
Dirección postal (postal address): Reina No. 404, Habana, Cuba.
Dirección cablegráfica (cable address): Piedra.
Marcas Comerciales Inscriptas (Registered Trade Marks):

José L. Piedra — Ovalo Rojo — Piedra.

18. — Razón social (firm name): Lobeto y Cía., S. en C.
Dirección postal (postal address): Máximo Gómez 466, Habana, Cuba.
Dirección cablegráfica (cable address): Casín.
Marcas Comerciales Inscriptas (Registered Trade Marks):

Casín — Flor de Lobeto.

19. — Razón social (firm name): Rogelio Cuervo y Aguirre.
Dirección postal (postal address): E. Barnet No. 318, Habana, Cuba.
Dirección cablegráfica (cable address): Rigoletto.
Marcas Comerciales Inscriptas (Registered Trade Marks):

La Diosa — Magnolia — Rigoletto.

20. — Razón social (firm name): B. Menéndez y Hno.
Dirección postal (postal address): Habana No. 906, Habana, Cuba.
Dirección cablegráfica (cable address): Pruebarcia.
Marcas Comerciales Inscriptas (Registered Trade Marks):

El Rico Habano — Flor de R. Barcia — La Prueba.

21. — Razón social (firm name): C. del Peso y Cía.
Dirección postal (postal address): San Ignacio No. 314, Habana, Cuba.
Dirección cablegráfica (cable address): Peso.
Marcas Comerciales Inscriptas (Registered Trade Marks):

Flor de Juan López — Flor de Tomás Gutiérrez — La Igualdad — Pierrot.

22. — Razón social (firm name): Pita Hnos.
   Dirección postal (postal address): Estévez Nos. 67 y 69, Habana, Cuba.
   Dirección cablegráfica (cable address): Cigars-Habana.
   Marcas Comerciales Inscriptas (Registered Trade Marks):

   Caribe — Pita — Pita Hnos.

23. — Razón social (firm name): Agustín Quintero y Cía.
   Dirección postal (postal address): D'Clouet No. 16, Cienfuegos, Provincia de Santa Clara, Cuba.
   Dirección cablegráfica (cable address): Potosi.
   Marcas Comerciales Inscriptas (Registered Trade Marks):

   El Cañón Rayado — La Riqueza — Quintero y Hno.

24. — Razón social (firm name): Juan Cano Saínz.
   Dirección postal (postal address): Manrique No. 615, Habana, Cuba.
   Dirección cablegráfica (cable address): Decano.
   Marcas Comerciales Inscriptas (Registered Trade Marks):

   Caracol — La Flor de Cano — La Rica Hoja — Trocadero.

25. — Razón social (firm name): Oliver y Hno.
   Dirección postal (postal address): Segunda del Sur y Martí, Placetas, Provincia de Santa Clara, Cuba.
   Dirección cablegráfica (cable address): Cachimba.
   Marcas Comerciales Inscriptas (Registered Trade Marks):

   La Cachimba — Oliver.

26. — Razón social (firm name): José Sixto Valdés.
   Dirección postal (postal address): Vélez Caviedes No. 34, Pinar del Río, Cuba.
   Marcas Comerciales Inscriptas (Registered Trade Marks):

   Figueras.

27. — Razón social (firm name): Simón Vela Peláez.
   Dirección postal (postal address): Juan del Haya s/n., Pinar del Río, Cuba.
   Dirección cablegráfica (cable address): Gisperno.
   Marcas Comerciales Inscriptas (Registered Trade Marks):

   Gispert.

28. — Razón social (firm name): Rodríguez, Montero y Cía.
   Dirección postal (postal address): Encarnación No. 163, Santos Suárez, Habana, Cuba.
   Marcas Comerciales Inscriptas (Registered Trade Marks):

   El Trío — La Primadora.

(Número de Inscripción)
(Number of Inscription)

29. — Razón social (firm name): Daniel Blanco y Cía.
Dirección postal (postal address): San Miguel 463, Habana, Cuba.
Dirección cablegráfica (cable address): Mundial.
Marcas Comerciales Inscriptas (Registered Trade Marks):

Konuko — Mundial.

30. — Razón social (firm name): Francisco Farach.
Dirección postal (postal address): Martí No. 24, Caibarién, Provincia de Santa Clara, Cuba.
Marcas Comerciales Inscriptas (Registered Trade Marks):

Flor de Farach.

31. — Razón social (firm name): Pardo, Hno. y Cía.
Dirección postal (postal address): Serafines 164, Habana, Cuba.
Marcas Comerciales Inscriptas (Registered Trade Marks):

El Crédito.

32. — Razón social (firm name): Julio González.
Dirección postal (postal address): Salud No. 113, Habana, Cuba.
Marcas Comerciales Inscriptas (Registered Trade Marks):

Minerva.

33. — Razón social (firm name): Estrada y Cía., Soc. Ltda.
Dirección postal (postal address): Habana No. 66, Cienfuegos, Provincia de Santa Clara, Cuba.
Marcas Comerciales Inscriptas (Registered Trade Marks):
Estrada.

34. — Razón social (firm name): Compañía Industrial Tabacalera, S. A.
Dirección postal (postal address): Cuba No. 801, Habana, Cuba.
Marcas Comerciales Inscriptas (Registered Trade Marks):

Daiquirí — Eloísa — La Bayadera — Pirata — William.

35. — Razón social (firm name): C. Rivero Alvarez.
Dirección postal (postal address): Calle 8 No. 92, Santiago de las Vegas. Provincia de la Habana, Cuba.
Dirección cablegráfica (cable address): Ideal.
Marcas Comerciales Inscriptas (Registered Trade Marks):

Fedia — Mi Ideal — Santos Suárez.

36. — Razón social (firm name): Andrés Rodríguez Velázquez.
Dirección postal (postal address): Ajiconal, Barrio Paso Viejo, Pinar del Río, Cuba.
Marcas Comerciales Inscriptas (Registered Trade Marks):

La Dulzura.

(Número de Inscripción)
Inscripción)
Inscription)

37. — Razón social (firm name): Manuel Hernández García.
Dirección postal (postal address): Vélez Caviedes No. 55, Pinar del Río, Cuba.
Marcas Comerciales Inscriptas (Registered Trade Marks):

El Campesino.

38. — Razón social (firm name): Roberts & Co.
Dirección postal (postal address): Neptuno No. 167, Habana, Cuba.
Dirección cablegráfica (cable address): Strebor-Havana.
Marcas Comerciales Inscriptas (Registered Trade Marks):

Almendares — La Exportadora — Perla del Océano.

39. — Razón social (firm name): Gabino Campos Beltrán.
Dirección postal (postal address): 10 de Octubre No. 1,255, Jesús del Monte, Habana, Cuba.
Marcas Comerciales Inscriptas (Registered Trade Marks):

Gabino Campos.

40. — Razón social (firm name): Desiderio M. Camacho.
Dirección postal (postal address): Reparto Camacho s/n., Santa Clara, Cuba.
Marcas Comerciales Inscriptas (Registered Trade Marks):

La Flor de Lis.

RELACION DE FABRICANTES DE CIGARRILLOS Y MARCAS COMERCIALES DE LOS MISMOS, QUE FIGURAN EN ESTE LIBRO, INCLUYENDO SU DIRECCION POSTAL Y CABLEGRAFICA

(List of Cigarette Manufacturers appearing in this book, including Trade Marks and Postal and Cable Address of each Manufacturer)

1C. — Razón social (firm name): Herederos de José Gener.
Dirección postal (postal address): Máximo Gómez No. 51, Habana, Cuba.
Dirección cablegráfica (cable address): Gener.
Marcas Comerciales (Trade Marks):

Hoyo de Monterrey — La Escepción.

2C. — Razón social (firm name): R. Palicio y Cía.
Dirección postal (postal address): Padre Varela 965, Habana, Cuba.
Marcas Comerciales (Trade Marks):

Fancy — Zaydee.

3C. — Razón social (firm name): Domingo Méndez e Hijos.
Dirección postal (postal address): Cárdenas y Gloria, Habana, Cuba.
Dirección cablegráfica (cable address): Romeca.
Marcas Comerciales (Trade Marks):

El As — El Buen Tono — El Cuño — La Cuña — Regalías.

4C. — Razón social (firm name): José L. Piedra.
Dirección postal (postal address): Simón Bolívar 404, Habana, Cuba.
Dirección cablegráfica (cable address): Piedras.
Marcas Comerciales (Trade Marks):

Elite — José L. Piedra — Perfectos.

5C. — Razón social (firm name): Ramón Rodríguez, S. en C.
Dirección postal (postal address): 23 entre 14 y 16, Vedado, Habana, Cuba.
Dirección cablegráfica (cable address): Caruncho.
Marcas Comerciales (Trade Marks):

Allones — Eminencia — Partagás.

6C. — Razón social (firm name): Martín Dosal y Cía.
Dirección postal (postal address): Padre Varela 808, Habana, Cuba.
Dirección cablegráfica (cable address): Gaditana.
Marcas Comerciales (Trade Marks):

La Competidora Gaditana — La Gloria — Las Maravillas.

7C. — Razón social (firm name): F. Suárez y Cía.
Dirección postal (postal address): Diez de Octubre No. 421, Habana, Cuba.
Marcas Comerciales (Trade Marks):

Casino — El Tesoro.

8C. — Razón social (firm name): Calixto López y Cía.
Dirección postal (postal address): Agramonte 702, Habana, Cuba.
Dirección cablegráfica (cable address): Mesalina.
Marcas Comerciales (Trade Marks):

Calixto López — Edén — La Unica — Lo Mejor — Mi Virginia — Punch — Tolomeo.

9C. — Razón social (firm name): Villaamil, Santalla y Cía., S. Ltda.
Dirección postal (postal address): Campanario 1002, Habana, Cuba.
Dirección cablegráfica (cable address): Damo.
Marcas Comerciales (Trade Marks):

Billiken — El Toro — La Capitana — La Moda — Royal.

10C. — Razón social (firm name): Lobeto y Cía., S. en C.
Dirección postal (postal address): Máximo Gómez 466, Habana, Cuba.
Dirección cablegráfica (cable address): Casin.
Marcas Comerciales (Trade Marks):

Casín — Flor de Lobeto.

11C. — Razón social (firm name): Tabacalera Cubana, S. A.
Dirección postal (postal address): Princesa No. 202, Luyanó, Habana, Cuba.
Dirección cablegráfica (cable address): Tabacuba.
Marcas Comerciales (Trade Marks):

A. de Villar y Villar — Aguilitas — Bulldog — Cabañas — Chaps — Don Andrés — Don Quijote — El Aguila de Oro — El Siboney — Flor de J. S. Murias — H. de Cabañas y Carbajal — Henry Clay — Hit — J. S. Murias — La Carolina — La Corona — La Española — La Estella — La Flor de Cuba — La Flor de Henry Clay — La Flor de Murias — La Flor de Ynclán — La Hidalguía — La Honradez — La Legitimidad — La Meridiana — La Vencedora — Liborio — Manuel García Alonso — Negro Bueno — Pedro Murias — Siboney — Susini.

12C. — Razón social (firm name) : Yarza, San Miguel y Cía.
Dirección postal (postal address) : Maceo 2, Guanajay, Provincia de Pinar del Río, Cuba.
Dirección telegráfica (telegraphic address) : Yarza.
Marcas Comerciales (Trade Marks) :

Alas de Oro — Pocker — Popular.

13C. — Razón social (firm name) : Trinidad Industrial, S. A.
Dirección postal (postal address) : Santo Domingo No. 55½, Trinidad, Provincia de Santa Clara, Cuba.
Dirección telegráfica (telegraphic address) : Eva.
Marcas Comerciales (Trade Marks) :

Eva, — Humo de Oro — Oriente.

14C. — Razón social (firm name) : Compañía Agrícola e Industrial Camagüey, S. A.
Dirección postal (postal address) : Enrique José No. 1, Camagüey, Cuba.
Dirección telegráfica (telegraphic address) : Guarina.
Marcas Comerciales (Trade Marks) :

Cacique — Diana — Guarina — Junquitos.

15. — Razón social (firm name) : Cienfuegos Industrial, S. A .
Dirección postal (postal address) : Santa Elena y Concordia, Cienfuegos, Provincia de Santa Clara, Cuba.
Dirección telegráfica (telegraphic address) : Cigarrera.
Marcas Comerciales (Trade Marks) :

Aviadores — Doreya — El Coloso — La Villareña — O. K.

16. — Razón social (firm name) : Azán y Hermanos.
Dirección postal (postal address) : Juan Bruno Zayas s/n., Manicaragua, Provincia de Santa Clara, Cuba.
Marcas Comerciales (Trade Marks) :

Azán.

17. — Razón social (firm name) : Cigarros Camacho.
Dirección postal (postal address) : Maceo No. 63, Santa Clara, Cuba.
Dirección telegráfica (telegraphic address) : Camacho.
Marcas Comerciales (Trade Marks) :

Camacho.

18. — Razón social (firm name) : Antonio Mauri Urquiola.
Dirección postal (postal address) : Calle de la Boca, Trinidad, Provincia de Santa Clara, Cuba.
Marcas Comerciales (Trade Marks) :

La Nueva Era.

19. — Razón social (firm name) : Trinidad y Hno.
   Dirección postal (postal address) : Antonio Núñez y Coronel Acebo, Ranchuelo, Provincia de Santa Clara, Cuba.
   Dirección telegráfica (telegraphic address) : Trinidad.
   Marcas Comerciales (Trade Marks) :

   Trinidad y Hno.

20. — Razón social (firm name) : Luis Uriarte.
   Dirección postal (postal address) : Apartado No. 101, Santa Clara, Cuba.
   Dirección telegráfica (telegraphic address) : Uriarte.
   Marcas Comerciales (Trade Marks) :

   Uriarte.

NOTA

Encontrándose este libro en prensa, han surgido causas que motivan las siguientes aclaraciones:

a) De conformidad con el artículo 4 del *Título Primero*, "De la nación, su territorio y forma de Gobierno" de la Constitución de la República, puesta en vigor el 10 de octubre de 1940, la Provincia de Santa Clara se denominará, en lo sucesivo, Las Villas.

b) **Estrada.**—Marca para distinguir tabacos torcidos. Los señores Estrada y Co., Soc. Ltd., a nombre de los cuales se encuentra registrada esta marca, han trasladado su fábrica para Placetas, Provincia de Las Villas, Cuba; teniendo por dirección postal el Apartado No. 13, en aquella ciudad.

c) **Fancy.**—Marca para distinguir cigarrillos. Los señores Rogelio Palicio y Cía., propietarios de esta marca, han notificado a la Comisión Nacional de Propaganda y Defensa del Tabaco Habano que han cerrado la fábrica de cigarrillos que tenían establecida en Padre Varela No. 965, Habana, Cuba.

d) **Particulares.**—Marca para distinguir tabacos torcidos. Ha sido adquirida por los señores Cifuentes, Pego y Cía., de Industria No. 520, Habana, Cuba.

e) **Zaydee.**—Marca para distinguir cigarrillos. Los señores Rogelio Palicio y Cía., propietarios de esta marca, han notificado a la Comisión Nacional de Propaganda y Defensa del Tabaco Habano que han cerrado la fábrica de cigarrillos que tenían establecida en Padre Varela No. 965, Habana, Cuba.

f) La Constitución de la República de 1940, cambia la denominación de las Secretarías de Despacho por la de Ministerios. Por tanto, donde quiera que se mencione una Secretaría de Despacho, debe leerse Ministerio; y donde se hable de Secretarios de Despacho, debe entenderse Ministros.

BIBLIOGRAFIA

1. – Cartilla Agrícola para el Cultivo del Tabaco, por los Sres. don Jacinto Argudín y don Lisandro Pérez.
2. – Cincuenta Consejos para los Cultivadores de Tabaco, por el Ing. Agr. Sr. Francisco B. Cruz, experto en el cultivo del tabaco de la Secretaría de Agricultura. (Circular No. 66 de la Estación Experimental Agronómica de Santiago de las Vegas, junio de 1929.
3. – Contrapunteo Cubano del Tabaco y el Azúcar. (Advertencia de sus contrastes agrarios, económicos, históricos y sociales, su etnografía y su transculturación), por Fernando Ortiz. Prólogo de Herminio Portell Vilá. Introducción por Bronislaw Malinowski.
4. – Diccionario Botánico de Nombres Vulgares Cubanos, por el Dr. Juan Tomás Roig.
5. – El Tabaco, Revista Tabacalera de Cuba. Copropietarios: Herederos de Franco. Copropietario, Director y Administrador: Ramón La Villa. Jesús Peregrino, 156, Habana.
6. – Habano, Revista Tabacalera, Organo Oficial de la ''Asociación de Almacenistas y Cosecheros de Tabaco de Cuba'' y de la ''Unión de Fabricantes de Tabacos y Cigarros de Cuba''. Publicación Mensual de *Editorial Habano, S. A.*, Amistad, 419 (altos), Cable y Telégrafo: *Edihabano*. Director: Ricardo A. Casado. Jefe de Redacción: José E. Perdomo. Administrador: Jorge J. Posse. Redactor especial: F. Bethencourt.
7. – Informes del Ingeniero Agrónomo Sr. Román Pérez, Director de la Estación Experimental del Tabaco en San Juan y Martínez.
8. – Los Tabacos de la Habana. (Comisión Nacional de Propaganda y Defensa del Tabaco Habano.)
9. – Memorándum presentado a la Comisión Nacional de Propaganda y Defensa del Tabaco Habano por el Vocal Angel González del Valle.
10. – Nuestro Tabaco, por Ricardo A. Casado.
11. – Reseña de los Insectos del Tabaco en Cuba, Circular No. 80, de la Estación Experimental Agronómica de Santiago de las Vegas, por los Dres. F. C. Bruner y L. C. Scaramuzza, Segunda edición, junio de 1938.
12. – Revista Tabaco, Publicación Mensual Ilustrada, Organo Oficial de la Federación Tabacalera Nacional. Director Literario: José Rivero Muñiz. Director Gerente: José B. Cosío. Administrador: Enrique Filgueiras. Director Técnico: Gonzalo Collado Pérez. Dirección y Administración: Carlos III No. 265, Dept. 12, Habana.
13. – Tabaco, Historia y Psicología, por Humberto Cortina.
14. – Una Escogida de Tabaco, Folleto, por Juan Bautista Jiménez.

Fotografías

American Photo Studio.
Estación Experimental Agronómica de Santiago de las Vegas.
J. E. P.
Octavio de la Torre.
Portada y Dibujos de Giménez Niebla.

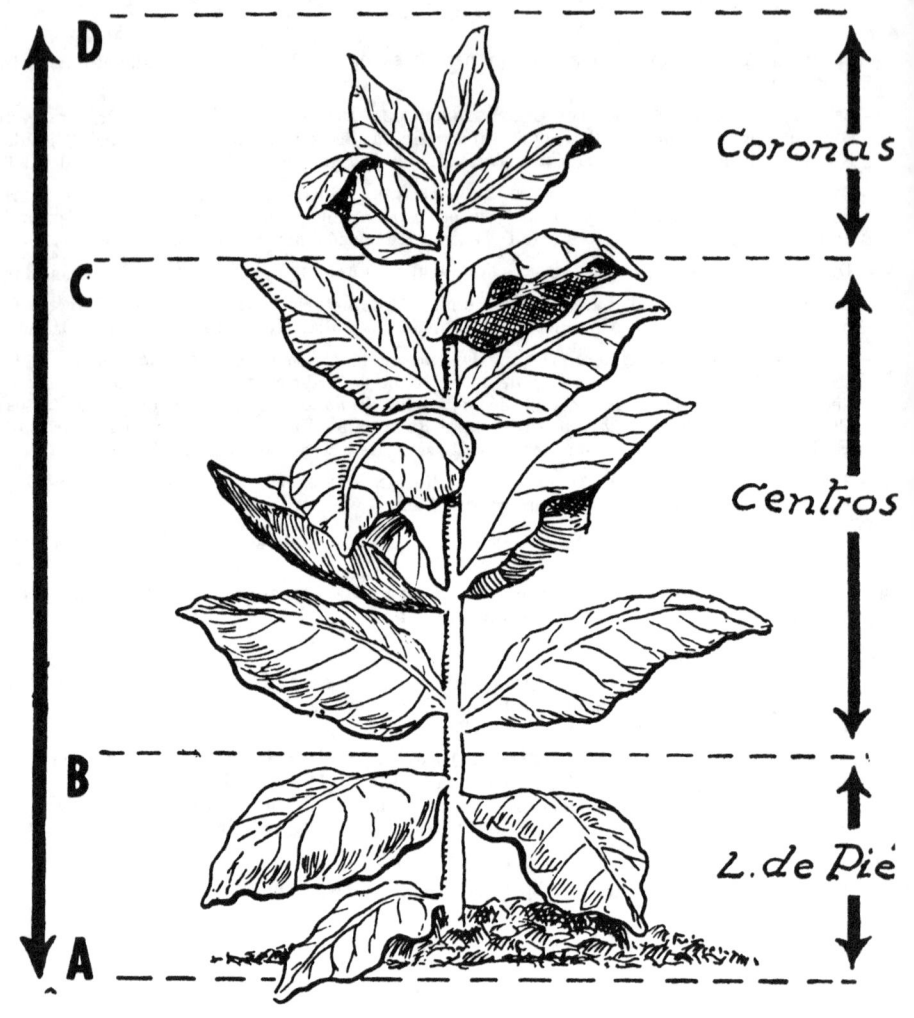

PERIODO VEGETATIVO, EN DIAS, DE LA MATA DE TABACO

Libre de pié	52	45
1-½		50
Centros	60	55
Sobre-centros	65	60
Coronas	70	70

VOCABULARIO ESPAÑOL-INGLÉS

SPANISH-ENGLISH VOCABULARY

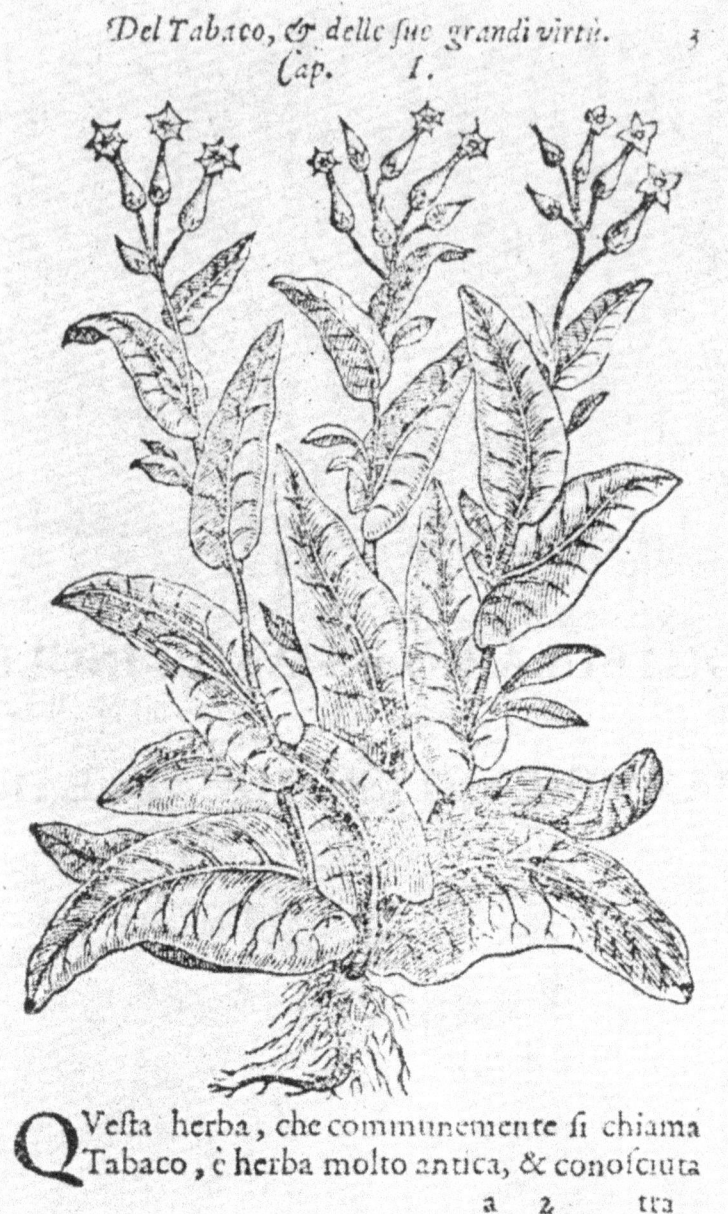

Una de las primeras representaciones de la planta del tabaco. Grabado en madera de la traducción italiana (aparecida en 1575 en Venecia) de la obra de Nicolás Monardes (1493-1588) acerca de las plantas medicinales usadas por los indios.

DICTIONARY OF THE CUBAN TOBACCO INDUSTRY[1]

- A -

Abertura (opening) — In the Partido and Vuelta Abajo grading houses, *abertura* is the name given to the job of spreading out the tobacco leaves and placing them in uniform piles, at the same time making a preliminary separation of the small or defective leaves which are unsuitable for wrappers from the large, sound leaves which are sent to the grading and sorting department for classification. This work is done by an *abridor* or *abridora*.

Abonos — Fertilizers.

Abridor, Abridora (opener) — A worker in the grading houses of Partido and Vuelta Abajo who spreads open the tobacco leaves and does a preliminary job of grading, taking out the small or defective leaves.

Ahuevado — When the shape of the cigar is not symmetrical or straight, i.e., when it is larger toward the tip or is spindle-shaped, it is called *ahuevado* (egg-shaped) or *figurado* (pointed).

Al barrer (on an average) — When the tobacco buyers do not set a price for each grade in the bulk, i.e., one price for the principal leaves and another for the suckers, etc., but pay a lump sum for the entire crop, the tobacco planter is said to have sold "*al barrer.*"

Almacén — A warehouse in which the manufacturers of cigars and cigarettes customarily store the raw material which they need to make their products. Also an establishment for the sale of leaf tobacco at wholesale. Although in many cases these sales are made to cigar and

---

[1] Este diccionario español-inglés es el que preparara May Coult para Office of Foreign Agricultural Relations, United States Department of Agriculture, Washington, 1952 tomando de base, principalmente, el *Léxico Tabacalero Cubano* de José E. Perdomo

cigarette factories, sales are generally made to foreign buyers either directly or through their middleman or *"comisionistas"* in the market.

Almacenista (wholesale dealer) — A dealer who sells leaf tobacco at wholesale. When he sells to other dealers, cigar or cigarette manufacturers, or commission merchants (*comisionistas*), he is also called an *especulador* (speculator). Nearly all the *almacenistas* are members of the Asociación de Almacenistas y Cosecheros de Tabaco de Cuba.

Amarillo (yellow) — A grade of tobacco which owes its name to the color of the leaf. It belongs to the filler group in the grading of tobacco from the Vuelta Abajo District. *Amarillo* is used principally for cigarettes.

Amarillo Bueno (good yellow) — Yellow leaves of good quality. They are used as filler, according to the classification of tobacco in the Vuelta Abajo District.

Amarillo Chico (small yellow) — A classification of tobacco filler in the Vuelta Abajo District. The size of the leaf, as well as its color, determines its classification.

Amarillo Grande (large yellow) — See *Amarillo Bueno.*

Amarillo Malo (poor yellow) — See *Amarillo Chico.*

Amarrador — A worker in the factories who, after the cigars have been graded, makes what might be called a second grading, by deciding how the cigars are to be placed in each layer in the box.

Ancho (wide) — The middle or broadest part of the wrapper.

Andullo (plug tobacco) — Tobacco which has been pressed and specially prepared for chewing. There are no factories for manufacturing chewing tobacco in Cuba.

Anillado (banding) — Department of the factories where the band is put on the cigar.

Anillador, Anilladora (bander) — Worker who puts a band on each cigar.

Anillo (circular band) — A band of lithographed paper, placed on each cigar to show the manufacturer's brand.

Anillo de combustión (combustion ring) — When a cigar is smoked, a ring of fire called the combustion ring is constantly being formed between the ash and the rest of the cigar. In a good cigar this ring remains uniform. The cigar is then said to burn evenly.

Apagón (extinguisher) — A cigar which burns poorly and has to be lighted again and again, giving it a bad taste and odor. This does not occur with genuine Havanas.

Apartador, Apartadora (sorter) — In the Remedios (Vuelta Arriba) District, a worker whose job it is to classify leaf tobacco, separating it into different grades. In the Partido and Vuelta Abajo grading houses, these workers are called *escogedores* (selectors), *revisadores* (examiners), *rezagadores* (wrapper sorters), *repasadores* (checkers), or *apartadores* (sorters), according to their work. In some districts, the women to this work; in others, either sex.

Apartadura (sorting) — Department in the tobacco grading houses in the Remedios or Vuelta Arriba District, where the tobacco is classed into grades.

Aposento (room) — The tobacco curing barns have a central aisle. On each side of this aisle there are three or four sections called *aposentos*. Each of these sections is the length of a tobacco pole and the entire height and width of the barn. The spaces between compartments are called *falsos* (false).

Apuyarse (dropping) — This word is applied to a tobacco plant which is defective, sickly, grows from a weak seedling, or has remained in the seed-bed longer than necessary before transplanting.

Arder (to burn) — Combustibility is one of the most highly esteemed qualities of tobacco. Aroma and good combustion together elevate smoking to its highest degree.

Arder a la vela (to burn perfectly) — Tobacco buyers habitually make combustion tests of the tobacco they intend to buy. Sometimes they do this by making a cylinder or soft roll of several leaves, holding it by one end and drawing in smoke through the other. Sometimes they open a leaf, touch it to a lighted cigar or cigarette, and observe how the leaf is slowly consumed. When combustion is perfect, it is said that the tobacco burns perfectly (*"arde a la vela"*).

Ardido (burned) — Tobacco is said to be burned when it becomes spoiled or rotten as a result of very high temperature in the bulk.

Arique — Strip from the base of Cuban royalpalm leaves, used to tie the bundles (see *matules*) of tobacco.

Aroma — The aroma or "bouquet" of a cigar should never be confused with its strength. A cigar may be strong and have no aroma or, on the contrary, it can be mild and very rich in aroma. The smoker's senses of taste and smell will enjoy the aroma, while his throat will feel the strength of the cigar.

Arpillera (burlap) — Coarse jute fabric imported from India and used to cover the bales of tobacco exported.

Arroz (rice) — White cigarette paper.

- B -

Babilla — A rot which occurs in the middle of branches of plants for transplanting when they have been pulled with the dew on, dampened by rain or irrigation water. This disease appears the second day after pulling and is characterized by the mucilaginous or spittle-like substance found on the lower part of the stems of these plants. If planted in this condition, they will not take root.

Banda (stemmed binder) — Leaf used in cigar factories to wrap around the filler. The stemmed binder is used in luxury types of cigars instead of *capote*, which is an unstemmed binder.

Barbacoa (drying room) — Department in the factories where the filler is dried and blends are made.

Barredera (tier poles) — Pieces of lumber placed horizontally on both sides of a section in the tobacco barn on which to rest the ends of the tobacco poles.

Barredura (sweepings) — The waste from the grading houses and factories, generally used for fertilizer.

Barril (barrel) — The barrel plays an important role in the tobacco industry. In the stemming department, it is the "work table" of the woman who does the stemming. In requesting a job, she asks for "a barrel." In the factories, it is used to hold the filler in the drying and blending department and in the leaf trade it is used as an export container for stemmed tobacco.

In a cigarette factory, the shredded tobacco is placed in a cedar barrel after cutting, beating, and drying. It remains in the barrel for 15, 20, or 30 days and undergoes its final fermentation or barrel sweat. The barrels are then taken to the machine room, where the shred is fed into the machines and comes out in the form of finished cigarettes.

Beneficio (improving) — The process of petuning or sprinkling high quality filler tobacco with an infusion of tobacco stems. The strength of this infusion or petun is in direct ratio to the gumminess of the tobacco — the heavier or gummier the tobacco, the stronger the infusion. Light tobaccos should receive little or no petuning.

Berraquito de la tierra (Gryllotalpa hexadactyla Perty) — The mole cricket.

Berro (watercress) — A light green cigarette paper.

Betún (petun) — A solution prepared with the stalks or stems of tobacco fermented in water. See also *beneficio*.

Blandura (a "season") — After tobacco has gone through the first phase of curing on poles in the curing barns, it is tied for bulking. Before starting this work, the farmers wait until rainy weather produces a season and the tobacco "comes in case."

Bofetón (flap) — A loose, lithographed piece of paper, fastened to the box at the bottom of the front runner, and covering the cigars.

Boite nature (plain box) — A plain wooden cigar box, i.e., an unpapered box. Some of these are very beautiful specimens of the cabinet maker's art.

Bonche (bunch) — A mold used for bunching the filler of the cigars manufactured by some shops or small factories. The cigars prepared in this way are intended exclusively for domestic consumption.

Bonchero, Bonchera (buncher) — A worker, generally a woman, whose job it is to bunch filler in bonches or molds.

Boquilla (small mouth) — A cigar or cigarette holder, also the end of a cigar which is lighted for smoking.

Bote (canister) — Classification used in the tobacco district of Remedios (Vuelta Arriba). It is applied to broken tobacco, which is used for making cut tobacco. The leaves which cannot be included in any of the other classifications go into the bote. In the grading houses of Vuelta Abajo, Bote is called "*Dieciochocena*" (18th).

Botellita (little bottle) — The cigar maker means by this expression that he is working on a type of cigar which is easy to make and for which he considers himself well paid.

Brea (rosin) — A pale yellow cigarette paper.

Británicas — Pointed-shaped cigars with a bulge near the end which the smoker puts in his mouth.

Bronco (coarse) — A classification given to filler in the Vuelta Abajo District. *Bronco* is a grade used particularly for cigarette making.

Bronco Chico (small coarse) — In this classification the size and thickness of the leaf are considered. This grade includes spotted leaves of small size.

Bronco Grande (large coarse) — The size of the leaf is considered in this classification. The grade includes large spotted leaves of good thickness.

Bronco Segunda (B. 2d.) — In classing tobacco in Sagua de Tánamo, Oriente District, good binder leaves are marked B. 2a.

Burro — A process used to improve gummy leaf tobacco. It consists of putting the hands of leaves in layers, meanwhile sprinkling or dampening them with petun. This *burro* or processing is continued until the leaves acquire the odor and characteristics of cured tobacco.

- C -

Cabecear (to head) — To place the tobacco leaves in such a way that the stems of all the leaves are together at the stalk end.

Cabeza (head) — Name given by cigar makers to the tip of the cigar, i.e., the end the smoker puts in his mouth.

Cabinet — Cigar container or case. It is used only for fine or luxury types of cigars.

Cabo (stub) — The butt or stub of a cigar that has been smoked.

Cachazudo (Feltia annexa Treit and F. malefida Guer.) — Cutworm.

Cachimba — A certain type of pipe for smoking tobacco.

Cachos duros — This is what the cigar maker calls bronco filler when it is too dry and is difficult for him to work. Formerly he separated it out and put it over his workboard.

Caja de batir hebra (shred mixing box) — The tobacco leaves emerge from the cutting machines in the cigarette factories in the form of a compact mass. This mass goes into the shred mixing box, where it is thoroughly stirred.

Caja de tercio — Baling frame, which is made of hardwood.

Cajas de galera (cigar-room boxes) — Storage boxes for blended tobacco. From these boxes the filler foreman takes the work to each cigar maker, who receives it in a piece of damp cloth.

Cajas de liga (blend boxes) — After the tobaccos are blended in a large pile, they are sprinkled lightly with a sprayer and placed in large closed boxes, called blend boxes.

Cajetilla — Cigarette box. It is made of pasteboard or lithographed paper and contains 14, 16, or 20 cigarettes.

Cajón (box) — A wooden box in which cigars are placed for sale. These containers generally hold 25 or 50 cigars, being called fortieths in the first case and twentieths in the second.

Calador (perforator) — Wireworm, also called *pasador*.

Calidad (quality) — There is much confusion about the meaning of this term. In the case of tobacco, the word "*calidad*" varies in meaning according to whether it applies to the leaf or to the cigar. In the case of the leaf, it is said that the tobacco is "*de calidad*" when it is very gummy. Thus, the amount of gum on the tobacco leaves is what determines their quality. Dry-year crops are gummy ("*de calidad*"), and rainy-year crops are light ("*ligeras*"). In the case of cigars, "*calidad*" means the combination of all their qualities.

Canasta (basket) — A broad, shallow basket made of rattan or giantreed and used to carry the leaves in the tobacco field and the bunches or bundles of leaves in the grading rooms and factories.

Candelilla (Phthorimaea operculella Zeller) — The tobacco leaf borer, also known in Cuba as "*forro de catre*" and in the United States as the potato tuber moth. This borer is not a serious pest in Cuba.

Cantúa — In the tobacco grading houses at Vuelta Arriba, this name is cutomarily given to *chivichana*, i.e., the smallest leaves.

Cañón (tube) — The body of the cigar. When it is symmetrical, it is called "*cañón parejo*" (straight tube); when not symmetrical, it is called "*cañón ahuevado*" (egg-shaped tube) or "*cañón figurado*" (pointed tube).

Capa (cover) — The wrapper or outside leaf of the cigar, with which the "*zorullo*" or body of the cigar is covered.

Capa Clara (1a. C.) (light wrapper) — Classification used in the grading houses of the Remedios District. It applies to clean leaves of larger size and lighter color. The Capa Clara comes from "light crops" (produced in a rainy season).

Capa Madura (1a. O.) (dark wrapper) — Remedios classification, applied to the larger clean leaves, of darker color than the Capa Clara. They are a product of gummy crops. Both Capa Clara and Capa Madura go to small factories which manufacture for domestic consumption. These wrappers produce a very white ash when burned.

Capaduras (second crop leaves, suckers) — After the main stalk is cut, new shoots appear on the plant. Three or four of these shoots are allowed to grow. These shoots are cut when fully grown and the leaf from them is called "*capaduras*" (suckers).

Capataz (foreman) — In the tobacco grading rooms, the *capataz* organizes and supervises the work. He receives the finished work and examines it to see if it is well done.

In the cigar factories, the *capataz* has a similar job. He is an experienced man who is well acquainted with the industry. The prosperity of the factory in his charge and the prestige of the brands which it manufactures depend upon his expert knowledge.

Caperos (wrappers) — The name given to the tobacco leaves which can be used as wrappers.

Capón — A "*capón*" is a kind of sucker which is left growing on the main stalk after suckering, and is picked a few days after the main-stalk leaves have been harvested and before the sucker crop. This is not a desirable procedure.

Capote (jacket) — Unstemmed binder, a tobacco leaf used as the inner covering of the cigar filler, the outer covering being known as the wrapper. Binder leaf can be less attractive in appearance than wrapper leaf.

Cartabón (rule) — A schedule giving the size, length, thickness, shape, and cost of making cigars.

Casa de tabaco (tobacco house) — Tobacco curing barn. After the tobacco has been cut or primed, it is carried to the curing barn, where it must go through the curing process. When the tobacco is cut in *mancuernas* (two leaves with a section of stalk attached), the planters usually hang it on poles placed on frames out-of-doors, generally in the tobacco field itself, until the tobacco wilts, when it is taken into the barns.

The primed leaves, however, are carried in handbarrows or baskets from the field to the barns, where they are sewed or strung, and the leaves folded together (*enmallado*).

The curing barns must run in an east-west direction, so that the sun will heat only the rear ends of the building in the early morning and late afternoon. In the Remedios District, the curing barns are generally entirely covered with palm leaves, which are ideal for the purpose. In the Partido, Semi-Vuelta, and Vuelta Abajo Districts some of the barns are built in this way, but usually the sides are boarded and the roofs thatched with palm leaves.

The curing barns should be tightly closed in normal weather. Any ray of light or current of air which may get in to change the atmosphere of the interior may prove injurious.

The humidity of the air in the curing barn is a very important factor. All farmers should have a polymeter or hygrometer in their curing barns to show the humidity of the air. A relative humidity varying between 70 and 75 percent can be considered an ideal condition to bring about the changes which must take place in the tobacco leaves during the drying period. When the relative humidity drops to 40 percent, the rapid evaporation of the water contained in the leaf stops the changes which are going on in it and, if this dry, cold weather is prolonged, the crop will dry very poorly, and an undesirable lemon-yellow color will predominate in the leaf. On the other hand, when the hygrometer rises to register from 90 to 100 percent, evaporation is almost nil, and the excessively damp leaf becomes rapidly covered with mold. This forms cores of putrefaction, and the crop is seriously affected. When the weather is cold and dry and the psychrometer falls alarmingly until it reaches the 40 percent mentioned above, the tobacco planter must quickly make all his curing barns as airtight as possible by stuffing cheesecloth, palm leaf, or other convenient material between the boards and in any other place where the cold air from outside can get into the building. If there is a strong wind from the north or northeast, the south windows must be opened at night after the wind goes down, so that the damp air can get into the curing barns. These windows must be closed early the following morning. This procedure must be continued until the hygrometer rises to 70 percent, which is considered normal.

After a shower, if the wind continues to be from the south and the hygrometer's fluctuates between 85 and 100, the planter should take the following precautions, because an extremely difficult situation is developping, which may seriously endanger his crop:

During the middle of the day, the hygrometer will probably drop to between 60 and 65 and, if so, the planter must immediately open all the doors of the curing barn and arrange the tobacco poles so that a rapid current of air can pass through the barn and drive out the moisture-saturated air. Since the driest air in the barn is at the top, it is also very desirable to put the greenest tobacco on the highest frames and the drier tobacco on the lower racks. In many cases, the planter can overcome the temporary difficulties by using this procedure and folding the green tobacco leaves together.

If the damp weather continues, all the barns should be closed up and heated by steam pipes (the most practical way), or by charcoal, which does not produce much smoke. Care must be taken in this operation and only experienced persons who have had considerable practice must be allowed to do this work.

Experienced planters know that the first precaution which must be taken to overcome dampness successfully is to provide good drainage for the curing barns. Air holes or ventilators in the roof ridge of the barns, well located and adjusted as needed, give excellent results.

Perfect cleanliness of the floors is recommended. In barns which have cement or natural dirt floors, the floors should be covered with a layer of sand one or two inches deep.

Casillas (booths) — The boxes or compartments in which the tobacco is placed after it is classed and tied in hands. The length of time the leaf is kept in the compartments varies with the quality of the tobacco.

Catorcena (14a.) (fourteenth) — In the classification of sun-grown tobacco in Vuelta Abajo, *Catorcena* is put in the wrapper group if the leaves are clean, but it is generally used for filler if the leaves have any defects. "Fourteenth" is subdivided into *Catorcena Seco* (14a. S.), *Catorcena Viso* (14a. V.), *Catorcena Ligera* (14a. L.), and *Catorcena Medio Tiempo* (14a. M/t.). In the classification of shade-grown tobacco in the Vuelta Abajo District, *Catorcena* belongs to the wrapper group and is subdivided into *Catorcena Fino* (14a. F.), *Catorcena Viso Fino* (14a. V. F.), *Catorcena Medio Tiempo* (14a. M/t.), and *Catorcena Maduro* (14a. M.). In the group of *rezagos* or large wrappers in the Vuelta Abajo classification of shade-grown tobacco, the defective but unbroken leaves which cannot be classed in the other wrapper groups are placed in *Catorcena* (14a.). They are subdivided into 14a. L., 14a. S., 14a. V., and 14a. V. S.

The terms "*seco*," "*viso*," etc., mentioned above are used to define thickness (*tiempos*). There are six main groups of thickness, as shown below, the proportion of leaves in each group varying each year with weather and growing conditions:

1) *Maduro* or *Pesado* (ripe or heavy) is the heaviest, thickest, darkest, most consistent and richest in gums or oils and requires the most curing;
2) *Medio-tiempo* (half body) is less heavy, not so dark but of a bright hue and contains less resin than *Maduro*;
3) *Ligero* or *Fino* (light or fine) has the same characteristics as *Viso* except that its color is brown instead of copperish;
4) *Viso* (copperish), as its name implies, is of a copperish hue, is lighter and requires less curing time than *medio-tiempo*;
5) *Seco* (dry) is even lighter than *Ligero* or *Viso*, has very little body, is poorest in gums or oils and is of a light brown hue; and
6) *Volado*, the lightest of all six, requires very little or no curing and can be used almost immediately after picking.

In addition, there are several subgroups or combinations of groups such as *Ligero-viso* (light copperish), *Ligero-seco* (light-dry), etc., and specific types such as *capaduras* (suckers), of which only a small quantity is grown in the Vuelta Abajo area; *Quebrado*, which consists of leaves which lack elasticity, burn poorly, and have a bad taste; *Sentido*, which includes leaves of all kinds but with rotten portions; and *Bote*, consisting of rejects, poor quality, and torn leaves.

Catorcena Abierta (14a. A.) (open fourteenth) — Classification of shade-grown wrapper tobacco in the Vuelta Abajo District, applied to large leaves which are not included in the better classes because of being soiled or spotted. *Catorcena Abierta* is divided into *Catorcena Ligera* (14a. L.), *Catorcena Seco* (14a. S.), and *Catorcena Viso Seco* (14a. V. S.).

Catorcena Amarillo (14a. A.) (yellow fourteenth) — Classification used in the Partido District. Yellow leaves of medium size, used for binders.

Catorcena Banco Seco (14a. B. S.)(dry bench fourteenth) — Partido District classification. This grade includes sound leaves of medium size intended for clean binders.

Catorcena Doblada (14a. D.) (quasi fourteenth) — In grading Vuelta Abajo shade-grown wrapper tobacco, *Catorcena Doblada* (14a. D.) is a smaller leaf than *Rezago Primera Once* (Rzgo. 1a./1la.), but, because of some defect in the substance or texture of the leaf, it cannot be included in the other superior classes. It is subdivided into *Ligero* (light), *Seco* (dry), and *Viso Seco* (dry copperish hue) types.

Catorcena Ligera (14a. L.) (light fourteenth) — In Semi-Vuelta District classification this grade belongs to the clean-filler group. The leaves have less body than those classified as heavy (pesadas).

In the Partido classification, *Catorcena Ligera* (14a. L.) includes leaves of medium size, ligero type, and greenish gray color, used for clean binders.

Catorcena Maduro (14a. M.) (dark fourteenth) — Classification used in the Partido District. The leaves are dark in color, have considerable body, and are medium to small in size. They are used in Cuba as chewing-tobacco filler.

Catorcena Pesada (14a. P.) (heavy fourteenth) — Semi-Vuelta District classification. This grade belongs in the group of clean filler "de calidad". The *Catorcena Ligera* (14a. L.) and the *Catorcena Pesada* (14a. P.) are the same size, but differ because of the thickness ("calidad") or gum contained in the leaves and the use made of the two different classes.

Catorcena Seco (14a. S.) (dry fourteenth) — This is a Partido District classification which includes sound leaves of medium size used for clean binders.

Catorcena Seco Oscuro (14a. S. O.)(dark dry fourteenth) — This is a Partido District classification which includes leaves of dark color, ligero type, and small size. These leaves are used for ordinary binders.

Catorcena Viso Amarillo (14a. V. A.) (copperish yellow fourteenth) — Partido District classification. The leaves are of a greenish yellow color and medium size and have little body. They are used for binders.

Cedro (Cedrela mexicana M. J. Roem) — Mexican cedrela, sometimes called cigar-box cedar.

Ceibón (Bombax emarginatum Decne., also known as Pachira emarginata A. Rich.) — Also called *Seibón*, *Ceibón de arroyo*, *Guane*, or *Drago*. Its liber furnishes the larger part of the fiber used to tie the carrots (*manojos*) of tobacco. In some places this fiber is called *guana* and in others *majagua*.

Cenicero — Ash tray.

Centésimos (1/100) (hundredths) — 100 boxes per thousand, each container holding 10 cigars.

Centro (center) — Part of the cigar roll equidistant between the two ends.

Centros (middle leaves) — Leaves found on the central part of the tobacco plant, between the bottom leaves and the top leaves. They are the best leaves on the plant.

Cepo — Contrivance for measuring the length of cigars. It has a hole in the central part for measuring the diameter. The *cepo* which the cigar maker finds on his table when he comes to work shows him what type of cigar he is to make. Absence of the *cepo* tells him that he must see the overseer.

Chapucero (bungler) — Word applied to the cigar maker who does not do his work well. In the grading rooms, the sorter who makes a poor classification is also called a *chapucero*.

Chaveta — A knife without a handle, having a short, broad blade, used by the cigar maker to cut the wrapper and shape the tip of the cigar. It is also used in rolling the cigar after the filler has been added. A *chaveta* looks very much like an old-fashioned chopping knife minus the handle.

Cheesecloth — Used to cover tobacco fields to lessen the effects of the sun's rays and thus obtain wrappers of a light color. According to Ricardo A. Casado, its use began in the Partido tobacco fields, where it was introduced by Don Luis Marx. Rivero Muñiz says that Calixto López introduced this system into Cuba at the beginning of the present century, using it on his farm "Guainacabo" in San Luis, Pinar del Río. Cheesecloth is now very generally used in Partido and Vuelta Abajo.

Chichones (bumps) — Irregular lumps made when a cigar is not properly twisted.

Chinchal — Small cigar shop or factory which sells its products at retail.

Chinchalero — Small-scale manufacturer of cigars. His products are intended for local consumption.

Chinche verde hedionda (Nezara viridula L.) — Green stinkbug. It is not an important tobacco pest in Cuba.

Chinchita de la hoja del tabaco (small tobacco leaf bug) (Cyrtopeltis varians Dist.) — A small bug commonly found on tobacco plants in Cuba.

Chivichana — Also spelled *chibichana*. This class of tobacco, picked in the Remedios (Vuelta Arriba) District, is equivalent to that called "*Hoja de Semilla*" (seedleaf) in the Vuelta Abajo District.

Cigarrera — A cigarette case; a woman who works in a cigarette factory.

Cigarrería — Name given in Cuba to cigarette factories.

Cigarrero (cigarette maker) — Man who works in a cigarette factory.

Cigarrillo (cigarette) — An article made of cut tobacco leaf, enclosed in a small tube of suitable paper or tobacco leaf, of a cylindrical, flattened, or slightly conical form, with or without a tip at one end. The color of the paper on the outside of the cigarette gives it the name of *trigo* (wheat), *pectoral, arroz* (rice), *brea* (rosin), *berro* (watercress), etc., while the shape of the cigarettes divides them into flattened (*oval*), *panetelas* (round, thick cigarettes), *superfinos* (round, thin cigarettes), *largos* (longer than superfine), *extralargos* (longer than superfine and largos), etc.

Cigarro — A name given to the cigarette in Cuba. In some Spanish-speaking countries the name *cigarro* is given to what in Cuba is called *tabaco torcido* (cigar).

Clase (class) — Name given to each of the classifications into which leaf tobacco is sorted in the grading houses.

Clasificación (classification) — This operation is also known as sorting and grading and consists of segregating the tobacco leaves into separate groups according to color, size, texture, thickness, etc.

Cocuyito ciego — See *Pasador*.

Cocuyo — See *Pasador*.

Cochinitos — See *Picudo verde azul*.

Cogollero (Heliothis virescens Fabr.) — The tobacco budworm, a small green worm which attacks sun-grown tobacco at any time after transplanting. The *cogollero* is closely related to a species existing in Jamaica, the *Heliothis obsoleta* Fabr., also known as the corn ear worm.

Colas (tails) — Grade of tobacco in the Semi-Vuelta District which is chiefly used in the manufacture of cigarettes. This name is also used in some of the grading rooms in Partido and Vuelta Abajo, while some classers call it *Diecisietecena* (17a.). In Vuelta Abajo it is also classified as 18a.

Colilla (stub) — See *Cabo*.

Combustibilidad (combustibility) — Burning quality. When a cigar does not burn well, it is said not to have good combustibility or to be *"jorro"* (bad tobacco).

Combustión — See *combustibilidad*.

Comisionista (commission merchant or agent) — This name is given to a person or firm making a business of buying leaf for a foreign account. The commission merchant sometimes does grading for the foreign firm which he represents and sometimes buys the required leaf from a speculator or from farmers who grade their own product.

Condición — The careful execution of the entire process of fermentation until the tobacco is ready for manufacture is called the conditioning of tobacco.

Conuco — Small tobacco field, generally cultivated for family use.

Coronas (crown leaves) — The leaves on the upper part of the plant, top leaves.

Cortar (to cut) — See *recolección*.

Cortar al brazo (to cut onto the arm) — The operation of cutting the tobacco, placing on the arm the part of the plant harvested, is called "*cortar al brazo.*"

Cortar al suelo (to cut onto the ground) — Another method of cutting tobacco is called "*corte al suelo.*" In this case, one person goes along the row, cutting the plants as required and throwing on the ground the parts cut off, to be picked up and placed on the poles by others.

Cosechero (planter) — Name given to anyone who raises tobacco on a large scale with the help of sharecroppers.

Coser (to sew) — See *Ensartar*.

Costa Norte (North Coast) — Subdistrict of Vuelta Abajo which includes the municipalities of Consolación del Norte (part), Mantua (part), Pinar del Río (part), and Viñales (part).

Costa Sur (South Coast) — Subdistrict of Vuelta Abajo which includes the municipalities of Consolación del Sur (part), Pinar del Río (part), and San Luis (part).

Costillas (ribs) — Fine veins which branch from the midrib across the tobacco leaf. In the case of wrappers, the fineness or thinness of these veins is one of the factors which determine the value of the leaves.

Crudo (crude, unfinished) — Tobacco is said to be "*crudo*" when the surplus juices have not yet been eliminated from it. Tobacco "*de calidad*" remains in this condition longer than "*ligero*" tobacco. "*Ligero*" tobacco generally needs no petuning or improvement to prepare it for immediate use in industry. The tobacco "*de calidad*" grows in dry weather, while "*ligero*" grows when rainfall is abundant.

Cuadragésimos (1/40) (fortieths) — Forty boxes per thousand. Each box contains 25 cigars.

Cuatro Rayas (four marks) — Classification used for wrapper tobacco in Bayamo and Mayari municipalities in the Oriente District.

Cubierta (cover) — A paper covering used for the outside of a cigar box cover.

Cuchilla (large knife, chopping knife) — See Machete.

Cuje (tobacco pole) — Slender wooden pole or giantreed, on which the cut or strung tobacco is placed for drying. The quantity of tobacco hung on one of these poles is also called a "*cuje*."

Cujito (short pole) — In Vuelta Abajo and Partido, after the tobacco has been strung, it is placed on poles in curing barns for curing. In some cases, the stick used for hanging this tobacco is approximately one meter long and it is then called a *cujito*.

Culata (end) — Part of the covering of tobacco barns at the front and back ends. When these *culatas* have the form of small chamfers, they are called "*culatillas*" (small ends).

Culatilla — See *culata*.

- D -

Décimos (1/10) (tenths) — Ten boxes per thousand. Each box contains 100 cigars.

Desangrar — To cut the thick part of the tobacco leaf so that the veins will not be conspicuous in the cigar.

Desbotonar (to top the tobacco) — When the small leaves of the tobacco plant begin to grow, they are of a dark green color, indicating their high content of nitrogenous substances. These substances form the vital part of the leaf and also take an active part in the production of food for the plant. When, in this process, the leaf has reached its maximum power, the bud or flowerstalk appears and is nourished by the substances contained in the leaves. This bud must be removed as soon as it appears to keep the leaves from losing these substances. This operation is known as "*desbotonar*" (topping). When the plant has been topped, its natural effort to reproduce itself causes shoots or suckers to start. These grow very rapidly and take large quantities of nutritive elements from the plant. For this reason they should be eliminated as quickly as possible. The plant then makes another attempt and produces new suckers which must be promptly removed for the same reason. Thus the nutritive elements manufactured by the leaves are prevented from going into the stalk in any large amounts. Accordingly, they accumulate in the leaves, making them larger and thicker. The nutritive juices, largely in the form of starch, which are thus compelled to remain in the leaves, serve partly as coloring matter, and the leaves turn light green with small spots of yellow green, a characteristic indication of maturity.

Desbotonar a la caja (to top in the sheath) — The operation of removing the bud as soon as it starts, while it is still enclosed in the two top leaves of the plant. This is done so that the plant will grow broader instead of taller.

Desbotonar alto (to top high) — The operation of removing the bud after it has already started to grow. A plant which has the bud removed at this stage is taller than one from which the bud is removed as soon as it appears.

Desecado (drying) — Once the tobacco has been placed in the curing barns, a two-stage drying process begins. During the first stage, the leaf gradually loses the water contained in it. If the loss takes place very quickly, as is the case when the weather is very dry and cold, the leaf wilts and dries too rapidly, becoming lifeless and greenish. This is what the tobacco growers call "*secar precipitalo*" (hasty drying). If such weather occurs, the barns must be shut up as tightly as possible.

On the other hand, when the weather is warm and humid, the water is lost slowly, drying can be too greatly delayed, and there is danger that the tobacco may sweat and rot, making the leaves dark and spotty.

The most favorable temperature for drying is from 70° to 85° F. (21° to 29° Centigrade), with a relative humidity of from 70 to 85 percent. Under these conditions the leaf loses its water content gradually, but if the percentage of humidity exceeds 85, especially at the time when the tobacco is yellowing (ripening), rotting may occur. Then the planter must be alert and, if his tobacco is ripe but too cold and rather damp, he will dry it in the sun if the weather is good and there are no signs of rain. Otherwise he will light a fire in the barns until the tobacco is entirely dry. In the case of shade-grown tobacco, which cannot be dried in the sun without changing the color of the leaf, drying by fire must be used. Two or three small holes or stoves in each compartment, using charcoal or some wood which does not give off any odor, will be sufficient to reduce the dampness inside the barns.

After the tobacco has ripened, it starts on the second drying period. The principal changes which take place during this period differ from those of the first period. One of the most important is the change in color from yellow to a dark golden shade. This change is caused by the oxydation which takes place after the leaf cells die. Air and moisture are necessary to bring about this change.

When the leaves have reached the proper coloring and the midrib is entirely dry, the tobacco must be taken to the upper part of the barn to eliminate the remaining dampness which may be sufficient to darken the color.

Taking advantage of the next "season" (*blandura*), the tobacco is taken down and removed from the poles. It is then tied in *matules* if cut in *mancuernas,* or in hands if strung (primed tobacco). In doing this work, the tobacco planter will consider the conditions under which his crop was grown. If the year has been dry, meaning that the tobacco will be gummy, it must be "in case" when untied, i.e., there must be sufficient moisture so that the tobacco will immediately start to heat in the bulks. On the other hand, if the season has been rainy and the tobacco is light, it must be untied as the moisture dries up, i.e., when the weather is more dry than otherwise, to avoid overheating and excessive loss in the bulk.

A good crop may deteriorate into a bad one and a poor one may become worse, if it does not receive the proper attention and care during the drying process. Knowing what conditions are most favorable for drying the tobacco leaf, the planter should strive with all the means at his command to counteract the effects of unfavorable weather conditions. Many of the spots and defects later seen on the leaves are the result of poor drying.

Deshijar (suckering) — Operation of removing the shoots or suckers which sprout after the tobacco is topped. This must be done immediately after the shoots start; they should never be allowed to grow more than an inch long.

Deshile (removal of threads) — Work of removing the strings from tobacco leaves, so as to open the leaves in the grading rooms.

Despala (stalking) — Department in the grading houses where the leaf is removed from the stalk.

Despalador, Despaladora (stalker) — In the tobacco grading rooms in the Remedios District and in those where tobacco cut in *mancuernas* is to be graded, there is a section for removing the leaves from the stalks. The employees who do this work are called *despaladores* (stalkers).

Despalar (to stalk) — To remove the leaves from the stalks after the tobacco has been cut and dried.

Despalilladora (stemmer) — A woman, in the stemming shops and cigar factories, who removes the midrib from the tobacco leaf. The entire midrib is removed from wrapper tobacco and part of it is removed from filler.

Despalillo (stemming) — Department where the midrib or stem is removed from the tobacco leaf. In the case of wrapper, the entire midrib is removed, separating the leaf into two parts. In the case of filler, one-fourth, one-half, or three-fourths of the length of the midrib is removed.

Despalillo del calzoncillo (bifurcated stemming) — Name given to the type of stemming in which the leaf is stemmed halfway and the narrowest part is left unstemmed.

Despalillo de embarque (export stemming) — The place where tobacco is stemmed for export.

Desvenar (to remove the veins) — To remove the thick veins from the binder.

Dieciochocena (18a.) (eighteenth) — In the grading rooms for sun— and shade-grown tobacco in the Vuelta Abajo District, this classification is applied to rejects from the other grades and can include broken leaves of any size. This grade is called "*Bote*" in the Remedios grading houses.

Dieciseicena (16a.) (sixteenth) — In the classification of sun-grown tobacco in Vuelta Abajo, 16a. belongs to the clean-filler group used for fine types of cigars. It consists of small leaves which cannot be used for binders. This grade is subdivided into *Seco* (dry), *Viso* (copperish), *Ligero* (light), *Medio Tiempo* (medium gummy), and *Maduro* (gummy). In the classification of shade-grown tobacco in the Vuelta Abajo District, the 16a. is sometimes used for binder, although it is a small leaf. In the Semi-Vuelta District, 16a. C. is clean, gummy filler of small size, while 16a. S. is clean, short, "light" filler.

Diecisietecena (17a.) (seventeenth) — In the grading rooms for shade-grown tobacco in the Vuelta Abajo District, this grade belongs in the filler group. It consists of small, sound leaves which are not included in 16a. or which are damaged and, for this reason, cannot be used as binders. The same classification is used for sun-grown tobacco. It is subdivided into *Seco* (dry), *Viso* (copperish), *Ligero* (light), *Medio*

Tiempo (medium gummy), *Volado Bueno* (good high), *Amarillo Bueno* (good yellow), and *Puntilla* (little point).

Disfraces (cheats) — This name is used in the cigar-making room for certain types of cigars which are similar to others for which the cigar maker is better paid.

Doce (twelve) (12a.) — In the grading of shade-grown tobacco in the Vuelta Abajo District, *Doce* (12a.) belongs in the *Rezago* (large wrapper) group. The leaves are of large size and good body. This classification is divided into *Ligero* (light), *Seco* (dry), *Viso* (copperish), and *Viso Seco* (dry copperish).

Docena Seco (12a. S.) (dry twelfth) — In the Partido classification this name is given to the "*hembra*" leaf, which is of a faint rose color (very light red), medium size, and uniform. It is used as wrapper for luxury types.

- E -

Elaborador privado (private manufacturer) — A cigar maker who works in his own home, assisted only by members of his own family.

Elasticidad (elasticity) — This quality is much appreciated in the case of wrappers, because it makes them fit the body of the cigar perfectly.

Emboquillar — The first turn given by the cigar maker to the filler, when he begins to enclose it in the wrapper as he makes the cigar.

Empacar (to pack, to bale) — To bale tobacco without previous grading.

Empalarse (to run to seed) — When the weather is hot and dry, the tobacco plants do not grow well and the flower stalk begins to show when the plants can hardly be seen above the top of the furrow. The planters call this *empalarse* (running to seed).

Empilonar (to bulk) — The job of piling the *matules* (bundles) one above the other in the tobacco barns for the second phase of curing, which lasts until the time of selling or grading.

Encallado — This term is used in Vuelta Abajo and Partido in cases where a tobacco field is surrounded with a thick hedge, on which palm leaves or cheesecloth are placed to protect the plants from the wind.

Encasillar — The task of placing in compartments the bundles of sorted tobacco from the sorting department for making hands. After the tobacco has been tied into hands it is usually returned to the *casilla* until it goes to the department where it is to be carroted.

Encentrar la hoja — To cut the wrapper in such a way as to remove a damaged part of the leaf.

Encerado — Canvas covering placed on the carts used for hauling tobacco to protect it from sun, wind, and rain. This cover is called *encerado* (waxed) because it has been dipped in grease to make it stronger and more waterproof.

Engavillador, Engavilladora (buncher) — Worker in the grading rooms who makes the tobacco into hands. The number of leaves in a hand varies with the grade. The hands of wrapper contain about 35 leaves, while hands of filler may include as many as 70. Four hands form a carrot.

Engavillar (to bunch) — Work of making the tobacco into hands in the grading rooms. This is done by arranging the tobacco leaves with the stems together and tying them at the top, i.e., near the end of the stems, by means of another tobacco leaf prepared for this purpose.

The hands of wrapper are made by counting the leaves, 35 to a hand. It is not customary to count the leaves in the hands of filler, but the bunchers are so skilful that there are the same number of leaves in each hand in a grade. The size of the bunch is generally measured by clasping the thumb and index finger together around the stems.

Engavilleo (bunching) — Department in the grading house where the work of bunching is performed.

Enmallar (to space) — This name is given to the operation performed after the tobacco has been placed on the poles, to prevent the leaves from sticking together and rotting. It consists of folding each leaf together lengthwise at the midrib, with the under surface and midrib outside and, at the same time, spacing the leaves the proper distance apart on the string. Some planters do this work a few hours after the tobacco is strung, while others wait until the leaves have finished wilting.

When the tobacco is cut in *mancuernas*, the word *enmallar* is applied to the operation of separating the *mancuernas* so that the leaves will not be injured by contact. See *Ensartar*.

Enmatular (to make into bundles) — When a "season" occurs, the tobacco poles are taken down from their place in a section of the curing barn where they hang, so as to make the tobacco into *matules* (bundles) for bulking. This work is called *enmatular*.

Ensartar (to string) — It is well known that tobacco can be either primed or cut in *mancuernas* and all farmers agree that each method has certain advantages. However, in the Partido and Vuelta Abajo Districts, the priming method is more common, being considered more desirable because drying is more rapid, the tobacco is not liable to damage in stalking, and there is very much less risk in the curing barns. The most practical method of hanging the leaves on the poles is by threading them on a cotton string. Some planters string the leaf folded so as to leave its upper surface outside, while others fold this surface inward. Those who use the first system claim that it has the advantage of making it unnecessary to space the tobacco leaves, as must be done with the second system. Others prefer the second method on the ground that the greater part of the evaporation takes place through the under side of the leaf, and the effect of any contact and friction which may cause spotting and poor coloration can thus be restricted to this side of the leaf.

Some planters let the cord on which the tobacco is strung and the edges of the leaves rest directly on the pole and in damp weather the points of contact are the first to be attacked by fungi. It is desirable, therefore, to leave the string slack enough to keep the leaves from touching the poles.

Enterceo — The baling department of a grading house.
Enterciador (baler) — A man who does baling.
Enterciar — To make a bale.
Entretela — See *Pega-Pega*.
Escaparates — Cedar shelves on which the work is placed before being sent to the graders.
Escardar (to weed) — After the seedbed has been watered, it is necessary to eliminate the weeds, which sprout at the same time as the tobacco seedlings. This weeding is called *"escarda."*
Escogedor, Escogedora (grader) — After the cigars have remained on the shelf for a suitable length of time, they are taken to the grading room. The job of the cigar grader is to grade and tie or pack the cigars. In grading, the first care is to see that the cigars are as uniform as possible in color and form in the different layers of a package. This selection is made so scrupulously that the cigars are almost perfectly uniform in these respects. In selecting the colors of the manufactured cigar, the grader divides them into fourteen classes, seven *"Secas"* and seven *"Manchadas,"* each divided into the following basic colors: *Encendido*

(flame), *Claro Encendido* (light flame), *Colorado* (red), *Colorado Pajizo* (straw-red), *Pajizo* (straw), *Pajizo Verde* (green straw), and *Verde* (green). The gamut of colors ranges from the lightest to the darkest. This subdivision of colors compels the grader to lay out on his work table a minimum of 70 classification groups which are sometimes increased to 90, 100, or more groups.

The same name is also given to the worker who classifies the leaf in the grading houses. The word *escogedor* (grader) is also applied to the dealer or manufacturer who does grading.

Escogida (grading room) — Department in a factory where the cigars are graded by colors and packed, also a place where the leaf is graded, separated into classes, made into hands, carroted, and baled.

Especulador (speculator) — Name also applied to the tobacco dealer. The speculator is a middleman between the tobacco grower and the exporting factories and firms.

Extralargo (extra long) — Type of cigarette of the same circumference as the *Superfino* and *Largo*, but longer.

- F -

Falso (false) — Space or passage between one section and the next in tobacco barns.

Faroles (humbugs) — Defective or broken cigarettes, which are sorted out of the completed work by people assigned to this task.

Fermentación — The fermentation of the leaf in the bulk is a very complex operation, which cannot be governed by any rule because the process depends on the condition of each crop and no two crops are alike. The amount of heat which any tobacco should be allowed to generate depends on its gumminess or body. If the leaf is light, as the result of a rainy season, it does not need a great deal of fermentation and often does not need any. In dampening this kind of tobacco in order to grade it, only a small amount of water or petun must be used. It must be handled only in dry weather and baled with little or no delay. A crop grown in a dry year is gummy, and it needs a high degree of heating and fermentation, often with the temperature as high as 120° F. (49° C.). The leaf must not be allowed to reach this degree of heat at first, because this quality of tobacco would spot and stick together, and finally rot. To control the fermentation, the bulks are first made small, their size being increased as the tobacco dries and gets into condition to stand the higher temperatures which it may need.

In rebuilding the bulks to increase their size, care must be taken to put on the outside and at the top the tobacco which had previously been in the middle of the bulk to be rearranged, putting inside the hands or bundles which had been on the outside and at the top of the bulk. By this means the tobacco is made to react and heat equally.

Gummy ("*de calidad*") tobacco must be handled in the grading room in damp weather, making it undergo additional fermentation in the *casillas* and petuning it for several days, until it acquires the condition and odor of cured tobacco. After several days of petuning, if the tobacco has not yet become adequately cured and lost enough weight, it must be petuned again, repeating the process as often as necessary. In petuning, the tobacco is arranged in hands (*gavillas*), generally after its classification into grades, and the layers are sprinkled or sprayed with flavoring or petun as they are being placed.

The petun or tobacco extract is a solution made from tobacco stalks or stems which have first been dried and then fermented in water. Insufficiently cured tobacco will always have a bitter flavor and be more liable to attack by the tobacco beetle than cured tobacco.

Fiebre en el barril ("barrel fever") — In cigarette factories, the shred goes from the frames to a closed room where it is left for 6 or 8 days, and finally packed in cedar barrels in which it is left for 15, 20, or 30 days. The fermentation which takes place is known as "barrel fever" or barrel sweat.

Figurado (shaped) — Name given to all cigars whose shape is not straight.

Filete (ornamental edge) — Paper ribbon pasted on the corners of a cigar box.

Fileatado (decorating) — Name given to the department in the factories where the cigar boxes are papered.

Fileteador, Fileteadora (decorator) — Worker who puts the covering and labels on cigar boxes.

Filetear (to decorate) — Work of papering and labeling cigar boxes.

Fino (fine, delicate) — One of the weather classifications used in grading tobacco. The *Fino* leaves have more body and life and generally brighter colors. In the Partido District they are brilliant, silky leaves, but of a reddish tone.

Forro de catre — See *Candelilla*.

Fortaleza — See *Aroma*.

Fuma (smoke) — Name of a certain type of cigar; leaf which the planter keeps for his personal use; cigars allotted to the cigar makers in the factories where they work.

Fumar (to smoke) — To inhale and exhale tobacco smoke. Smoking is an art which few practice conscientiously and understandingly. A Havana cigar should be lighted slowly and without smoking, then smoked slowly so as not to overheat but to yield its maximum aroma.

Nothing is comparable to the pleasure which we derive from the first few puffs of cool smoke from a cigar which has been lighted in this way. Part of the ash should always be kept on the cigar, as it makes the smoke taste better and more aromatic.

Avoid letting the cigar go out. If it does go out, do not let it cool too much, otherwise it will change in taste and be much stronger when lighted again.

Fusarium oxysporum var. nicotianae — Fusarium wilt.

- G -

Galera — Name given to the department of the factory in which the cigar makers work.

Gavilla (hand) — The *gavillas* are made of tobacco which has already been graded. The number of leaves varies with the *gavilla*, being smaller for the wrapper and larger for the filler. Four *gavillas* make a carrot (*manojo*). The cigar makers call 25 halves of wrapper leaves issued to them for their work a *gavilla*.

Gorgojo (weevil) — Tobacco borer. See Perforador del tabaco.

Grano de oro (grain of gold) — Name usually given in the Remedios District to a certain type of select tobacco seed produced in the tobacco fields of San Juan y Martínez. Also called *Pelo de oro*.

Grillito de la tierra (little ground cricket) (Anurogryllus abortivus Sauss.) — A cricket which damages tobacco in Cuba.

Grillo en cueros (cricket in skins) — Another name for the cricket *Anurogryllus abortivus* Sauss., the Spanish name referring to rhe wingless condition of the females and the near winglessness of the males.

Guana (Sterculia cubensis Urb.) — A tree the liber of which is used to tie bunches containing 100 cigars each. Owing to the increasing scarcity of guana, raffis is now generally used for this purpose.

Guano cana (Sabal parviflora Becc.) — Leaves of the Cuban palmetto, used to thatch tobacco barns and as a windbreak in the tobacco fields.

Guano real (Roystonia regia H. B. K.) — Leaves of the Cuban royalpalm, used for covering bulks and sometimes for thatching tobacco barns, although the latter use is not common. They are also used on windbreaks.

Guarda polvo — Board on the cigar maker's table on which he places his work.

- H -

Habano — The tobacco produced in Cuba is called Havana. It owes its name to Habana, the capital of the Republic and the only port through which it was exported when the tobacco trade began, first with Europe, and later with the entire world. Even today, nearly all the Cuban exports of this article are shipped from the port of Habana. By derivation, the name Havana is also given to the cigars manufactured in Cuba from this leaf, which have become famous for their excellent qualities.

Cuba exports leaf, which the industry abroad, in some cases, uses for the manufacture of a cigar in which the wrapper, binder, and filler are entirely Cuban tobacco. These foreign manufactures also blend Cuban leaf with their domestic cigar tobacco, making a cigar with a so-called Cuban blend. Neither of these products, however, can be considered a Havana. The genuine Havana must combine a series of qualities which do not depend solely on the source of the raw material used, but are the resultant of many factors. The leaf is naturally the fundamental basis, but the influence on the industrial process of especially favorable climatic conditions, plus the craftsmanship of the Cuban cigar maker, together with the specialized character of each step in the manufacture, combine to give the Havana cigar its stamp of individuality.

The conditions which a cigar must fulfil to be considered a Genuine Havana are given below:

First condition: *Fundamental.* —Only leaf grown in Cuba shall be used in its manufacture.

Second condition: *Origin.* —The cigar shall have been manufactured in Cuba.

Third condition: *Raw material.* —The leaf used shall be of the highest quality. The filler shall consist entirely of long filler.

Fourth condition: *Manufacturing process.* —The product shall be entirely handmade.

Fifth condition: *Official Guarantee.* —On foreign markets it shall be protected by the Guarantee Seal of the Cuban Government, a green band 6 3/4 inches long by 2 3/16 inches wide. This band was authorized by the law of the Republic on July 16, 1912.

GENERAL REMARKS

After grading, Cuban tobacco crops are divided into two parts: One is exported as an agricultural commodity (in leaf) for use, alone or in blends, as raw material in the tobacco industry abroad. From each crop, Cuban manufacturers take great care to obtain leaf possessing the highest qualities for use in the manufacture of Havanas. They use only the principal part of this leaf. Wrapper trimmings (*recortes*), filler trimmings (*picaduras*), damaged leaves, etc. never form part of a genuine Havana. This scrap accumulated in the process of manufacture is used for other purposes.

The Cuban cigar is a luxury article. As such, it goes to market without any intention of competing with any other cigar. Rather, it is designed for the minority who can afford such luxuries.

The production of Cuban leaf represents 0.88 percent of world production, or less than 1 percent. Of this crop, 33 percent is consumed in the country and 67 percent enters the world market.

Distinguishing between leaf and manufactured tobacco in the Cuban exports, leaf exports from Cuba play the part corresponding to condiments in food. The National Tobacco Men´s Convention, held under the auspices of The Tobacco Merchants' Association of the United States at the New Willard Hotel, Washington, D. C., May 19 and 20, 1920, resolved:

> "That it be the sense of this Convention to declare that the leaf tobacco grown in Cuba is essential to the cigar manufacturing trade of the United States, for the reason that the blending of Cuban leaf tobacco with domestic and other types improves the quality of the cigars made in this country."

The Cuban tobacco export industry buys its leaf each year from the best tobacco farms in the country. This raw material is obtained through a careful procedure which guarantees its superior qualities.

The tobacco is watched throughout the season, from the time of sowing until it is carried to the curing barns. The atmospheric factors which may affect the condition of the crop are also observed. When the time comes for selling, beginning in June, the buyers travel through the districts where the best tobacco farms are located, examine the tobacco bundle by bundle and leaf by leaf, test it, and finally close the deal only when they are convinced of the good quality of the leaf.

There are factories which have their own fields or have a lien on some because of advances of money; others buy the tobacco directly from the tobacco planter who grades it. But there is also another method of purchase. The difference between this method, which is used in the wholesale houses in the Havana market, and purchase by the factories at the tobacco fields is found in the preliminary examination made by the buyers of these wholesale firms. Later there is a second examination of the leaf when the factory buyers make "inspections" in the tobacco wholesale houses, in order to obtain the raw material needed from the tobacco wholesalers who act as middlemen between the planter and the manufacturer.

The Island of Cuba is divided into five principal tobacco producing districts: Oriente, occupying certain parts of the easternmost province on the Island; Remedios or Vuelta Arriba, which occupies the Province of Sta.

Clara and part of the Province of Camagüey; Partido, in the Province of Habana and the districts of Guanajay and Artemisa in the Province of Pinar del Río; Semi-Vuelta, located in the territory included between Consolación del Sur and Candelaria, i.e., the central part of the Province of Pinar del Río; and, finally, Vuelta Abajo, where tobacco of the highest quality is grown, in the extreme western part of the Island.

The tobacco in each of these districts has some special characteristic. Oriente and Remedios produce tobacco which is used primarily for filler, a small part being absorbed by the industry which supplies the local cigar market. A larger quantity is used in the cigarette industry, and the remainder, the largest portion of all, is exported as raw material used in the foreign industry for blending.

The Partido District specializes in wrappers. Semi-Vuelta produces filler and cigarette leaf. Vuelta Abajo, which is subdivided into the subdistricts of Costa Norte, Costa Sur, Lomas, Llano, Remates, and Guane, is the district which supplies the Cuban industry manufacturing genuine Havanas. The rest of the leaf from this source which is not used in the Cuban industry is exported, principally to the United States.

The most famous tobacco fields are situated in the subdistrict called Llano, which includes the municipalities of San Juan y Martínez and San Luis in the Province of Pinar del Río. In the first municipality mentioned, the Tobacco Defense Commission (Comisión Nacional de Propaganda y Defensa del Tabaco Habano) has founded a Tobacco Experiment Station and designed a building to house an Exposition and Industrial Laboratory for Havana tobacco.

Tobacco is grown in about the same way in all the districts, the only differences being due to soil conditions. For example, irrigation is used in the Provinces of Habana and Pinar del Río but not in the Remedios and Oriente Districts. Fertilizer is used only in the provinces where irrigation is used.

The notable differences in the methods used in the various districts are found in the selection or grading, which is an intermediate stage between the agricultural and commercial phases.

The agricultural phase of the Cuban tobacco business begins in the seedbed. The statement has been made that the seedbed is to the tobacco crop what the foundation is to a building. The earliest seedbeds are generally prepared during the first half of September. They are usually made in the form of garden beds, but in some places it is the custom to sow the seed on newly cleared land or on the slopes of hills. From 35 to 40 days are required for the seedlings to get to the right stage to transplant — to have "*entrado a siembra.*"

Beginning in June, the planters plow their land so that it will be ready to produce a crop at the proper time. After the first lot of seedlings has been transplanted at the end of October or beginning of November, the fields are gone over again in 5 or 6 days to replace the plants which have died. Ten or 15 days after transplanting, the first hoeing is done. The number of times a field is hoed depends on how often it rains or how many times the field is irrigated and also on how fast the weeds grow. Cuban crops are divided into early, midseason, and late.

As soon as the plant has reached its maximum development, it is topped — the flower bud removed. After the plant has been topped, it sends out shoots or suckers in its natural effort to reproduce itself. These suckers are removed from the plant before they have a chance to grow. As the suckers sprout rapidly, the fields must be continuously gone over and checked plant by plant. This is called *repaso* (reinspection). This inspection is also for the purpose of finding and eliminating the insects which might injure the plants. When the tobacco is mature, it is picked. Picking is done by the two methods: (1) *ensartado* (strung), when it is primed, or (2) cut with stem (*in mancuernas*), when it is cut so that part of the stalk remains attached to the leaves. There is also some stalk-cutting in Oriente.

These tasks require constant attention on the part of tobacco planters. From the moment the planter transplants the seedling until he takes the leaf to the curing barn, he spends the greater part of his life in his tobacco field.

After they have been cut, the leaves or the *mancuernas* of tobacco are placed on poles called *cujes* and carried to the curing barns, where they undergo the twofold process of drying and fermentation. Drying is accomplished by keeping the leaves on the poles until the water has dried out of them. The coloring of the leaves begins during this time. When the midrib of the leaves is entirely dry, this process is finished. The other phase which the tobacco goes through in the curing barn is fermentation. When the tobacco has completely dried on the poles, it waits for the proper degree of moisture and is tied into *matules*, if cut in *mancuernas*, or *gavillas*, if strung. Thus prepared, the tobacco is placed in a bulk, where it remains until carried to the grading room. While the tobacco is in the bulk, the leaf is fermented. There is no fixed rule about fermentation, as the process depends on the condition of a given crop.

Grading or selection is the next step. This is done by first separating the wrapper from the filler and then subdividing these two classes into weather classifications. These classifications are *Ligero* (light), *Seco* (dry), *Fino* (fine), and *Maduro* (gummy). These weather classifications also serve to indicate in the same order the approximate length of time which the tobacco must remain in the bale or warehouse before it will be in condition to use. In the Remedios District, the division is into *Ligero* (light) and *Calidad* (gummy). Here the term *Calidad* does not mean the quality of the tobacco, but the body or gumminess of the leaf.

The next steps in the sorting process consist of separating the tobacco into groups or grades according to the characteristics and value of the leaf; bunching (*engavilleo*), i.e., putting the leaves together into hands or gavillas; making into carrots (*manojeo*), each carrot consisting of 4 gavillas; and baling (*enterciado* or *enterceo*), which consists of making a bale of 80 carrots.

The bales of tobacco are sent to the warehouses, where the tobacco is fermented again. The laborers in the warehouse usually change the position of the bales again and again, so that the process of fermentation may take place under the best possible conditions. In this way, the tobacco becomes ready for export or for shipment to the factories.

All this laborious process and careful attention are included in this first fundamental condition which a Havana cigar must meet, i.e., that the raw material contained in it has been grown in Cuba.

NATURAL CONDITIONS

The entire industrial process of this cigar is carried on in Cuba in a special climatic situation where there is not the slightest suggestion of artificiality. It is only necessary to locate each department of work in a factory in the proper place. The sunshine, average temperature, and humidity of the atmosphere in Cuba are closely linked with the quality of the Havana cigar. These factors, plus the composition of the soil and subsoil, in harmonious combination, are what make it possible for Cuba to produce tobacco with both the agricultural and industrial qualities of the Havana.

SELECTION OF THE RAW MATERIAL

As we have already said, the tobacco goes through its first stage of curing in the bulk, in barns devoted to this purpose on the tobacco plantations. This curing process is continued in the bale. The Cuban tobacco industry uses only leaf which has gone through a complete curing process. After the bales have been opened, the *matules* are untied and the tobacco carried to the sprinkling department.

After the tobacco has come in case it is stemmed. This work is done by experienced women with agile fingers. The wrapper is stemmed by removing the midrib completely. In the case of filler, only about three-fourths of the midrib is removed. After the tobacco has been stemmed, it goes to the drying department. When there is just the right degree of moisture left in the leaves, they go into the barrel. These operations are performed to "condition" the tobacco.

The length of time the tobacco remains in the drying department and in the barrels varies greatly, depending on the weather classification of the crop and the humidity of the atmosphere. At this stage, the leaf is carefully watched by the technical experts in the factories, until they find that it is in condition to send to the cigar room for making Havanas.

The process of selection, which began during the buying period, continues throughout the industrial process. To the cigar maker's table are sent only those wrappers which have already been carefully selected in conformity with the rules which we shall mention in speaking of the "*rezagador*." The binders and filler also come from blends in which only the best leaf has been used, according to the taste of each market. Only sound leaves, of the size required for each type, are used by the cigar maker to form the filler.

MANUFACTURING PROCESS

The "*rezagador*" is the man whose job it is to select the stemmed wrapper. He averages 4,000 wrappers a day.

This selection is made with a view to the size, importance, and color of the types of cigars. The color varies with the market to which the product is going, ranging from *Claro Pajizo* (light straw) through *Claro* (light), *Claro de Vida* (sprightly light), *Colorado Claro* (light red), *Colorado* (red), *Colorado Maduro* (dark red), to *Maduro* (dark).

The series of cigar types is generally divided into luxury (regalía) or exceptionally fine, *"media regalía"* or intermediate in quality, and the *"vitolas"*, which retail at a lower price than those in the preceding groups.

The *rezagador* who does the work of classifying requires an apprenticeship of no less than 5 years. This long period of preparation is indispensable, because of the extraordinary range of colors of wrappers and because these colors vary considerably according to the crop from which the leaf comes.

The *torcedor* (cigar maker). A popular proverb says "A poet is born, not made." The same can be said of the Cuban cigar maker. His skill lies not only in giving a beautiful appearance to the different types of cigar, from the so-called straight (*"parejas"*) to the pointed (*"figuradas"*), but also in distributing the filler so that it does not obstruct the passage of air through the cigar, but allows it to burn freely.

About the middle of the last century, conditions were fixed in writing between the parents or guardians of the apprentices and the manufacturer who admitted them into his factory for apprenticeship as cigar makers. After the end of the apprenticeship (which was never less than 4 years), the apprentice was sent to another shop, where he was ordered to perform four or five tasks. If he passed this test successfully, he received his certificate, which qualified him to be an operator.

By agreement with the manufacturers, the National Tobacco Federation (Federación Tabacalera Nacional), has now established regulations for the admission of apprentices. They can never exceed 2 percent of the number of operators in each factory. Shops with less than 50 operators are not permitted to have apprentices.

"Fileteado" (decorating). After the cigars have been placed in the boxes, they go to the labeling department. The boxes are generally made of cedar, a domestic wood which seems to have been created for the special purpose of helping preserve the fine aroma of the Havana cigar.

The decorations used on a box are the *"vista"* (view), the *"bocetón"* or *"bofetón"* (flap), the *"papeleta"* (ticket), the *"tapaclavos"* (nail cover), and the *"filete"* (ornamental edge), properly so-called. On the inside of each box of Havanas is placed a band (*tirilla*) on which can be read in Spanish, English, French, and German, "Genuine Havana cigars. See the Cuban Government's guarantee seal on the outside of this box."

An intermediate step in labeling is the banding, or placing around each cigar a band of lithographed paper, showing the trademark and type of cigar. Women are employed for this work.

Each one of these tasks performed on the Havana cigar in the factories gives it a special stamp which combines with the others to produce one of the characteristics of the Havana cigar, *entirely hand manufacture.*

OFFICIAL GUARANTEE

The Cuban Government, through the National Tobacco Defense Commission (Comisión Nacional de Propaganda y Defensa del Tabaco Habano), created by the law of July 12, 1927, carefully guards the preservation of the fine qualities of its Havanas. Decree 2,535, of Nov. 24, 1938, supplemented the provisions of the regulations of Oct. 9, 1912, issued for the execution of the law of July 16, 1912, creating the Seal Guaranteeing National Origin for packages of cigars, cigarettes, and cut tobacco exported, and established standards which Havana cigars must meet in order to be exported. These control measures of the Cuban Government act as a filter, through which cigars cannot pass unless they are worthy of the famous name of "Havanas."

Decree No. 2,853, dated October 13, 1936, provides that the Tobacco Defense Commission shall issue a certificate of origin, either for leaf or for the manufactured product, in all cases where such certificates are requested by the exporters of these products.

Habilitación — Set of pieces of lithographed paper used to cover a cigar box.

Havanensis — A variety of tobacco selected by the Agricultural Experiment Station of Santiago de las Vegas. According to those who have worked to improve it, it is either the type of tobacco which the first discoverers found in Cuba or something very similar to that kind. For this reason some call it native tobacco (*"tabaco criollo"*).

Hembra — In the Partido District this name is given to a delicate leaf with very fine or attenuated ribs. These leaves are of medium size and produce clean wrappers.

Hierro — The various plowings given to cultivated land are called hierros. The name *hierro* (brand) is also given to the mark which manufacturers put on the upper part of the boxes.

Hoja de semilla (seed leaf) — After the crop has been cut, the first sprout starts out on the plant. When it reaches a certain size, it is called "*capadura*" (sucker-growth). After the *capadura* is cut, the plant sprouts again, producing a sucker with small leaves of defective quality. For this reason the tobacco planters do not pick it, but their families or employees generally do. They offer it for sale without putting it through the processes generally used in picking and curing the leaves. In some cases, when the weather is favorable, some planters pick the "*hoja de semilla*" and handle it as if it belonged to the grade known as "*cola*", i.e., with the care and attention required for the entire crop. The sale of the "*hoja de semilla*" is considered fraudulent or illegal if it has not received the attention given to the main crop.

Hoja Ligera (H.L.) (light leaf) — In the Partido District, they are light leaves, residues or waste from grading, which are not opened. They are used for cut tobacco.

Hoja Pesada (H.C.) (heavy leaf) — In the Partido District, these are rejects from grading. They are used for cut tobacco.

Hojas de pie (foot leaves) — See *Libra de pie*.

Horro (bad tobacco) — This name is given to tobacco which burns with difficulty. Tobacco which is grown on unsuitable soils, worn-out lands, or improperly fertilized land generally has this defect.

- I -

Irse al botón (to go to bud) — When the tobacco plant sends out a bud and starts to shoot up, it is said to run to seed. Some tobacco planters in the Vuelta Abajo region top the plant at this time, with the object, they say, of picking more *Secos* and *Volados*.

- J -

Jorro (bad tobacco) — See *Horro*.

- L -

Largo (long) — Cigarette of the same circumference as the superfine, but longer.

Largueros — Front and bottom of a cigar box.

Lector (reader) — Every cigar factory has its reader. From a platform or rostrum fixed for the purpose, he reads to the workers, while they work, the daily papers, the most popular magazines, and books which are requested by the workers themselves. Formerly there was always a reader in the tobacco grading rooms also. Time marches on, however, and the reader has now been replaced by the radio in nearly every case.

Lengua de vaca (cow's tongue) — See *Punta de lanza*.

Libra de pie (foot leaves) — The first four leaves at the foot of the tobacco plant. They are so named because of being near the ground, at the very foot of the plant. They are the first leaves to start, thus having the advantage of time over the other leaves on the plant.

    When these leaves are cut and cured at the proper time, they furnish filler of good length in marketable condition. The sale of foot leaves which have not had the same kind of care as the rest of the main crop is illegal or fraudulent.

Libranza (draft) — Order for payment to the tobacco planter issued to him by the tobacco buyer. This order can generally be cashed at some business house in the village nearest the planter's home.

Libre de pie — See *Libra de pie*.

Liga (blend) — In Cuba, the word blend is applied to a mixture of tobacco leaves from different fields, combined to give the manufactured product, whether cigar or cigarette, a good taste, good combustion, and the required degree of strength. When this word has a foreign application, it means that a certain proportion of Cuban leaf is used with the domestic product.

Ligador (blender) — Employee of cigar and cigarette factories, whose job it is to do the blending. The success and fame of a brand depends largely on the skill of the blender.

Ligero (light) — The tobacco grown during the seasons of abundant rainfall is called *Ligero*, because it has but little gum. When this kind of tobacco is dampened for grading, only a small amount of water or extract can be used. It must always be handled in dry weather and baled with little or no delay.

Limpiar la tripa (to clean the filler) — Trimming the end of the cigar filler preparatory to making the tip.

Llano (plain) — Subdistrict of Vuelta Abajo which includes municipalities of Consolación del Sur (part), Pinar del Río (part), San Juan y Martínez (part), and San Luis (part).

Lomas (little hills) — Subdistrict of Vuelta Abajo which includes the municipalities of Guane (part), Mantua (part), Pinar del Río (part), San Juan y Martínez (part), and Viñales (part).

- M -

Machete — Tobacco shredding machine in a cigarette factory.

Macho — Mosaic disease, very prevalent in Cuba.

Maduro (mature; dark; gummy) — From the agricultural point of view, tobacco is said to be ripe when it has reached a point of complete development; dark color of the tobacco; *Maduro* is also one of the weather classifications of tobacco and applies to leaves of greater body and gumminess (*calidad*).

Majagua (Hibiscus tiliaceus (L.) St. Hil. and H. grande Britton Malvaceae) — The liber of these trees furnishes an excellent fiber for making cords for tying tobacco bales.

Mamones (shoots, suckers) — Suckers which sprout on the tobacco plant and are allowed to grow.

Mancuerna (pair tied together) — Two, occasionally three, tobacco leaves harvested with their connecting portion of the stalk. This system of cutting tobacco is but little used outside of Cuba.

Manchado (stained, spotted) — In the classification made in the grading houses of the Remedios District, the Manchados are heavy leaves of inferior quality. They are used for filler.

Casado says: "Some years there is also in the Partido District a weather classification which is called *Manchado*. This is a thick, veined leaf, which has large spots due to the action of rain or plant disease. *Manchado* is used only in the small factories (*chinchales*), since it looks ugly because of its lack of uniformity in color and for this reason sells at a very low price."

Mancha negra de los semilleros (seedbed black spot) — See *Pudrición* (rot).

Manojeador (carrot maker) — A workman who makes carrots in a tobacco grading house.

Manojear (to make carrots) — To put four *gavillas* (hands) together, smoothing or pressing the outside leaves. The carrots are tied first by their heads and then around the wider part of the leaves with a narrow strip of vegetable fiber.

Manojo (carrot) — A carrot is composed of 4 *gavillas* (hands) tied together. The carrot is prepared by smoothing or pressing out the leaves which are to remain outside like a cover. The carrot is tied with fiber.

Mantequillas ("butter worms") (Prodenia ornithogalli Guenes, P. dolichos Fab., P. latifascia Walker, and P. eridanis Cram.) — Worms which sometimes attack tobacco leaves in Cuba and Puerto Rico. They are not an important pest in these islands.

Mañanita — This name is applied in Vuelta Abajo to certain leaves of inferior quality which are picked in the cool of the morning. There is no trade in this tobacco: it is picked for their own use by families of small economics resources.

Marquilla — This name is given to the distinguishing mark registered by factories for their various types of cigarettes.

Maruga — Tin apparatus used by tobacco planters to dust a mixture of corn meal and Paris green or arsenate of lead on tobacco plants, to combat the tobacco budworm.

Masimbo — See *Pasador*.

Matul (bundle) — A bundle of 420 leaves in the case of wrappers and of about 3 pounds gross weight in the case of filler. In the first case it contains nothing but leaves, in the second it includes the pieces of stalk cut with the leaves, as well as the leaves themselves.

Media rueda (half wheel) — A bundle of 50 cigars. See also Rueda.

Medio Tiempo — A weather classification in the Vuelta Abajo grading houses for sun— and shade-grown tobacco, in addition to the basic ones of Seco, Fino, Ligero, and Maduro.

Metida de nuevo (second growth) — New or greater functional activity of the plant. It occurs after rain, irrigation, or application of fertilizer, or when the moon is waxing.

Milésimos (1/1000) (thousandths) — 1,000 boxes per thousand. Packages containing one cigar each.

Minador de la hoja del tabaco (tobacco leaf borer) — See Candelilla.

Mogolla — Scraps of filler left by the cigar maker or fragments of leaves broken off by inexpert stemmers. They are later made into cut tobacco.

Mogollero — Name applied to the cigar maker who gets but little out of the filler.

Moja (dampening) — Department in the grading houses and cigar factories where the leaf is sprinkled with water or tobacco extract to facilitate the grading and working of the leaf. Just enough water should be applied at this time to soften the tobacco without running the risk of spotting and rotting it.

Mojador (dampener) — Worker who sprinkles the tobacco.

Mojar (to dampen) — To sprinkle the tobacco with water or tobacco extract, in order to facilitate its grading, or its use in the factories.

Mosaico (mosaic) — See Macho.

Mosca chupadora (sucking fly) — See *Chinchita de la hoja del tabaco*.

Mosquitero (mosquito netting) — See *Cheesecloth*.

- Ñ -

Ñeque (hairy-chested) — The target of all the jokes in the grading room.

- O -

Octava (8a.) (eighth) — Classification used in the grading rooms in the Remedios District. This grade consists of light leaves of small size, used as filler in factories supplying local requirements. Such leaves are also exported, chiefly to the United States, for use in blends in that country.

In the grading houses for sun-grown tobacco in the Vuelta Abajo District, Octava consists of large leaves which cannot be used for wrapper, but are used for filler and cut tobacco. They belong to the *rezago* (large wrapper) group and are subclassified as *Seco* (dry), *Viso* (copperish), *Ligero* (light), *Medio Tiempo* (medium gummy), and *Maduro* (gummy).

Operar un tabaco (to manipulate a cigar) — The work of forming a bump or "egg" in a pointed cigar.

Oreja de chivo (goat's ear) — Name given to thin, defective leaves, generally produced on drooping plants.

Oreo (airing) — After the tobacco is sprinkled, the *matules* or *gavillas* are put in a suitable place for drying. This is called *oreo*.

Oriente (east) — The municipalities of Alto Songo, Bayamo, Jiguamí, Mayarí, and Sagua de Tánamo, in the Province of Oriente, make up this tobacco district. Oriente tobacco is also generally called Mayarí and Guisa (Guisa is a borough of Bayamo). Almost all of it is exported to Spain, Germany, and the Netherlands to supply the European tobacco monopolies.

Classification of Oriente Tobacco

Bayamo and Mayarí

3 y 4 rayas (wrapper)
1 raya (sucker)
2 rayas (filler)

Sagua de Tánamo

B la. y B 2a. (wrapper)
D la. y D 2a. (filler)

Ovalado (oval) — A flattened type of cigarette.

Ovalado fino (fine oval) — A flattened type of cigarette which corresponds to the so-called superfine.

Ovalado grueso (thick oval) — A flattened type of cigarette corresponding to the *redondo grueso* (thick round).

Ovaladoras — Workers in the cigarette factories who place the flattened cigarettes in the packs.

- P -

Paca (bale) — A bale of leaf tobacco which has not been graded. The *pacas* are made of *Botes, matules* of unopened leaves, or opened, pressed leaves, classified by size or as principal and sucker crops. These bales generally weigh 200 pounds or more.

Pajizo (straw-colored) — Tobacco without *calidad* or gum.

Palito — The midrib of the tobacco leaf.

Palma cana (Sabal parviflora Becc.) — Cuban palmetto, used for thatching tobacco curing barns.

Palma real (Roystonea regia (H.B.K.) O. F. Cook) — Cuban royalpalm, the leaves of which are used for thatching and for shading tobacco fields.

Pan (loaf of bread) — Name given to the compact mass of tobacco leaf formed in the cigarette factories before it is fed to the machetes or knives.

Panetelas — Type of round, thick cigarette.

Paño (texture) — Body of the leaf. When the leaf is elastic and of good appearance, it is said to have a good paño.

Papeleta — Lithograph of the trademark or emblem of the cigar manufacturer, which is attached to one side of the box or package.

Parejo (smooth, even) — A cigar which is of a uniform thickness through out its entire length.

Parihuela — Handbarrow, used for transporting tobacco leaves in the fields and *matules* in the grading houses.

Parrillas (racks) — Name given to wooden stands or platforms, on which the stemmed tobacco leaves are placed to eliminate excess moisture.

Partido District — The Partido District includes the Province of Habana and the eastern portion of the Province of Pinar del Río. It includes Guanajay and Artemisia in the latter province, and Alquízar, Bejucal, Caimito del Guayabal, Güines, Güira de Melena, La Salud, Madruga,

San Antonio de los Baños, and Santiago de las Vegas in the Province of Habana. Wrappers are the chief product of this district.

Classification of Partido Tobacco

Capas (wrappers)	Tripas (filler)
Rezago 1a./11a. S.	14a. B. S.
Docena S.	14a. S.
Rezago 12a. S.	15a. S.
Rezago 13a. S.	14a. L.
Rezago 14a. S.	14a. V. A.
Rezago 15a. S.	14a. A.
Rezago 12a. V. A.	Rezago 13a. S. O.
Rezago 13a. V. A.	Rezago 14a. S. O.
Rezago 14a. V. A.	14a. S. O.
Rezago 1a./4a. F.	Rezago 14a. R.
Rezago 6a. F.	15a. L.
Rezago 15a. L.	15a. A.
1a. M.	14a. M.
1a. M. C.	H. L.
	H. C.

Pasado de sudor (oversweat) — When tobacco begins to rot from excessive heat, it is said to be overheated or overfermented (*pasado de sudor*).

Pasador — Wireworm (larva of *Elateridae*).

Pectoral — A dark chocolate brown cigarette paper.

Pega-pega (Pachyzancla periusalis Walker) — Leaf folder, an unimportant tobacco pest in Cuba. Also called *Rosquilla del tabaco* and *Volador*.

Pelo de oro (golden hair) — See *Grano de oro*.

Peluquilla — Type of finely shredded cut tobacco used in Cuba, particularly in the Chinese colony.

Perforador del tabaco (tobacco borer) (Lasioderma serricorne Fabr) — The only Cuban insect which is very injurious to stored tobacco. Also called "*gorgojo del tabaco*" in Cuba, tobacco beetle in the United States, and "*carcoma del tabaco*" in Puerto Rico.

Perilla (little pear) — The tip of the cigar.

Permanente — Tobacco classification used in the Remedios grading rooms. The leaves of this tobacco are of a yellow color. The first time that leaves of this sort appeared in the Remedios fields was the year that the permanent army was established in Cuba, and the name given to the tobacco referred to the color of the uniforms of this army.

Pesada (heavy) — Name given to very gummy tobacco.

Pesada de capa (quantity of wrapper) — The 25 halves of tobacco leaves given to the cigar maker, more commonly known as a *gavilla*.

Petaca — Cigar or cigarette case.

Picadura (cut) — Shred obtained by cutting or chopping tobacco leaves into small pieces. It is marketed in packages or boxes and used to roll into cigarettes or to burn in pipes or similar contrivances. The waste from cutting filler and leaves which have deteriorated are also called *picadura*.

Picadura al cuadrado (square cut) — Cut tobacco obtained by cutting the dry tobacco leaves into small bits. Almost all of the cut tobacco thus obtained is exported. It is used as pipe tobacco and also in cigarettes by the smoker who rolls his own.

Picadura de despalillo (stemming cut) — Filler left over in stemming.

Picadura de mesa (table cut) — Filler left over in making the cigar.

Picadura de recortes (trimming cut) — Pieces of wrapper left over when the cigar maker cuts the wrapper to make the cigar.

Picadura granulada (granulated cut) — See *Picadura al cuadrado*.

Picudo verde-azul ("blue-green weevil") (Pachnaeus litus Germar) — The larvae of this orange pest are sometimes very injurious to tobacco roots.

Pilón (loaf) — Bulk in which the tobacco is placed for curing.

Pinta blanca ("white spot") — See *Pinta de ajonjolí*.

Pinta de ajonjolí ("sesame spot") (Cercospora nicotianae) — Cercospora leaf spot or frogeye disease, characterized, as the name indicates, by more or less circular spots, brown at first, but becoming whitish as they become larger. They are generally in the form of concentric rings which grow darker from the perimeter to the center. Although this disease sometimes attacks the crown leaves, it is generally found on the lower and lighter leaves when the weather is hot and humid. A few hours of south wind are enough to bring about an attack of this fungus.

Pinta de hierro ("iron spot") — The *pinta de hierro*, so named because of the rusty color of the leaf spot, is found chiefly on the upper leaves of the plant. This disease does little damage and is generally found on late tobacco in dry years.

Pipa — Pipe.

Pitillera — Cigarette case.

Pitillo — Cigarette.

Plancha — Wooden stick used to smooth out the royalpalm leaves with which the bales of tobacco are covered. In the stemming shops, the operation of pressing piles of the stemmed tobacco leaves between two boards is called *plancha* (pressing).

Planchado ("ironed") — Tobacco which has been opened, generally by the planter and his family, without subjecting it to a careful selection. Recently; however, the buyers in the Vuelta Arriba District have been demanding that the "ironed" tobacco shall conform to certain grading requirements.

In some cases the selection differs very little from that done in the grading rooms, the same number of grades being used. In others, some classes are mixed with others, the fifth with the second, for example. Sometimes the "ironed" tobacco is not classified at all, the leaves being separated according to size and gumminess only.

Planchar (to iron) — The work of opening the tobacco leaves and placing them in layers without the scrupulous selection which they receive in the grading rooms.

Planchas (flatirons) — Name given in the grading houses of Partido and Vuelta Abajo to the heaps or piles in which the opened tobacco leaves are placed by the men assigned to this work.

Poner gorro — When a wrapper leaf is not large enough to cover the cigar completely, it is necessary to add another bit of leaf. This task is called *"poner un gorro"* or capping. On fine types of cigars the wrapper is never pieced.

Posturas (seedlings for transplanting) — See *Semillero*.

Postureros (plant dealers) — Those who sell seedlings.

Precinta de garantía (guarantee band) — See *Sello de garantía*.

Prensa (press) — Apparatus used to press the cigar after it has been "twisted." A press is also used in baling.

Prensar (to press) — To press the tobacco or cigars.

Primavera (Phlegethontius sextus. Jamaicensis Butler) — The large green tobacco or tomato hornworm.

Primera C. (1a./C.) (first light) — In the Remedios District grading houses, the light (*clara*) wrappers belonging to the *ligera* (light) class are so classed.

Primera Maduro (1a. M.) (first gummy) — In the Partido District classification, these are leaves of dark red color, large size, and adequate body. They are used for wrappers for ordinary domestic cigar types.

Primera Maduro de Corona (1a. M. C.) (first gummy crown) — In the Partido District classification, these are leaves of a dark red color, large size, and considerable body, used for wrappers of ordinary types of cigars sold in the country.

Primera O. (1a./O.) (first dark) — In the Remedios District grading houses, this mark or grade is given to dark gummy (*de calidad*) wrapper.

Primera Once (1a./11a.) (first eleventh) — In the classification of shade-grown tobacco in Vuelta Abajo, these are perfect leaves of large size and good body. They belong to the *Rezago* (large wrapper) group and are subclassified into *Ligero* (light), *Seco* (dry), *Viso* (copperish), and *Viso Seco* (dry copperish).

Primera Siete (1a./7a.) (first seventh) — In the classification of sun-grown tobacco in Vuelta Abajo, these are the largest clean leaves, of good body and large enough to make at least one cigar. They belong to the *Rezago* (large wrapper) group and are used in large types of cigars for domestic consumption, the *Medio Tiempo* (medium gummy) being used in making *brevas* (choice cigars). The first seventh classification is subdivided into *Seco* (dry), *Viso* (copperish), *Ligero* (light), and *Medio Tiempo* (medium gummy).

Primera Trecena (1a./13a.) (first thirteenth) — In the classification of shade-grown tobacco of the Vuelta Abajo District, Primera Trecena leaves belong to the wrapper group. They are smaller than the *Rezago* 1a./11a. (first eleventh large wrapper), but are of the best quality for making very fine types of cigars. They are subdivided into *Medio Tiempo* (medium gummy) and *Maduro* (gummy) in the large wrappers, and into *Ligero* (light), *Seco* (dry), and *Viso Seco* (dry copperish) in the small wrappers.

In the classification of sun-grown tobacco in the Vuelta Abajo District, Primera Trecena leaves are smaller than the *Rezagos* (large wrappers) but, because of their quality and body, each leaf will make at least one cigar. They belong to the wrapper group and are subdivided into *Seco* (dry), *Viso* (copperish), *Ligero* (light), and *Medio Tiempo* (medium gummy).

Principal — The tobacco from the first cutting of the plant.

Prueba de combustión (combustion test) — See *Arder a la vela*.

Pudrición (rot) — This disease is caused by the fungus *Rhizoctonia specifica* and attacks the young plants in the seedbed or soon after they have been transplanted, generally when the weather is hot and humid, as it usually is when south winds prevail. The disease is difficult to control.

Pudrición de la raíz (root rot) — Root rot generally occurs when the plant is almost full grown, but this disease does very little damage in Cuba.

Pulga (flea) — See *Pulguilla del tabaco.*

Pulgón (louse) — See *Pulguilla del tabaco.*

Pulguilla del tabaco (Epitrix parvula Fabr.) — Tobacco flea beetle.

Punta (tip) — Tip end of the leaf.

Punta de lanza — Common name given to a certain variety of tobacco which produces long, narrow, sharp-pointed leaves. This variety was very commonly grown in the Remedios District before the Tobacco Defense Commission began distributing in that district the tobacco seed selected by the Tobacco Experiment Station in San Juan y Martínez. This variety is also known as "*Puerto Rico*" and "*lengua de vaca.*"

Puntilla (Plla.) — This name is given in the Semi-Vuelta and Vuelta Abajo Districts to clean gummy filler of short length.

- Q -

Quebrado Primera (Qdo./1a.) (first broken) — In the Vuelta Abajo grading houses for sun— and shade-grown tobacco, this grade consists of large leaves lacking in elasticity and having a thick or white midrib. *Quebrado Primera* is used for filler in low-priced types of cigars and for shredding in cigarette factories. The grade is subdivided into *Ligero* (light), *Seco* (dry), *Fino* (fine), *Medio Tiempo* (medium gummy), and *Maduro* (gummy).

Quebrado Rezago (Qdo. Rzgo.) (rezago broken) — This grade belongs to the filler group in the classification of Vuelta Abajo sun-grown tobacco. Used chiefly for cigarettes.

Quebrado Segunda (Qdo./2a.) (second broken) — This grade belongs to the filler group in the classification of sun— and shade-grown tobacco in the Vuelta Abajo District, the leaves being smaller and of poorer quality than those of Qdo./1a. They are used chiefly for cigarettes.

Quincena (15a.) (fifteenth) — In the grading rooms for sun— and shade-grown tobacco in the Vuelta Abajo District, this grade is one of the filler group. The leaves are smaller than those in 14a. and not large enough for wrappers, but can be used for binders. The 15a. binders are subdivided into *Seco* (dry), *Viso* (copperish), and *Ligero* (light). The filler leaves are divided into *Medio Tiempo* (medium gummy) and *Maduro* (gummy).

Quincena Amarillo (15a. A.) (yellow fifteenth) — In the Partido District classification these are leaves of small size and yellow color. They are used for ordinary binders.

Quincena Ligera (15a. L.) (light fifteenth) — In the classification of Semi-Vuelta, this is the shortest filler, less gummy and not as clean as 14a. L.

Quincena Ligero (15a. L.) (light fifteenth) — In the Partido District tobacco classification, these are leaves of small size, *Ligero* (light) type, and greenish-gray color. They are used for ordinary binders.

Quincena Pesada (15a. P.) (heavy fifteenth) — In the Semi-Vuelta classification, this is gummy (*de calidad*) filler, shorter and less clean than 14a. P.

Quincena Seco (15a. S.) (dry fifteenth) — In the Partido District classification, these are sound leaves of small size, used for ordinary binders.

Quinta (5a.) (fifth) — In the classification used in the Remedios grading rooms, this marking is used for clean gummy filler of good size. The 5a. constitutes the most valuable class in the grading rooms of the Remedios District. Some of the small manufacturers who supply local needs use it for wrappers on small cigars, but most of it goes into export, being sent to the United States for use in blends. The Argentine Republic was formerly an excellent market for 5a.

- **R** -

Rabo de cochino ("pig's tail") — Cigar with a twisted tip, generally made by the tobacco planters for their own consumption.

Raffia-bast — An imported fiber, generally called raffia, is used as a substitute for guana fiber in tying the hands of tobacco.

Rama — Leaf or unmanufactured tobacco.

Rapé — Snuff, of which some tobacco factories in Cuba in the past produced large quantities.

Reajuste — Name applied in Vuelta Abajo to the grade of tobacco known as *Volado* (less gummy) or *Malo* (bad).

Reata — A cord of *majagua* used for tying bales.

Rebujo — In cigarette factories, the blend of different classes of tobacco mixed together on wooden platforms above the ground before the process of manufacture is begun.

Recolección (harvest) — This name is given to the work of gathering the tobacco in the fields where it is grown, for transportation to the curing barns. There are two methods of picking tobacco: (1) priming, and (2) cutting the leaves in mancuernas with a piece of stalk attached. Priming is used in harvesting shade-grown tobacco and makes the leaves more valuable because they are cut as fast as they reach the proper condition. The first leaves to ripen are the ones at the lowest part of the plant, the so-called "*libras de pie*" or foot leaves. Next come the middle or wrapper leaves. Last of all are the two upper leaves called crown leaves or "*coronas*." These should all be strung separately according to their position on the plant, because their gumminess and condition differ and the treatment which they must undergo during the fermentation process is different. Both methods of harvesting are used indiscriminately in picking sun-grown tobacco and each has advantages and disadvantages. Which is the better in any given case must be decided by the climatic conditions of the year and by local conditions in each tobacco field, such as the abundance or scarcity of laborers and their efficiency on the job, the number of curing barns and tobacco sticks, and, above all, the intrinsic value of the crop. To learn the difference in yield and quality of the product obtained by either method, it is necessary to remember the movement of nutritive elements from the leaf into the stalk. This circulation or loss of substances continues for several days after picking if the tobacco is cut in *mancuernas*, with the result that the leaves cut by this method will prove lighter than those picked by the other method.

The planters should therefore prime sun-grown tobacco in rainy years, if circumstances permit, and avoid a continued loss from the leaf. In this way, the leaves will retain the little life or *calidad* (gum) left them by the excess of rain. Cutting in *mancuernas* is recommended in dry years, when the tobacco is excessively gummy, so that the leaves will become lighter.

Recortes (trimmings) — Parts of the tobacco leaf left over after the wrapper has been accurately cut to fit a cigar.

Redondo (round) — A type of perfectly round cigarette. This may be *grueso* (thick), *fino* (slender), or *superfino* (extra slender), depending on the circumference.

Refuerzo (reinforcement) — This name is given to the use of gummy tobacco leaves in their blends by some factories, in order to make the product stronger.

Regalía — The luxury type of cigar.

Registro (examination) — The opening of bale after bale of leaf for examination by the buyers. The custom in Cuba is to put all the bales in the warehouse in the patio, so that the buyers can test the quality of the raw material with the minute care which they give to this task.

Remates — Subdistrict of Vuelta Abajo which includes part of Guane Municipality.

Remedios — Also known as Vuelta Arriba. This is the most extensive tobacco district on the Island. Remedios tobacco is used in the industry which furnishes part of the supply for local consumption, but almost the entire crop is exported as leaf. For this reason Remedios leaf is known under the names of *tabaco de liga* (blending tobacco) and *tabaco de exportación* (export tobacco).

This district includes Cabaiguán, Camajuaní, Cienfuegos, Encrucijada, Esperanza, Fomento, Placetas, Ranchuelo, Remedios, Sancti Spíritus, San Diego del Valle, San Juan de los Yeras, Santa Clara, Santo Domingo, Trinidad, Vueltas, and Yaguajay municipalities in the Province of Santa Clara, and Camagüey, Ciego de Avila, Jatibonico, Morón, and Santa Cruz del Sur municipalities in the Province of Camagüey. This tobacco produced in the Province of Camagüey is also called de Tamarindo (Tamarind tobacco) because the larger part of it is raised in the borough of this name in Morón.

Classification of Remedios tobacco

Ligera (light)	**Calidad (gummy)**
1a. C. or Capa Clara	1a. O. or Capa Madura
6a.	5a.
8a.	2a.
Volado or Permanente	3a.
	Manchado
	Bote

Repasar (to go over again) — After a plant has been topped, it sprouts suckers in its natural effort to reproduce itself. These grow rapidly and take large quantities of nutritive elements away from the plant, hence they must be removed immediately. To prevent the development of these sprouts or suckers, the planters go over the fields again and again, pinching the suckers off with the nails of the thumb and forefinger. These repeated suckerings are called *"repaso."*

Repaso (going over again) — Repeated suckering. The same term also applies to the work of picking and destroying the worms found on the plants.

Resembrar (to replant) — About 10 days after transplanting the tobacco, the plants which have died or become diseased are replaced. This replanting must be done with great care, choosing vigorous plants which will develop uniformly with the rest of the crop.

Resiembra (replanting) — Replacement of plants which have failed to grow.

Restrojear (to reject) — When the tobacco buyers start weighing the bundles of tobacco in the fields, they throw out and leave for the planter those bundles which they find in poor condition or of very inferior quality. This rejection is called *restrojear*.

Restrojo (plant waste) — The inferior tobacco, of little commercial value, which remains on the farms is called *restrojo*.

Revisador (or revisadora) de tarea (lot checker) — This name is given to the person who inspects the work done in the opening and grading department and sees that each workman does his work correctly. In the Remedios District, this person is called *capataz* (foreman).

The woman assigned to a packaging machine in a cigarette factory to throw out the defective packs is also called a *revisadora* (checker).

Rezagado (wrapper grading) — Selection of wrapper leaves for size, class, and color. This work is done in the grading houses and in the cigar factories.

Rezagador (wrapper grader) — This name is given in the grading rooms to the worker whose job it is to grade the wrappers. In the cigar factories, the *rezagador* sorts the stemmed wrappers. This sorting is done with a view to the size, value, and color of the types of cigars to be made. The color varies with the markets for which the product is intended, from *Claro Pajizo* (straw-colored light) through *Claro* (light),

Claro de Vida (vivid light), *Colorado Claro* (light red), *Colorado* (red), *Colorado Maduro* (dark red), to *Maduro* (dark).

Rezagar (to grade wrappers) — To do the work of a wrapper grader.

Rezago Catorcena (Rzgo. 14a.) (fourteenth wrapper) — Classification of shade-grown tobacco in the Vuelta Abajo District. See *Catorcena*.

Rezago Catorcena Rosada (Rzgo. 14a. R.) (rose fourteenth rezago) — Classification used in the Partido District. This grade includes leaves of a blush color (light red), light type, and large size. They are used as binders.

Rezago Catorcena Seco (Rzgo. 14a. S.) (dry fourteenth rezago) — This classification is used in the Partido District. These leaves are of medium size, light color, and somewhat spotted, and are used for wrappers of ordinary cigars.

Rezago Catorcena Seco Oscuro (Rzgo. 14a. S. O.) (dry dark fourteenth rezago) — In the Partido District, this classification includes leaves of a dark color, *ligero* (light, i.e., lacking gumminess) type, and large size. They are used as binders.

Rezago Catorcena Viso Amarillo (Rzgo. 14a. V. A.) (copperish yellow fourteenth rezago) — Classification used in the Partido District to include whole leaves of a greenish-yellow color and large size, with life or body, and some spots. These leaves are used as wrappers.

Rezago Docena (Rzgo. 12a.) (twelfth rezago) — Classification of shade-grown tobacco in the Vuelta Abajo District. See *Docena*.

Rezago Docena Seco (Rzgo. 12a. S.) (dry twelfth rezago) — In Partido District classification, these are leaves of large size, with life or body, of a light blush color (very light red), and somewhat spotted. They are used as wrappers for luxury types.

Rezago Docena Viso Amarillo (Rzgo. 12a. V. A.) (copperish yellow twelfth rezago) — A Partido District classification. They are whole leaves with a clean surface, without spots, of a greenish-yellow color and large size, having life or body. They are used for wrappers.

Rezago Octava (Rzgo. 8a.) (eighth rezago) — Classification of sun-grown tobacco in the Vuelta Abajo District. See *Octava*.

Rezago Primera Cuarta Fino (Rzgo. 1a./4a. F.) (first fourth fine rezago) — Partido District classification. They are leaves of a blush color (light red), uniform and clean, of large size and good body. They are used as wrappers for fine domestic cigars.

Rezago Primera Once (Rzgo. 1a./11a.) (first eleventh rezago) — Classification of shade-grown tobacco in the Vuelta Abajo District. See *Primera Once.*

Rezago Primera Oncena Seco (Rzgo. 1a./11a. S.) (first eleventh dry rezago) — This classification is used in the Partido District and includes leaves having life or body, of a uniform light blush color (very light red) and large size, used as wrappers for luxury types of cigars.

Rezago Primera Siete (Rzgo. 1a./7a.) (first seventh rezago) — Classification of sun-grown tobacco in the Vuelta Abajo District. See *Primera Siete.*

Rezago Quincena Ligero (Rzgo. 15a. L.) (light fifteenth rezago) — Partido District classification. They are sound wrapper leaves, intermediate between Seco and Fino Wrappers, and medium to large in size. Attention is paid only to the body of the leaf and not to the color. They are used within the country for ordinary types of cigars.

Rezago Quincena Seco (Rzgo. 15a. S.) (dry fifteenth rezago) — Partido District classification. These are leaves of medium size, somewhat spotted without much life or body and are used as wrappers for ordinary types of cigars.

Rezago Sexta Fino (Rzgo. 6a. F.) (fine sixth rezago) — Partido District classification. They are leaves of a blush color (light red), of medium size, a fair amount of body, and uniform color. They are used as wrappers for ordinary types of cigars.

Rezago Trece (Rzgo. 13a.) (thirteenth rezago) — Classification of shade-grown tobacco in the Vuelta Abajo District. See *Trece.*

Rezago Trecena Seco (Rzgo. 13a. S.) (dry thirteenth rezago) — Partido District classification. This grade includes leaves of large size and a light blush color (very light red), with some spots and little life or body. These leaves are used as wrappers for luxury types of cigars.

Rezago Trecena Seco Oscuro (Rzgo. 13a. S. O.) (dry dark thirteenth rezago) — Partido District classification. They are dark-colored leaves of the *ligero* (non-gummy) type and large size, used for binders.

Rezago Trecena Viso Amarillo (Rzgo. 13a. V. A.) (copperish yellow thirteenth rezago) — Partido District classification. This grade includes whole leaves with a clean surface, without spots, of a greenish-yellow color, large size, and possessing life or body. Such leaves are used for wrappers.

Rezagos de Capa (wrapper rejects) — In the cigar factories, this name is given to wrapper leaves which cannot be used for cigars because of being spotted, broken, or possessing some other defect.

Rezagos de Escogida (grading room rejects) — Cigars which are considered defective because of their color or construction.

Riego (irrigation) — The tobacco plant does not need much water and irrigation should be used only as a last resort to ensure a crop in years of drought. No rule can be made which will apply to every year, because the temperature is not always the same nor are all soils alike. A constant study of their soils and crops and a comparison of the results obtained year after year will give the tobacco planters the best rule to follow in any given case.

Irrigation should be used only when the plant shows that it needs moisture to continue its development. Too much irrigation will result in larger growth, but tobacco is valued not for its size, but for its aroma, combustibility, elasticity, and cleanness after drying. Excessive irrigation has a disastrous effect on all these qualities.

On sun-grown tobacco in the Vuelta Abajo District, one good irrigation in addition to that for transplanting and replacements is generally sufficient for the plant to reach the proper size. However, if the weather is too dry, another irrigation may be desirable. The plant itself must be the sole deciding factor.

The number of irrigations must be increased in the case of shade-grown tobacco. It generally receives three irrigations, not counting those for transplanting and replacements.

The final irrigation should be given when the tobacco is beginning to ripen. It should be so timed that the crop will be harvested between 3 and 8 days after the final irrigation, because tobacco is planted under shade in order to obtain the maximum yield of wrappers with the qualities demanded by the consuming markets (little gum, *ligeras*) and of light colors-conditions which are obtained by means of irrigation. In irrigating tobacco no water should be used which has not been previously analyzed, in order to avoid the use of water containing elements which are injurious to the plant.

Ripios (trash) — Tobacco leaves which are badly broken and used only for cut tobacco.

Rosquilla del tabaco — Leaf folder. See *Pega-pega*.

Rueda — A bundle of 100 cigars. In a cigarette factory, a *rueda* is the carton or package in which a certain number of packs of cigarettes are wrapped before leaving the factory. This package was formerly cylindrical, hence the name *rueda* or wheel, but it is now rectangular.

- S -

Sahorno (chafing) — A kind of rot which attacks tobacco leaves that suffer from an excess of moisture during the curing period.

Sajorno — See *Sahorno*.

Sand drown — A chlorosis caused in the Vuelta Abajo fields by a deficiency of magnesia in the soil. It is characterized by yellowish, more or less rounded variegated spots, surrounded by green lines. It is found on small plants but only rarely on full-grown ones.

Sazón (season) — When the soil has been properly prepared for planting the seedlings and the weather has been favorable, it is said to be "in season" (en sazón). This is generally the case when north winds bring drizzling rains for 2, 3, 4, or even as many as 8 successive days with cold weather and no sunshine. Such weather frequently occurs in the months of October, November, and December. These are the best months for transplanting tobacco, although this work is often prolonged until February. The first transplanting are called early (*tempranas*); the intermediate, mid-season (*de medio tiempo*), and those of January and February, late ones (*tardías*).

When the tobacco is completely cured and ready to be manufactured, it is said to be "in season" (*en sazón*).

Secado de tripa (filler drying) — Department in factories where the tobacco is placed on frames or platforms for about 24 hours in order to eliminate the excess moisture before barreling. Filler is dried in the same way in the stemming shops.

Secante (drying) — When the weather is dry and the tobacco consequently loses its softness and becomes harsh and brittle, it is said to be "*secante.*"

Seco (dry, thin) — One of the weather classifications of tobacco in Vuelta Abajo and Partido. The Seco tobacco includes leaves with less gum, little body, without juice, and of clear colors. The Partido Seco is used for fine wrappers, while the Vuelta Abajo Seco is entirely filler leaf.

Seibón — See *Ceibón*.

Selección — See *Escogida*.

Sello de garantía (warranty seal) — By royal order of Feb. 13, 1889, the Union of Cigar Manufacturers of Habana (Unión de Fabricantes de Tabacos de la Habana), the name then given to the present union of the manufacturers of cigars and cigarettes of Cuba (Unión de Fabricantes de Tabacos y Cigarros de Cuba), was authorized to print a band in its own name to guarantee the origin of the cigars against fraudulent claims abroad.

This Royal Order was published in the *Gaceta* of March 26, 1889. In compliance with this authorization, the band was registered and its design included the Spanish shield and the Seal of the Governor General of this Island.

This same design was used until the establishment of the first Republic, when the President, Tomás Estrada Palma, was requested to authorize changing it. This request was granted, and the new design used the Cuban shield in place of the Spanish one and the picture of Christopher Columbus in place of the Governor General's seal.

This seal was used until the Valdés Carrero law was passed on July 16, 1912, authorizing the President of the Republic to create a guarantee seal for the cigars, cigarettes, and cut tobacco exported from Cuba, so as to protect the industry from imitations of trademarks and of the product itself abroad.

The design of this guarantee seal was later modified by Decree No. 165, of Jan. 27, 1931, and the form then adopted is still in use.

Semillerero (seedling dealer) — Person who plants seedbeds and sells the seedlings.

Semillero (seedbed) — Place where tobacco seed is sown, so that the plants can be transplanted into the fields. The ground is prepared for the seedbeds in suitable places and, principally in the Remedios District, on cleared forest land (*"tumbas de monte"*).

The seedbed is to the tobacco crop what the foundation is to the building.

The care which the tobacco planter bestows on his crop is of no avail if the plants which he sets out are not healthy and vigorous in every way. He must choose the most suitable land for a seedbed and begin its preparation early — preferably in March or April. The seedbed should be cultivated and weeded regularly.

Just before sowing, which should generally take place during the first 10 days of September, the ground should be plowed two or three times and raked once.

After the ground has received this preparation, beds about 65 feet long and 4 feet wide are built up. A space is left between the beds to facilitate weeding and irrigating. At the very time of planting, the seed is mixed with fertilizer, a mixture of 30 grams of seed and 40 pounds of fertilizer being enough for two beds. For uniform distribution, 10-pound cans or pails are used, since they hold the amount required for half a seedbed. The first sowing should be done during the first 10 days of September, but it should be borne in mind that it is more than probable that the seedlings cannot be transplanted, because the ground is not always in a proper condition at such an early date. For this reason, no attempt should be made to supply more than the immediate requirements from this sowing. A well-prepared seedbed will supply from 10,000 to 15,000 seedlings.

Twenty or 25 days later, a second sowing of seed will be made, using twice as many seedbeds as the first time, for the season is now more advanced and there is less risk of loss.

With a greater or less lag in time, two or three more sowings will be made to ensure the necessary number of seedlings for transplanting at two or three different times. This practice is always to be followed in order to avoid the excessive labor and expense involved in caring for and picking the entire crop at one time. There is also the positive advantage that some of the plantings will enjoy the benefits of good temperature whenever it comes.

After the seed is sown, the seedbeds should be covered with used cheesecloth or, in its absence, with straw or seaweed to keep the sun from burning the tender shoots. The beds are watered generously every day to provide sufficient moisture for prompt germination. When the seedlings are strong enough to stand the heat of the sun, the cloth or its substitute is removed. When the leaves are the size of a *peseta* (about the size of a U. S. quarter), the amount of water can be decreased, and it is desirable to let the plants get rather dry in order to develop their root system. In a seedbed which is irrigated too much, the seedlings will be large, but too tender, and have poor roots which will not start well. In addition, the plants will fall an easy prey to the wireworm.

When the leaves of the seedlings are the size of a *peseta*, or sooner if necessary, they must be dusted with Paris green or arsenate of lead mixed with flour, to keep away any pests which might attack them. This dusting should be done in the middle of the day, because there is risk of burning leaves which are wet with dew or irrigation water. If the weather is wet, the plants should be sprayed with Bordeaux mixture to prevent black spot. Practice has shown these remedies to be more useful as preventives than as curatives. About 35 or 40 days after the seedbed is sown, the plants will be transplanted into the field. To avoid damaging the roots in removing the plants from the seedbeds, the beds must be watered the night before transplanting if the ground has become hard. The plants must not be pulled until the dew or irrigation water has dried off the leaves.

If watering is done at the time of transplanting, it makes little difference whether the seedling is putting forth new growth or not because, by transplanting it to a place as good or better than where it was before, it continues its progressive development without interruption or damage. This is not the case when the transplanting is done without watering. In this case one should wait, if possible, until this period is over, or else pull the plants before they make a "second growth." The seedlings put forth new growth 3 days after a rain or heavy irrigation, turn a yellow-green color, and develop a multitude of new rootlets of a whitish color.

To obtain the maximum yield from the seedbeds, it is necessary to pull the seedlings daily, selecting the largest ones each time. If the first ones pulled were crowded together in the bed, many of the tender little seedlings will droop and fall when they lose the support of the ones which have been pulled, and a considerable loss in yield will result.

Semilleros de canteros (raised seedbeds) — Seedbeds made in the form of garden beds. They are made on the slopes of hills or other easily drained soils.

Semilleros de monte — See *Semilleros de tumba*.

Semilleros de tumba (seedbeds on new ground) — Seedbeds made on newly cleared land.

Semi-Vuelta — Name of the tobacco district which occupies the central part of the Province of Pinar del Río, from Herradura to Las Martinas. It includes Candelaria, Consolación del Sur (part), Los Palacios, and San Cristobal municipalities.

Classification of Semi-Vuelta Tobacco
Tripas (filler)

14a. L.
14a. P.
15a. S.
15a. L.
15a. P.
16a. S.
Puntillas
Cola

Sentido — In the classification of shade— and sun-grown tobacco in the Vuelta Abajo District, Sentido belongs to the filler group. These leaves may be of any class, but are partly rotten. They are used chiefly for cigarettes.

Sexta (6a.) (sixth) — In the Remedios tobacco classification, this is clean light filler of large size; it is made up of rejects from the wrapper class.

Siembra a la mano (hand setting) — The system followed in transplanting tobacco in the cultivated districts where there is no irrigation. The workman holds a bunch of plants in his left hand, while he makes a hole in the bottom of the furrow with the fingers of the right hand, trying to keep in this hand a small quantity of dirt so removed. He then places the roots of a tobacco plant in the hole just made, letting the dirt he is holding fall on the roots and lower part of the stalk at the moment he withdraws his hand. Lastly, he presses the dirt down lightly and levels it around the plant. He usually walks along in the furrow so as to press the soil down more firmly at the side of the plants.

Siembras (transplanting) — In Vuelta Abajo, says Jacinto Argudín, the method followed today is finger planting. With this system, wireworm damage is reduced to a minimum. (This worm works underground, perforating the stalk of the new transplant just above the root.) Water is run through the furrow and, when the furrow is full and the water has been diverted to the next furrow, the seedling is set in the wet ground, great care being taken to place the root under the end of the finger, which acts as a guide and prevents injury to the root. To ensure setting the plants at the proper distance apart, a cord with knots at the desired distances can be stretched between stakes at the ends of the furrow. This cord can be moved from furrow to furrow as needed.

Five or 6 days after the tobacco has been transplanted, the plants which have failed to grow are replaced. Water is run along the furrow again if the weather is dry and the ground has hardened. The wet earth should be covered with dry dirt turned up by the plow or spade so as to conserve the moisture for a longer time.

Ten or 15 days after transplanting, or sooner if there is much growth of weeds, the first hoeing is done. A few minutes before the hoeing takes place, a small quantity of commercial fertilizer should be applied at the foot of each plant; 25 to 35 pounds of commercial fertilizer is usually sufficient for a thousand plants, depending on the fertility of the ground and the strength of the fertilizer.

Some planters apply the fertilizer in the furrow at transplanting time, but this should never be done in the case of finger planting, because the fertilizer would be washed away by the water and one part of the furrow would have too much fertilizer, while the rest would have little or none. The number of times a field should be hoed depends on the amount of rain and the number of irrigations and also on the rate at which the weeds grow.

Tobacco needs a loose soil for the proper development of its roots, and the soil should be kept in this condition throughout the entire growing period.

The method of transplanting which Lisandro Pérez advises for the planters of the Remedios District is finger planting. The advantages of this method have already been explained by Jacinto Argudín, but its use in Remedios differs from that in Vuelta Abajo and Partido, which are irrigated districts. In Remedios, this method consists of letting the ground settle for at least 8 or 10 days after the final plowing. Then the seedlings are pulled out of the seedbed and finger-planted with the natural moisture of the recently plowed furrow, being careful to place the root under the fleshy tip of the finger and to surround the plant with earth after it has been set in the ground.

It is very important that the seedlings be set a uniform distance apart. Three are generally set per yard. This distance permits the plants to develop well, as it allows the sunlight to fall between them and on them.

From 5 to 8 days after transplanting, the plants which have failed to grow are replaced with healthy plants of good size. If the weather is not damp enough, water is used so that these replacements will catch up in size with the others.

From 10 to 15 days after transplanting, the furrow is filled. This is the first hoeing in Remedios. No exact statement can be made as to the number of times the ground should be hoed because this depends on the weather and growth of the weeds, but it should be gone over a second time before the plants are topped because tobacco needs a loose soil for the development of its roots.

Siembras al dedo (finger planting) — A transplanting system used in Vuelta Abajo to save the plant from wireworms. At one time 20 to 25 percent of the tobacco transplants died within 4 or 5 days after transplanting, and the eventual loss sometimes ran as high as 50 or 60 percent. Constant replacement was necessary, but the same difficulty was found with the replacements, and the field never proved uniform. When some of the plants were ready to cut, others were being topped, and some were still at the hoeing stage. The planters believed that this trouble was due to defective plants.

Jacinto Argudín, a tobacco buyer, became interested in the problem and learned that wireworms were causing the losses, but he could find no way to control them. The entomologists who studied the question were equally unsuccessful, but chance finally gave Mr. Argudín the answer.

A planter was transplanting with water one day and ordered a tub of water carried from one place to another. The tub was upset and the water ran through the furrows. A boy who was helping with the transplanting kept on setting seedlings in the flooded furrows. The next morning the plants which had been set in the water-filled furrows were as bright as if they were still in the seedbed; not one of them had wilted. This method of setting the plants with the thumb and forefinger in furrows filled with water was immediately adopted, with consequent elimination of the need for replacements.

Soplar la mesa (to sweep the table clean) — This phrase is applicable when the cigar maker leaves no appreciable quantity of scraps or *mogolla*.

Sudor (sweat) — Tobacco is said to sweat when water condenses on the leaves because of the heat and humidity of the atmosphere. "*Sahorno*" or rot is an immediate result of this sweating.

Superfino — A type of round, slender cigarette.

- T -

Tabacal — Tobacco field.

Tabacalero, Tabacalera — Pertaining to the cultivation, manufacture, or sale of tobacco; the person who raises tobacco.

Tabaco — Tobacco was discovered in the eastern part of the Island of Cuba, near Gibara, during the first voyage of Columbus. The discovery was made between Nov. 2 and 5, 1492, by Rodrigo de Xerez, of Ayamonte, and Luis de Torres, a converted Jew, who had lived with the former in Murcia. These Spaniards, who had been sent inland with some Indians by the Admiral, saw the inhabitants of the country using this plant, which they called "*cohiba*," "*cojiba*," or "*coviva*," but which the discoverers called tobacco, through confusion of the name of the plant with the native name of the Y-shaped contrivance through which they inhaled the smoke.

Some authors say that the Indians did not smoke the tobacco but burned it on a fire of coals, inhaling the smoke through long tubes and exhaling it through the mouth and nose. Padre de las Casas tells us, in his *History of the Indies* (*Historia de las Indias*) that, even if the Siboneys used tobacco in the way described above, they also smoked it as in our time. In narrating the observations of Xerez and Torres, Las Casas says that "these Christians found many people, both men and women, going along the road to their homes. All the men had firebrands in their hands and certain dry weeds enclosed in a certain dry leaf, like the paper muskets which the boys make on the feast of the Holy Spirit. After lighting this at one end, they draw in or inhale the smoke with the breath. This puts the flesh to sleep and almost intoxicates and thus they are said not to feel tired. These muskets, as we would call them, they called '*tabacos*'."

Another origin is given for the word *tobacco*. Some authors say that it comes from the Island of Tobago, where tobacco was found by the discoverers of America. This statement is without foundation if we consider that this island was discovered by Columbus during his third voyage in the year 1498, and the name Tobago refers to the pipe used by the natives.

No more is the opinion to be accepted that the name of the plant comes from the Tabasco territory of Mexico. Tabasco was named by Hernán Cortés in 1519 for the Cacique who governed it and fought against the Spaniards during the conquest of Mexico.

The use of tobacco was also very widespread among the natives of the Island of Guanahaní when it was discovered by Columbus, as well as in Brazil, where its discoverer, Pedro Alvarez Cabral, saw the Indians smoking a plant which they called "*petun*."

We have not found any unity of opinion as to who introduced tobacco into Europe, but the most probable theory is that, as stated by many creditable authors, the original discoverer, Rodrigo de Xerez, brought the plant with him when he returned home.

The botanists named the new plant *Nicotiana tabacum* in honor of Jean Nicot, Ambassador of France to Portugal, who did nothing but carry it to his country, where he called it *Catalina* or *Yerba de la Reina*, in honor of Catherine de' Medici. In its triumphal march, the American weed has conquered the entire world much more easily than the Europeans conquered the newly discovered lands.

There is no record of any important event concerning tobacco ocurring in Cuba between 1492 and 1614, although there must surely have been some official measure restricting tobacco cultivation, since the Royal Decree of October 20, 1614, permitted free cultivation of this crop, but prohibited trade in it, this being reserved for the King alone. This is the first known measure linking tobacco to the Cuban economy, in which it has played and continues to play such an important role.

Don Juan de Salamanca was Governor of Cuba in 1650 when the farmers in the Province of Santa Clara obtained authority to plant tobacco. This work was begun in the Agabama Valley, among the beautiful hills of Trinidad. This was the start of the crop whose most important producing district is now known as Remedios or Vuelta Arriba.

Naturally we refer to authorized plantings because, according to the historians of the epoch, Juan de Salamanca merely legalized the situation of the tobacco planters who had been planting tobacco without authorization around Güinía de Miranda since the early part of the year 1600.

On April 11, 1717, a royal decree was issued, establishing a factory and monopoly of tobacco. This decree caused insurrections by the tobacco planters during 1717 and also in 1721 and 1723. These rebellions by the tobacco planters in the Province of Habana were terminated by the execution of a group of them on the hill where the church of Jesús del Monte now stands. This is affirmed by José Elías Entralgo, Emilio Roig de Leuchsenring, and other authors, but Rivero Muñiz says instead that these planters were shot near Santiago de las Vegas and their bodies carried to the Hill of Jesús del Monte, where they were hung as a warning to the rebels. There are historians who have called these tobacco planters the precursors of the revolutionary movements which culminated in the liberty of Cuba, but others have pointed out the purely economic character of these movements and separated them from the political struggles which succeeded in liberating the Island.

In 1719, tobacco planting was begun in Pinar del Río and 53 years later the event occurred which the learned Fernando Ortiz described in the following manner: "What is now the Province of Pinar del Río formerly belonged to the Municipal Government of Habana. This region had no separate political existence until 1772, when Felipe de Fondesviela, Marqués de la Torre, in recognition of the unequalled qualities of the tobacco grown on Cuyaguateje River, decided that such an extensive territory should not be under the Municipal Council of Habana, but a Municipal Government of its own should be created. Accordingly, he commissioned José Varea to find a site for a village and set the limits for its jurisdiction, which was called Nueva Filipinas." Thus we see how the Vuelta Abajo region owed its political identity to the excellent qualities of the tobacco grown in its fields.

The tobacco monopoly on the Island of Cuba resulted from the Royal Decree of December 18, 1740, which created the Royal Trading Company of Habana (Real Compañía de Comercio de la

Habana). This Monopoly was interrupted in Habana during the English domination, but was restored in 1764.

In 1805, Francisco de Arango y Parreno, the illustrious Cuban economist, advocated liberty in tobacco planting, manufacture, and trade, writing a formidable statement in defense of this liberty.

Free trade and abolition of the monopoly were recommended to the Spanish Cortes by the Secretary of State of the Royal Treasury, José Cangas, on November 2, 1811.

Ferdinand VII, in a Royal Decree dated June 23, 1817, ordered the abolition of the privileges of the Factory, abolishing the monopoly and decreeing freedom of cultivation and trade, but not without establishing heavy taxes which were a burden to the tobacco business until January 25, 1827, when the tax on cultivation and manufacture was abolished and one on the export of leaf and manufactured tobacco was enacted.

In the year 1836, the Sociedad Económica de Amigos del País (Economic Association of Friends of the Country) conducted a competition to reward the best work which should be presented on the prohibition of exportation of leaf tobacco — a question which is still being raised by some who do not know the tobacco business thoroughly. Antonio Bachiller y Morales received the award by upholding the thesis that there should be no restriction on the exportation of leaf. His is a fundamental work which decisively shows the error incurred by those who think that the cigar difficulties can be solved by prohibiting the exportation of leaf. In 1839 this society founded a school for apprentices in tobacco work. The following year the school had 853 pupils, 178 of whom were preparing themselves to be cigar makers.

On July 1, 1857, the first serious barrier was raised against Havana cigars abroad, by an increase in the import duties into the United States. This act produced a severe crisis in the industry and caused the removal of the first Cuban factories to Key West and Tampa, where they were established during the years from 1868 to 1877.

On October 25, 1884, the Union of Cigar Manufacturers of Habana (Unión de Fabricantes de Tabacos de la Habana) was founded as a successor to the Gremio de Fabricantes (Manufacturers' Union), which was organized August 24, 1880. Later, on January 26, 1896, the tobacco manufacturing corporations were combined into its successor, "Unión de Fabricantes de Tabacos y Cigarros de la Isla de Cuba" (Union of Manufacturers of Cigars and Cigarettes of the Island of Cuba), a name which finally, on May 23, 1933, became the "Unión de Fabricantes de Tabacos y Cigarros de Cuba."

In 1890, as a result of the McKinley bill, another economic crisis occurred, which had very serious effects on the Cuban tobacco business.

On January 24, 1891, the tobacco manufacturers published their famous political manifesto, the immediate result of which was the final division of the so-called Spanish Constitutional Union Party.

The First Cigar Workers' Congress was held on January 15, 1892.

On March 8, 1901, during the Interim Government, President William McKinley, whom we have already mentioned, provided for the repeal of the tobacco export duties in Cuba, both on leaf and manufactured tobacco.

In the Treaty of Reciprocity between Cuba and the United States, which was signed in 1902, Cuba was granted a preferential duty in the American tariff, on tobacco as well as on other products of the soil.

This same year or the following year, Henry Clay & Co. Ltd. was created. This was also called the Tobacco Trust, because it had acquired 291 Cuban brands of cigars and 85 brands of cigarettes.

On Nov. 4, 1911, the "Asociación de Almacenistas, Escogedores y Cosecheros de Tabaco de la Isla de Cuba" (Association of Tobacco Dealers, Graders, and Growers of the Island of Cuba) was organized. Since March 20, 1925, it has been called the "Asociación de Almacenistas y Cosecheros de Tabaco de Cuba" (Association of Tobacco Dealers and Growers).

On July 16, 1912, the Guarantee Seal Law was passed. The bill was introduced into the House by Luis Valdés Carrero, Representative from the Province of Habana. This guarantee seal or band, which is attached to the boxes of cigars, packages of cut tobacco, and packs of cigarettes exported, takes the place of the band which the Unión de Fabricantes de Tabacos de la Habana had been using under the authority of the Royal Order of March 27, 1889.

The high barriers and the protectionist policy put into operation in almost all the markets where Cuban tobacco has been sold, the development of the crop in other countries, and other adverse factors have effected a notable decline in Cuba's foreign tobacco trade.

On July 12, 1927, the law was passed which created the Comisión Nacional de Propaganda y Defensa del Tabaco Habano (the Tobacco Defense Commission), on the initiative of the then Senator, Dr. José Manuel Cortina. Thanks to this law, the protection of the tobacco business of Cuba is entrusted to an official organization which not only secures measures for domestic stabilization, but also is developing an intensive campaign to expand our present markets and win new ones.

According to reliable historians, as we have already said, tobacco was carried to Spain by Rodrigo de Xerez, its original discoverer. Thence it went to Portugal and then to France, where in honor of Catherine de' Medici it was called "*Hierba de la Reina*" (the queen's weed) and "*Catalinaria Nuduca*." To honor Nicot, who introduced it into France, it was called *Nicotiana* and "*Hierba Estiana del Embajador*."

The Franciscan Father Andrés Thevet questions the honor bestowed upon Nicot of having carried tobacco to France and gives it the name of "*betun*" in a book published by him in 1558.

In Italy, tobacco was given the name of "*Hierba de Santa Cruz and Tornabuona*," because the cardinals of these names made its use common in that country.

The names of Sir Francis Drake, Sir Walter Raleigh, and Sir Ralph Lane are found together in the story of the introduction of tobacco into England. In that country, James I, in his book *Misocapnos*, declared himself an enemy of tobacco.

In Turkey, Amurates IV prohibited the use of tobacco, establishing such severe penalties as cutting off the nose and ears of those who violated the order. Russia and Iran (then Persia) also imposed severe measures to restrict the use of tobacco.

In spite of such opposition, the use of tobacco has spread throughout the world. Governments soon made use of tobacco as a means of swelling their treasure chests. As a means to this end, monopolies were created in various countries for exclusive exploitation of tobacco cultivation, manufacture, and trade. Where these operations are not limited, consumption taxes and tariff duties on this product contribute to the funds of the State and play a large part in its estimates of receipts.

Tabaco de sol — Sun-grown tobacco.

Tabaco tapado — Shade-grown tobacco.
Tabaco torcido (twisted tobacco, i.e., cigar) — See *Torcido*.
Tabaquería — Stall or shop where cigars are sold. The small factory which sells its product at retail is generally also known as a *tabaquería*.
Tabaquero — A cigar maker. See *Torcedor*.
Tabla 1. (board) — A small square piece of hardwood, 1 or 2 inches thick, on which the cigar maker cuts the wrapper and rolls the cigar. In the grading rooms, this name is given to the piece of furniture on which the tobacco leaves are placed for grading. The graders sit on stools at opposite ends of the board.
Tabla 2. (plank) — To "plank" tobacco is to keep it pressed between two boards for a while after it has been stemmed, the length of time varying with the quality of the tobacco.
Taburete (stool) — A rustic seat with leather bottom and back, generally untanned, much used in tobacco grading houses, factories, and warehouses.
Tagarnina (poor cigar) — Cigar of inferior quality, poor combustibility, and bitter flavor.
Taller (workshop) — Name given to a cigar factory. The place where the tobacco is stemmed also receives this name.
Taller de despalillo (stemming shop) — Place where part of the midrib is removed from the tobacco leaf.
Tapaclavos (nail cover) — Round or oval lithographed paper placed on the front of the box or package to cover the nail which fastens it.
Tapado (covered) — Shade-grown tobacco.
Tarea (daily output) — The total production for the day in a tobacco factory. This name is also given to the number of cigars made by a cigar maker in one day. In grading rooms this name is given to the work done by a sorter in a day. The day's work of the cigar maker is counted by the number of cigars made; that of the sorter, by the number of pounds of leaf tobacco sorted.
Tarifas (wage rates) — Price fixed for each one of the jobs done to the tobacco in the grading house or factory. The wage rates are established by the Minimum Wage Commission of the Ministry of Labor.
Tela (cloth) — See Cheesecloth.
Telón (curtain) — See Cheesecloth.
Tendales — Wooden frames covered with canvas to make a kind of stretcher. In cigarette factories the shred is placed on these frames and

left there a longer or shorter time according to atmospheric conditions, but usually not more than 8 or 10 days in all.

Tercera (3a.) (third) — Classification of tobacco in the Remedios District. This name is given to the gummy (*de calidad*) filler from the second and third cutting of the tobacco. *Tercera* is exported for use in blending.

Tercio (bale of tobacco, literally "third") — Bale composed of 80 carrots of tobacco. The *tercio* is covered with sheaths from the royalpalm, tied with ropes or majagua strings. A bale of tobacco from the Remedios District (filler) weighs about 150 lb., a bale of Semi-Vuelta (filler) about 125 lb., a bale of wrapper from Partido, 80 lb., a bale of Vuelta Abajo wrapper, 100 lb., and a bale of filler from Oriente approximately 170 lb.

Tiempos — The grades used in the classification of the tobacco leaves to indicate the amount of gumminess (*calidad*). These grades are usually four in number: *Ligero*, which includes, as the name indicates, the lightest leaves; *Seco* (dry), leaves which are also light, but have a little more life and luster; *Fino* (fine), leaves with more body and life and usually with brighter colors; and *Maduro* (gummy), leaves with an excessive amount of body and gumminess (*calidad*).

Torcedor (twister) — The cigar maker. See also page 199.

Torcer (to twist) — To make a cigar.

Torcido (twisted) — This name is given only to the cigar made solely of tobacco leaves twisted or rolled together to form the interior or filler, wrapped in another tobacco leaf which covers and holds the ones first mentioned, forming the exterior or wrapper. The dimensions of the leaves or parts of them will vary according to the *vitola* or type of cigar. It is quite usual to ask for a cigar by its type name as, for example, a *corona*, a *petit cetro*, a *panetela*, etc. In other countries they are called Havanas, puros, cigars, etc., without distinction as to type.

Trabuco (blunderbuss) — This means that the cigar maker has worked on a big, thick cigar which he thinks does not pay him well.

Trece (13a.) (thirteenth) — In the classification of shade-grown tobacco in Vuelta Abajo, *Trece* belongs to the group of *Rezagos* or large wrappers. They are leaves with some defect which keeps them out of the previous classifications (Rzgo. 1a./11a. and Rzgo. 12a.). They are divided into *Ligero* (light), *Seco* (dry), *Viso* (copperish), and *Viso Seco* (dry copperish).

Tres Rayas (three marks) — Classification of wrapper tobacco from Bayamo and Mayari, Oriente Province.

Trigo (wheat) — Strong yellow cigarette paper.

Tripa (filler) — The contents of a cigar, the body of the cigar which is covered or rolled up in the wrapper. The tobacco leaf which cannot be used for wrappers.

Tripa cogida (bunch of filler) — The roll of tobacco leaves which are to be covered with the wrapper to form the completed cigar (torcido, puro, or cigarro).

Tripero (filler man) — The person who delivers the filler to the cigar makers in the cigar factories.

Tumbar el surco — See *bajar el surco*.

- U -

Una raya (one mark) — Classification or mark used for sucker tobacco in Bayamo and Mayari in the Oriente District.

- V -

Vaciado (neutral tobacco) — Name given to tobacco which has no juice, and no flavor or aroma when smoked.

Vapor — Name given to several cigar-maker tables put together.

Variedades — A box or package containing several different types of cigars.

Vega — Tobacco field, called *vega* (flat lowland) because the agricultural exploitation of tobacco in Cuba began on the low fertile lands along the river banks.

Veguero — Tobacco grower. This name is also given to the cigar crudely twisted in the home of the grower for the use of the planter and his family. A third meaning is the green tobacco (or tomato) hornworm.

Verraquito de la tierra — See *berraquito de la tierra*.

Vicentésimos (1/200) (two-hundredths) — 200 boxes per thousand. Package of 5 cigars.

Vigésimos (1/20) (twentieths) — Twenty boxes per thousand. Package of 50 cigars.

Virar la hebra (to stir the shred) — After the shred has remained on the frames in the cigarette factories for 4 or 5 days, it is thoroughly stirred and mixed so that it will be dried and seasoned evenly.

Viso (luster) — A classification used in the grading houses for shade-grown tobacco in the Vuelta Abajo region in addition to the fundamental ones of *Seco, Fino, Ligero,* and *Maduro.* It is subdivided into *Viso Seco* and *Viso Fino.* The term *"Viso"* in the tobacco trade has reference to the copperish hue of the leaf.

Vista — Lithographed paper placed on the inside of the cigar box cover.

Vitola (appearance) — Type or shape of the cigar. The names of the types may vary from factory to factory, but some types have almost exactly the same dimensions in any factory. Among these are the *Corona, Media Corona, Nacional, Petit Cetro, Breva,* etc. Some factories have lines of more than 300 types, including the straight and the pointed. Some of these type names are *Heraldos, Monarcas, Palmas, Victorias, Caramelos, Amatistas, Belvederes, Miniaturas, Perfectos, Panetelas, Macanudos, Lonsdales,* etc.

Volado (high) — In the Remedios District this is another name for the grade also known as *"Permanente."* In Vuelta Abajo it is the least gummy grade of tobacco.

Volado Bueno (Vol. Bno.) (good high) — In the grading houses in the Vuelta Abajo District, this grade belongs to the filler group. The leaves are large and of good appearance, less gummy than Seco, but not neutral. The *Volado* tobacco is blended with other grades and used for filler. At the present time it is marked 17a. S.

Volado Chico (Vol. Ch.) (small high) — In the classification of tobacco in the Vuelta Abajo District, these are smaller leaves or poorer in quality than the *Volado Grande.* They are also blended with other classes and used for filler.

Volado Grande (Vol. G.) (broad high) — See *Volado Bueno.*

Volado Malo (Vol. Mlo.) (poor high) — See *Volado Chico.*

Volador (sky rocket) — Leaf folder. See *Pega-pega.*

Vuelta Abajo — Name given to the westernmost part of the Island, occupied by the Province of Pinar del Río. The tobacco district of that name does not include the entire province; it is the area bounded on the west by the Peninsula of Guanahacabibes and on the east by an imaginary line drawn from north to south from Consolación through Herradura to Río Hondo. It includes Consolación del Norte, Mantua, Pinar del Río,

Viñales, Guane, San Juan y Martínez, Consolación del Sur, and San Luis municipalities.

Vuelta Abajo is subdivided into five subdistricts known as Costa Norte (North Coast), Lomas (hills), Llano (plain), Remates and Guane, and Costa Sur (South Coast).

In the subdistrict called el Llano (the plain), located within the boundaries of San Juan and Martínez and San Luis, the most famous tobacco fields of all are found. The Tobacco Experiment Station, founded and maintained by the Tobacco Defense Commission, is located in San Juan y Martínez.

Classification of the Tobacco of the Vuelta Abajo District (sun-grown)

Capas (wrappers):

Caperos:

1a.-13a.:

Seco
Viso
Ligero
Medio Tiempo

14a.:

Seco
Viso
Ligero
Medio Tiempo

Rezagos:

1a.-7a.:

Seco
Viso

Rezagos, contd.:

8a.:

Seco
Viso
Ligero
Medio Tiempo

15a.:

Tripas Caperos:

Seco
Viso
Ligero

Tripas:

Medio Tiempo
Maduro

Ligero
Medio Tiempo

Tripas (filler):

    16a.:   17a.:

    Seco   Seco
    Viso   Viso
    Ligero   Ligero and   ) puntilla
    Medio Tiempo   Medio Tiempo }
    Maduro

                                  Volado
                                  Quebrado Rezago
                                  Quebrado 1a.
                                  Quebrado 2a.
                                  Amarillo
                                  Sentido

                              18a. (Bote)

Classification of the Tobacco of the Vuelta Abajo District (shade-grown)

Capas (wrappers):

    Rezagos (large wrappers):

        1a.-11a.:   14a.:

        Ligero   Ligero
        Seco   Seco
        Viso   Viso
        Viso Seco   Viso Seco

        12a.:   1a.-12a.:

        Ligero   Fino

Seco
Viso
Viso Seco

13a.:

    Ligero
    Seco
    Viso
    Viso Seco

- - - - - -

Capas (small wrappers):

    1a.-13a.:

        Ligero
        Seco
        Viso Seco

    14a. A. (abierta):

        Ligero
        Seco
        Viso Seco

    14a.:

        Fino
        Viso Fino
        Medio Tiempo
        Medio Tiempo

Viso Fino

13a.:

    Fino
    Viso Fino

1a.-13a.:

    Medio Tiempo
    Maduro

14a. D. (doblada):

    Ligero
    Seco
    Viso Seco

Quebrado 1a.:

    Ligero
    Seco
    Fino
    Medio Tiempo
    Maduro

Tripas (filler):

The same classes as for sun-grown tobacco, i.e., the total is:

Maduro	71 classes of shade grown
	32 classes of sun-grown
	103 total number.

Vuelta Arriba — See *Remedios*.

- Y -

Yagua — The thick, woody, sheathing leaf base of the royalpalm, used for making bale coverings. The leaf base is an elongation of the palm leaf which extends entirely around the trunk of the tree, so that its width depends on the thickness of this trunk. The height or length of the *yagua* is from 1 ½ to 2 meters. Its fibrous texture makes it very useful for various purposes in the tobacco fields.

Yagüita (little yagua) — This name is given to a certain type of cigar of inferior quality, sold in a tubular *yagua* wrapping.

Yerbatero (weedy) — Name given by the tobacco planters to soils which show a tendency to produce an abundant crop of weeds immediately after having been cleaned and worked.

- Z -

Zafado (loosening) — The *zafado* consists of removing the strings from the matules before taking the tobacco to the department where it is to be cased. This name is also used in the factories to mean untying the carrots to case the *gavillas* (hands).

Zorullo (soft, round object) — A poorly made cigar. This name is also given to the roll of filler selected to make one cigar.

oooOooo

About the Author of Lexico Tabacalero Cubano

Jose Enrique Perdomo Rivadeneira was born in San Juan de los Remedios, Las Villas Province, Cuba, on May 7, 1901, the first born child of Valentin Perdomo and Amparo Rivadeneira.

He was Technical Director of the Cuban National Tobacco Commission from its inception in 1926, until February 1959 when he resigned because his democratic principles prevented him from continuing to work under the communist regime which came to power in Cuba in January 1959.

He was founder and editor in chief of Revista Habano together with Ricardo Casado and Jorge J. Posse. This magazine was published until 1959.

He represented the tobacco sector in the Cuban delegation which participated in the GATT (General Agreement on Trade and Traiffs) meetings held in London, England in 1946 and Geneva, Switzerland in 1947. He was a member of the Cuban State Department's Inter-Departmental Treaties Commission and served as advisor to E. B. Schuwlst in the preliminary work to establish the National Agricultural Bank. He occupied the positions of Secretary of the Order of Agricultural and Industrial Merit, Secretary of the Cuban-Venezuelan Cultural Committee, President of the Mutual Aid Fund of the National Association of Journalists and Secretary of the Havana Reporters Association.

Having already married and the father of a daughter, he entered Havana University where he obtained the degrees of Juris Doctor and Doctor in Political, Social and Economic Sciences. He also received degrees in Administrative, Diplomatic and Consular law. He was certified as a journalist by the School of Professional Journalism "Manuel Marquez Sterling" in 1943.

His love for journalism and for tobacco were combined in international publications such as the magazines *Tobacco, Tobacco Leaf, Tobacco Journal, Revue des Tabacs, AVE, Die Tabak Feitung*, to which he continued to contribute after his political exile in the United States.

In addition to *Léxico Tabacalero Cubano*, he wrote *Falsificaciones del Tabaco Habano, Mecanizacion de la Industria Tabaquera Cubana* (in collaboration with Jorge J. Posse). He also contributed to several other books and articles.

Jose Enrique Perdomo died in Miami on May 29, 1983 after a long illness. To the end he set an example for his two daughters and ten grandchildren of solid Christian principles, integrity, valor and devotion to moral values which were kept intact throughout the most trying circumstances.

Honors:

Who is Who in Latin America

Personalidades Cubanas by Dr. Fermin Peraza Sarausa

Pan American Medal "Pro Faro de Colón"

Comendador of the "Order Carlos Manuel de Céspedes"

Great Officer of the "Order of Agricultural and Industrial Merit"

Official of the "Order of Mambi Merit"

Great Official of the Cuban Red Cross

Sobre el autor del Léxico Tabacalero Cubano

José Enrique Perdomo y Rivadeneira nació en San Juan de los Remedios, Provincia de Las Villas, Cuba, el 7 de mayo de 1901 del matrimonio formado por Valentín Perdomo y Amparo Rivadeneira.

Ocupó el cargo de Director Técnico de la Comisión Nacional de Propaganda y Defensa del Tabaco Habano desde su fundación hasta que renunció en febrero de 1959 dado a que sus principios democráticos no le permitían rendir sus servicios al gobierno comunista que entró en vigor en enero de 1959.

Fundó y fue jefe de redacción de la *Revista Habano*, junto con los señores Ricardo Casado y Jorge J. Posse. Dicha revista se publicó hasta el año 1959.

Participo en las reuniones del GATT (General Agreement on Trade & Tariffs/Acuerdo General sobre Aranceles y Comercio) que se llevaron a cabo en Londres, Inglaterra en 1946 y Ginebra, Suiza en 1947, representando al Gobierno de Cuba en las negociaciones sobre tabaco. Fue miembro de la Comisión Interdepartamental de Tratados del Ministerio de Estado; Secretario de la Orden Nacional Del Mérito Agrícola e Industrial; Secretario del Comité Cubano-Venezolano de Cultura; Asesor de E. B. Schuwlst en los trabajos preparatorios para fundar el Banco Agrícola Nacional; Presidente del "Fondo de Auxilio Mutuo" del Colegio Nacional de Periodistas. Secretario de La Asociación de Reporteros de La Habana. (Círculo Nacional de Periodistas)

Ya casado y con una hija, obtuvo los títulos de Doctor en Leyes; Doctor en Ciencias Políticas, Sociales y Económicas; Licenciado en Derecho Administrativo, Diplomático y Consular. También recibió el Certificado de Aptitud Profesional de las Escuela Profesional de Periodismo "Manuel Márquez Sterling" en el año 1943.

Combinó su amor a las letras y al tabaco en publicaciones internacionales como las revistas *Tobacco, Tobacco Leaf, Tobacco Journal, Revue des Tabacs, AVE, Tabaco* and *Die Tabak Zeitung* donde sus artículos continuaron publicándose desde el exilio.

Además del *Léxico Tabacalero Cubano*, escribió *Falsificaciones del Tabaco Habano, Mecanización de la Industria Tabaquera Cubana* (Jorge J. Posse, co-autor). Contribuyó en otros libros y artículos.

José Enrique Perdomo murió en Miami el 29 de mayo de 1983 después de una larga enfermedad. Hasta el final de su vida dio a su esposa, dos hijas y diez nietos un ejemplo de vida cristiana, integridad, valentía y dedicación a valores que mantuvo intactos frente a las más difíciles pruebas.

Otros libros publicados por Ediciones Universal:

COLECCIÓN DICCIONARIOS

01-9 HABLA TRADICIONAL DE CUBA: REFRANERO FAMILIAR (Antología de refranes y frases cubanas), Concepción T. Alzola
0084-6 DICCIONARIO MANUAL DE LA LENGUA ESPAÑOLA (Las principales palabras del idioma explicadas. Con un resumen de gramática castellana, historia de la lengua y literatura españolas.), Vosgos
0311-X DICCIONARIO DE SINÓNIMOS, ANTÓNIMOS Y PARÓNIMOS, Vosgos
2702-9 A GUIDE TO 4,400 SPANISH VERBS (DICTIONARY OF SPANISH VERBS WITH THEIR ENGLISH EQUIVALENTS AND MODELS OF CONJUGATION/DICCIONARIO CON LOS VERBOS EN ESPAÑOL, SU TRADUCCIÓN AL INGLÉS Y CONJUGACIONES), José A. Rodríguez Delfín
113-1 A BILINGUAL DICTIONARY OF EXCLAMATIONS AND INTERJECTIONS IN SPANISH AND ENGLISH, Donald R. Kloe
114-X NUEVO DICCIONARIO DE LA RIMA, Adolfo F. León
209-X DICCIONARIO DE INGENIERÍA (inglés-español/español-inglés) (DICTIONARY OF ENVIRONMENTAL ENGINEERING AND RELATED SCIENCES. ENGLISH-SPANISH/SPANISH-ENGLISH), José T. Villate
597-8 DICCIONARIO DE SEUDÓNIMOS Y ESCRITORES IBEROAMERICANOS (diccionario de escritores de América Latina con información bibliográfica, país. fecha de nacimiento y otros datos.) Gerardo Sáenz
701-6 YO ME ACUERDO. DICCIONARIO DE NOSTALGIAS CUBANAS (presentado en orden alfabético con recuerdos de la historia, política y costumbres cubanas. Con fotografías), José Pardo Llada

DICCIONARIO DE CUBANISMOS MÁS USUALES (COMO HABLA EL CUBANO), **José Sánchez-Boudy**

199-9	DICCIONARIO DE CUBANISMOS I
336-3	DICCIONARIO DE CUBANISMOS II
416-5	DICCIONARIO DE CUBANISMOS III
457-2	DICCIONARIO DE CUBANISMOS IV
500-5	DICCIONARIO DE CUBANISMOS V
549-8	DICCIONARIO DE CUBANISMOS VI
710-5	DICCIONARIO MAYOR DE CUBANISMOS, José Sánchez Boudy
846-2	LÉXICO TABACALERO CUBANO, José E. Perdomo (Con vocabulario español-inglés / Spanish-English Vocabulary)

COLECCIÓN ARTE

118-2	EL ARTE EN CUBA (historia del arte en Cuba), Martha de Castro
260-X	¡VAYA PAPAYA! — RAMÓN ALEJANDRO, Guillermo Cabrera Infante (dibujos en blanco y negro de Ramón Alejandro Introducción de Cabrera Infante)
403-3	APUNTES PARA LA HISTORIA: RADIO, TELEVISIÓN Y FARÁNDULA DE LA CUBA DE AYER, Enrique C. Betancour
451-3	LA ÚLTIMA NOCHE QUE PASÉ CONTIGO, (40 años de farándula cubana 1910-1959), Bobby Collazo
467-X	ART OF CUBA IN EXILE, José Gómez Sicre
480-7	THE THORNS ARE GREEN MY FRIEND (poesías de Lourdes Gómez Franca / dibujos de Pablo Cano)
525-0	SI TE QUIERES POR EL PICO DIVERTIR, (Historia del pregón musical latinoamericano), Cristóbal Díaz Ayala
564-1	MÚSICA CUBANA PARA PIANO (cuarenta danzas y una contradanza), René Touzet
666-4	EL NIÑO DE GUANO (Poesías de Lourdes Gómez Franca. Dibujo en blanco y negro de Pablo Cano)
703-2	MÚSICA CUBANA (DEL AREYTO A LA NUEVA TROVA) Cristóbal Díaz Ayala
721-0	CUBA CANTA Y BAILA. DISCOGRAFÍA DE LA MÚSICA CUBANA. VOL. I (1898-1925), Cristóbal Díaz Ayala
726-1	POEMARIO, Angel Gaztelu (Ilustrado por Pablo Cano)
753-9	CUBA: ARQUITECTURA Y URBANISMO, Editado por Felipe J. Préstamo y Hernández. Prólogo de Marcos Antonio Ramos

825-X	LAS ANTIGUAS IGLESIAS DE LA HABANA (tiempo, vida y semblante), Manuel Fernández Santalices
836-5	LAS PRIMERAS CIUDADES CUBANAS Y SUS ANTECEDENTES URBANÍSTICOS, Guillermo de Zéndegui
845-4	HABANEROS / PHOTOGRAPHS OF THE PEOPLE OF HAVANA / FOTOGRAFÍAS DE LOS HABANEROS, Kenneth Treister

COLECCIÓN CLÁSICOS CUBANOS:

011-9	ESPEJO DE PACIENCIA, Silvestre de Balboa (Edición de Ángel Aparicio Laurencio)
012-7	POESÍAS COMPLETAS, José María Heredia (Edición de Ángel Aparicio Laurencio)
026-7	DIARIO DE UN MÁRTIR Y OTROS POEMAS, Juan Clemente Zenea (Edición de Ángel Aparicio Laurencio)
028-3	LA EDAD DE ORO, José Martí (Introducción de Humberto J. Peña)
031-3	ANTOLOGOGÍA DE LA POESÍA RELIGIOSA DE LA AVELLENADA, Florinda Álzaga & Ana Rosa Núñez
054-2	SELECTED POEMS OF JOSÉ MARÍA HEREDIA IN ENGLISH TRANSLATION, José María Heredia (Edición de Ángel Aparicio Laurencio)
140-9	TRABAJOS DESCONOCIDOS Y OLVIDADOS DE JOSÉ MARÍA HEREDIA, Edición de Ángel Aparicio Laurencio
0550-9	CONTRABANDO, Enrique Serpa (Edición de Néstor Moreno)
3090-9	ENSAYO DE DICCIONARIO DEL PENSAMIENTO VIVO DE LA AVELLANEDA, Florinda Álzaga & Ana Rosa Núñez
0286-5	CECILIA VALDÉS, Cirilo Villaverde (Introducción de Ana Velilla)
351-7	CUCALAMBÉ (DÉCIMAS CUBANAS), Juan C. Nápoles Fajardo
482-3	EL PAN DE LOS MUERTOS, Enrique Labrador Ruiz
581-1	CARTAS A LA CARTE, Enrique Labrador Ruiz (Edición de Juana Rosa Pita)

669-9 HOMENAJE A DULCE MARÍA LOYNAZ.
Edición de Ana Rosa Núñez
678-8 EPITAFIOS, IMITACIÓN, AFORISMOS,
Severo Sarduy
(Ilustrado por Ramón Alejandro. Estudios por Concepción T. Alzola y Gladys Zaldívar)
688-5 POESÍAS COMPLETAS Y PEQUEÑOS POEMAS EN PROSA EN ORDEN CRONOLÓGICO DE JULIÁN DEL CASAL.
Edición y crítica de Esperanza Figueroa
722-9 VISTA DE AMANECER EN EL TRÓPICO,
Guillermo Cabrera Infante

COLECCION ANTOLOGÍAS:

252 POESÍA CUBANA CONTEMPORÁNEA, Humberto López Morales (Ed.)
3361-4 NARRADORES CUBANOS DE HOY, Julio E. Hernández-Miyares (Ed.)
4612-0 ANTOLOGÍA DEL COSTUMBRISMO EN CUBA, H. Ruiz del Vizo (Ed.)
6424-2 ALMA Y CORAZÓN (antología de poetisas hispanoamericanas), Catherine Perricone
006-2 POESÍA EN EXODO, Ana Rosa Núñez (Ed.)
007-0 POESÍA NEGRA DEL CARIBE Y OTRAS ÁREAS, Hortensia Ruiz del Vizo (Ed.)
008-9 BLACK POETRY OF THE AMERICAS, Hortensia Ruiz del Vizo (Ed.)
055-0 CINCO POETISAS CUBANAS (1935-1969), Ángel Aparicio (Ed.)
164-6 VEINTE CUENTISTAS CUBANOS, Leonardo Fernández Marcané (Ed.)
166-2 CUBAN CONSCIOUSNESS IN LITERATURE (1923-1974) (antología de ensayos y literatura cubana traducidos al inglés), José R. de Armas & Charles W. Steele (Editores)
208-1 50 POETAS MODERNOS, Pedro Roig (Ed.)
369-X ANTOLOGÍA DE LA POESÍA INFANTIL (las mejores poesías para niños), Ana Rosa Núñez (Ed.)
665-6 NARRATIVA Y LIBERTAD: CUENTOS CUBANOS DE LA DIÁSPORA, Julio E. Hernández-Miyares (Ed.)
685-0 LAS CIEN MEJORES POESÍAS CUBANAS, Edición de Armando Álvarez Bravo (Ed.)

www.ingramcontent.com/pod-product-compliance
Lightning Source LLC
Chambersburg PA
CBHW050627300426
44112CB00012B/1698